COMMENT ÉCRIRE PLUS

COMMENT ÉCRIRE PLUS

PAR
DOMINIC BELLAVANCE

© Tous droits réservés.

© 2019, Dominic Bellavance. Tous droits réservés.

Montage de la couverture : Dominic Bellavance
Révision linguistique : Josée Marcotte
Photographie de l'auteur : Daniel Richard

ISBN EPUB : 978-2-924539-15-6
ISBN PAPIER : 978-2-924539-16-3

Dépôt légal - Bibliothèque et Archives nationales du Québec, 2019

Photographie de couverture : koosen/Shutterstock.com

Il est strictement interdit de reproduire ce texte, en tout ou en partie, sans le consentement écrit de l'auteur, sauf pour un usage personnel. Par exemple, créer une copie de sauvegarde ou mettre ce livre sur votre liseuse constitue un usage personnel. L'offrir en téléchargement libre sur votre site Web, un peu moins.

Pirate ?

Si vous avez piraté ce livre d'une quelconque manière, je vous invite à faire un tour au *Salon des pirates* sur mon site Web au www.dominicbellavance.com/salon-des-pirates. Sans que cela rende votre geste légal, vous y trouverez quelques façons de vous faire pardonner.

Bonne lecture !

TABLE DES MATIÈRES

INTRODUCTION 10

CONSEILS UTILES À TOUTES LES ÉTAPES D'ÉCRITURE 27

Trouver un bon ordinateur 28

Acheter un bon logiciel d'écriture 38

Se créer un système de copies de sûreté 74

Acheter Antidote 88

Trouver un logiciel pour gérer ses tâches 99

Créer des canaux pour ses idées 123

Acheter un sac à main 135

CONSEILS UTILES À L'ÉTAPE DE L'IDÉATION 139

Trouver une motivation fondamentale 140

Trouver des idées qui font vibrer 145

Cibler une maison d'édition 150

Voyager 154

Noter ses rêves 160

Remplir un cahier Canada 164

Créer une trame de fond d'enfer 170

CONSEILS UTILES À L'ÉTAPE DU PLAN 177

Décortiquer les tâches à réaliser 178

Faire un plan 181

Remplir des fiches de personnages 190

Faire des montages photo 195

Passer ses personnages en entrevue 201

Créer une distribution pour les personnages 207

CONSEILS UTILES À L'ÉTAPE DU PREMIER JET 211

Se réserver du temps d'écriture 212

Écrire chaque jour 217

Se définir un objectif quotidien 221

Écrire très rapidement, sans réfléchir 227

Laisser des trous 233

Regarder ses mains 238

Prendre des pauses régulières 241

Utiliser une banque de synonymes pour le verbe dire 247

Terminer sa séance au milieu d'une phrase 252

Travailler ailleurs 255

Faire de l'exercice 260

Bloquer Internet 265

Porter un chapeau d'écriture 270

Couper les sources de distraction 272

Cesser ses activités promotionnelles 282

Réduire l'entretien ménager 286

Acheter de gros chaudrons 293

Travailler sur deux projets en même temps 298

CONSEILS UTILES À L'ÉTAPE DE LA RÉÉCRITURE 302

Changer la police de caractère 303

Relire son texte à voix haute 308

Supprimer 311

Changer le temps de verbe ou le narrateur 318

Imprimer une copie papier 324

Laisser reposer le manuscrit 331

CONSEILS UTILES À L'ÉTAPE DE L'ÉVALUATION PAR LES BÊTA LECTEURS 335

Trouver des lecteurs appropriés 336

Imprimer ses manuscrits aux bons endroits 348

Utiliser un système d'étoiles 354

Insérer des feuilles lignées dans ses manuscrits 357

Bien interpréter les commentaires 361

LE CONSEIL LE PLUS IMPORTANT 367

Écrire 368

APPENDICES 370

Résumé des 50 trucs 371

Lectures recommandées 379

*Amateurs sit and wait for inspiration,
the rest of us just get up and go to work.*
— Stephen King

INTRODUCTION

UN AUTRE GUIDE DE CONSEILS D'ÉCRITURE

Vous savez, des livres avec des conseils d'écriture, il en existe treize à la douzaine sur le marché. Des guides avec des titres alléchants comme « Comment écrire un best-seller » ou encore « Faites fortune en publiant sur Kindle ». Des titres qui font miroiter un avenir brillant assorti à des promesses immodérées.

Ces guides sont tentants. J'ai ouvert mon portefeuille à quelques reprises pour eux. Et aujourd'hui, à cause de ça, je garde des cicatrices d'hameçons à l'intérieur de ma bouche.

Je suis flatté que vous ayez choisi mon livre parmi la cargaison d'ouvrages similaires disponibles sur le marché. J'ignore ce qui a motivé votre décision. Est-ce la page couverture ? La recommandation d'un ami ? Peu importe, je suis choyé. Merci.

Je crois néanmoins qu'il serait judicieux d'expliquer en quoi ce guide se distingue des autres avant de commencer la matière.

Car il est assez différent. Et je veux m'assurer que vos attentes sont réalistes.

UN GUIDE POUR ÊTRE PLUS EFFICACE

Ce livre puise sa substance dans les découvertes que j'ai réalisées au fil des années. Il porte sur le quotidien de l'écrivain, mais s'intéresse surtout à **l'efficacité** et aux **méthodes de travail**. Pas tellement romantique ou « artistique » comme sujets, n'est-ce pas ?

Pourtant, l'efficacité est cruciale dans n'importe quel projet artistique. N'oubliez jamais qu'une œuvre ne peut jamais exister si elle n'est pas d'abord :

1) imaginée,
2) créée,
3) livrée.

Trois étapes indissociables. Un projet conçu sans l'ingrédient final (la livraison) n'apparaîtra jamais dans la sphère des arts. Pensez à ces nombreux manuscrits qui traînent au fond des tiroirs. Quels lecteurs ont-ils atteints ?

Plusieurs écrivains détestent ce mot. *Efficacité*. Ça sonne « fonctionnariat ». Ça sonne « usine ». Comme si, avec l'efficacité, l'art disparaissait pour ne laisser derrière elle qu'une merde commerciale.

Pourtant, la plupart des artistes notoires qui ont foulé ce monde étaient organisés et s'activaient. Ils bossaient intelligemment. Ils avaient des méthodes de travail et les suivaient.

Ils livraient. Malgré la température à l'extérieur. Malgré leur humeur. Malgré les aléas de la route.

Toute démarche artistique doit inclure une forme d'errance primordiale, certes. L'originalité et le renouveau s'atteignent avec le tâtonnement.

Dans notre contexte, vous verrez qu'*efficacité* n'est pas nécessairement un antonyme d'*errance*. Je crois même qu'il est possible d'errer efficacement.

UN GUIDE POTENTIELLEMENT DANGEREUX

Les guides pour les auteurs sont dangereux. Ils vous incitent à essayer plein de trucs qui pourraient vous éloigner de votre but principal qui consiste à écrire.

Écrire, c'est la base.

Prenez en comparaison un cuisinier. Ce professionnel doit avoir à sa disposition une panoplie de couteaux, et ces couteaux doivent rester bien aiguisés. C'est une question de rendement et de sécurité. S'il avait des lames gâtées, il écraserait ses pièces de viande (au lieu de les couper) et risquerait de se blesser le poignet (puisqu'il forcerait davantage en effectuant des mouvements répétitifs).

Il doit affûter ses instruments. C'est incontestable.

Mais si ce cuisinier passait la moitié de son temps à entretenir ses couteaux avec une loupe à l'œil, produirait-il plus de repas ?

Bien sûr que non. Le couteau, c'est un outil, pas une finalité.

C'est pareil pour l'écrivain.

Ce guide vous donnera des tonnes de trucs alléchants que vous voudrez essayer durant des journées entières. Tant mieux. Expérimenter, c'est important. On ne devine pas ce qui nous convient : il faut le découvrir.

Souvenez-vous toutefois que la vraie magie opère quand votre cul est enfoncé sur votre chaise et que vous travaillez.

Cul.

Sur chaise.

Je veux que l'image reste imprégnée dans votre esprit.

UN GUIDE SANS FAUSSES PRÉTENTIONS

Le titre de ce guide n'évoque pas de fausses promesses comme « Écrivez 1 000 mots à l'heure » ou « Atteignez 5 000 mots par jour ». J'ai gardé en tête le rythme naturel des auteurs qui varie *énormément* d'une personne à l'autre.

Pour Rémi, 1 000 mots dans une journée serait une réussite phénoménale. Pour Justine, ce serait une catastrophe.

Chacun a sa vitesse.

Le titre *Comment écrire plus* propose plutôt une amélioration non quantifiable. C'est voulu. Si vous avez l'habitude de produire 750 mots par jour, je vous aiderai peut-être à franchir le millier. Si vous en rédigez 5 000, on essayera de se rendre à 6 000. Le chiffre exact n'a aucune importance.

À la place, je vais m'attarder au temps. C'est dans cette sphère que des progrès phénoménaux sont réalisables.

Je m'amuse à dire qu'avec ce guide, je montre comment insérer 90 minutes d'écriture à l'intérieur d'une heure. J'enseigne l'optimisation du temps. Les heures, les minutes, ce sont les ressources les plus précieuses des artistes. Avez-vous déjà essayé d'écrire sans temps ? Et est-ce que ça a fonctionné ?

UN GUIDE POUR LES ROMANCIERS INTERMÉDIAIRES À EXPÉRIMENTÉS

J'espère vous donner les outils nécessaires pour vous pousser dans la sphère de l'efficacité. Pour que vous puissiez insérer l'équivalent de cet hypothétique 90 minutes d'écriture à l'intérieur d'une heure.

Cependant, mon livre ne vous apprendra pas à produire de meilleurs textes.

C'est comme ça.

Si vous êtes mauvais, vous le serez encore. Mais vous serez mieux équipé pour taper votre médiocrité rapidement. *God save us all.*

Nous sommes ici à des années-lumière d'un atelier d'écriture traditionnel : si vous cherchez des conseils pour structurer une histoire ou pour améliorer vos figures de style, vous n'êtes pas au bon endroit.

Mon guide ne s'adresse pas aux débutants, mais aux auteurs de fiction longue — communément appelés les *romanciers* — ayant engrangé un minimum d'expérience.

Qu'est-ce que je veux dire par là ?

Je m'attends à ce que vous ayez trempé votre pied, d'une façon ou d'une autre, dans l'univers de la création littéraire. Vous pourriez avoir étudié dans ce domaine, avoir participé à des ateliers d'écriture, avoir produit un brouillon de livre ou, mieux encore, avoir publié un roman chez un éditeur professionnel.

En résumé, vous devez savoir comment ça se conçoit, une histoire. Ou à peu près. Parce que, je le répète : ici, vous n'apprendrez pas *comment écrire*. Vous apprendrez *comment écrire de façon plus efficace*.

UN GUIDE PRÉCIS

Comme le travail de l'écrivain se passe essentiellement à l'ordinateur, je vais prendre la peine d'être précis par rapport aux outils informatiques suggérés.

Je ne parlerai pas des « logiciels de traitement de texte » au sens large. À la place, je vais dire « Word » ou « Scrivener ». Et au lieu de vous proposer d'aller sur « un site Web de gestion de tâches », je vais vous conseiller d'utiliser « Toodledo ».

Je fais donc des choix éditoriaux. Ça vous permettra d'aller voir mes logiciels chouchous et de les essayer. Et n'ayez crainte : aucune compagnie ne me paie pour que je mentionne leurs bébés. Je vous transmets seulement mes coups de cœur, sans attaches.

Je suis conscient que de nommer des applications pourrait rendre désuètes quelques parties de ce guide dans un avenir proche. (Imaginez ces livres qui parlaient de MySpace...) Après tout, les produits informatiques sont volatils : chaque jour, des centaines apparaissent et autant disparaissent. On ne peut rien y faire.

Je crois cependant que les logiciels recommandés entre ces pages sont là pour durer. Je les utilise moi-même depuis plusieurs années et je les ai vus évoluer à travers les petites époques du Web. Les risques m'ont l'air raisonnables.

UN GUIDE DE TRUCS HIÉRARCHISÉS

Les trucs inclus dans ce livre ont généré un impact vérifiable sur mon travail d'écrivain. Certains bénéfices ont été considérables, d'autres, plus modestes. Et comme j'aime les systèmes de classement, j'ai pris la peine d'accompagner mes conseils de notations étoilées comme on en retrouve dans les guides de voyage Michelin.

No joke.

Ce n'est pas gratuit de ma part. Je m'apprête à vous donner une pelletée de recommandations et j'ai l'intention de mettre de l'ordre là-dedans.

Mes cotes auront ces significations :

★★★ : Des trucs parmi mes meilleurs, qui ont changé ma façon de travailler et qui ont augmenté *drastiquement* ma productivité. Attention toutefois : ces conseils exigeront que vous sortiez de votre zone de confort. Ils requerront du travail, de l'adaptation et parfois un investissement en argent.

★★ : De très bons trucs qu'il vaut mieux savoir et mettre en pratique.

★ : Des trucs ayant un impact plus ou moins significatif, mais qui valent la peine d'être mentionnés vu leur simplicité ou leur faible coût.

Donc, si vous voyez un chapitre avec **trois étoiles (★★★)**, accrochez-vous, il y aura de la matière.

Avertissement : la première partie du guide intitulée *Conseils utiles à toutes les étapes d'écriture* contient uniquement des trucs à trois étoiles. Ces conseils sont des incontournables qui affecteront en cascade plusieurs éléments subséquents.

J'aime mieux faire passer le gros morceau en premier. Le reste vous paraîtra plus digestible.

UN GUIDE QUI VOUS RAPPELLE CE QU'IL EST (ET CE QU'IL N'EST PAS)

Traitez-moi de paranoïaque, mais je vais me répéter une dernière fois. Je veux vraiment m'assurer qu'on se comprenne bien.

Ce livre *ne contient pas* :

- **Des conseils pour les absolus débutants :** Je m'attends au minimum à ce que vous sachiez comment structurer une histoire, comment rendre des personnages intéressants et comment enchaîner un mot après l'autre dans votre logiciel de traitement de texte. Sans ça, vous commencez avec deux prises, deux retraits.
- **Des ateliers d'écriture :** Sauf dans quelques rares chapitres, vous n'apprendrez pas comment aiguiser votre plume ni produire de belles figures de style. Ce guide n'a pas cette vocation.
- **Un panorama « 360 degrés » du métier d'écrivain :** Considérez cet ouvrage comme un palmarès de mes meilleurs trucs, et non comme un manuel exhaustif qui couvre 100 % de la matière.
- **Des conseils pour publier son livre :** Ce livre donne des recommandations qui vous seront utiles *avant* et *pendant* l'écriture. Pas *après*. Si vous désirez obtenir des conseils pour présenter votre manuscrit et séduire les éditeurs, je vous

suggère de lire mon guide *Présentez votre manuscrit littéraire comme un pro en 5 étapes*.

Des tactiques en marketing : Voir ci-dessus. Pour moi, le marketing vient *après* l'écriture, même si ce n'est pas tout le monde qui partage mon avis.

Que des trucs faciles à appliquer : Oui, certains brilleront de simplicité, mais la plupart demanderont un temps d'apprentissage et d'adaptation. Si vous êtes un adepte de la fainéantise et avez peur de prendre des risques, ce livre n'est pas pour vous. En fait, le métier d'auteur ne l'est probablement pas non plus.

Bon, fini le négativisme. On va maintenant se concentrer sur ce que ce guide *contient*, plutôt.

Ici, vous trouverez :

Des méthodes de travail : Pour que vous soyez plus efficace derrière le clavier, de sorte que vous puissiez tirer le maximum de vos séances d'écriture.

Des trucs pour économiser du temps : Parce que les auteurs sont souvent pris en étau entre les responsabilités familiales et un emploi alimentaire.

Des anecdotes : Étant donné qu'un conseil est plus facile à assimiler lorsqu'il est mis en contexte.

Capiche ?

UN GUIDE QUI CONTIENT MÊME DES CONSEILS TRÈS MAUVAIS

J'ai une surprise pour vous : **deux des trucs dans ce livre sont en réalité très, très mauvais.**

Il m'est arrivé d'essayer des méthodes qui se sont soldées en catastrophes. Dans la logique du « rien n'arrive pour rien », j'en ai tiré des leçons. Je vais vous raconter ça.

De plus, en sachant que mon guide contient des trucs mauvais, ça vous obligera à rester alerte.

UN GUIDE BASÉ SUR DES FAITS VÉCUS

Les trucs dans ce livre ont tous été testés personnellement. Parfois, pendant très longtemps.

J'écris depuis une quinzaine d'années. À ce jour, j'ai produit plus de dix romans dans des genres variés comme la fantasy, la science-fiction et l'humour. J'ai connu le succès et l'échec : une de mes trilogies s'est vendue à quelques milliers d'exemplaires dans la francophonie, tandis que certains de mes autres titres ont frappé sous la moyenne de saison. J'ai publié chez des éditeurs reconnus de même qu'en mon propre nom, et je continue à flirter avec ces deux modes de diffusion. Je suis un technophile diplômé en intégration multimédia. Quand un nouveau truc apparaît sur le Web, je veux l'essayer en premier. J'ai des certificats universitaires en rédaction professionnelle, en littérature et en création littéraire. Je blogue activement depuis que j'ai commencé à écrire mon premier livre en 2001. Dans mes articles, je partage mon processus de création en plus de prodiguer des conseils aux apprentis auteurs — de là m'est venue l'inspiration pour ce guide. J'agis aussi comme mentor auprès d'organismes comme Première Ovation en arts littéraires et Academos.

Je n'essaie pas de me vanter. J'essaie seulement de vous convaincre que j'ai l'expérience requise pour parler de mon métier.

Ce livre est LE manuel que j'aurais voulu avoir quand j'avais vingt ans.

UN GUIDE QUI SUIT UN ORDRE LOGIQUE

Certaines informations pourraient être répétées d'un chapitre à l'autre. C'est voulu. Le but était de rendre mes trucs indépendants pour favoriser une consultation dans le désordre.

Bien sûr, je recommande que vous lisiez ce guide du début à la fin au moins une fois. Ça vous permettra d'avoir une vue d'ensemble et, qui sait, vous pourriez dénicher une perle que vous n'aviez pas anticipée.

Mes recommandations sont classés dans six catégories, qui suivent l'évolution logique d'un projet littéraire : **Conseils utiles à toutes les étapes d'écriture**, **Idéation**, **Plan**, **Premier jet**, **Réécriture** et **Évaluation par les bêta lecteurs**.

Nous avancerons pas à pas et, au terme de votre lecture, vous serez diablement bien équipé pour botter des culs.

Alors, on commence ?

(Il était temps, diriez-vous…)

CONSEILS UTILES À
TOUTES LES ÉTAPES D'ÉCRITURE

TRUC 1
TROUVER UN BON ORDINATEUR

De 2001 à 2009, j'écrivais ma fiction à domicile. Dans un coin de ma chambre jusqu'en 2008 (colocation oblige), puis dans une pièce séparée. Enchaîné à mon immense PC de bureau, j'avais une vision romancée de l'auteur qui s'installait dans les cafés pour travailler, avec un allongé mousseux au bord des lèvres. Je voulais réaliser ce fantasme. Il me manquait un seul ingrédient : l'ordinateur portable.

J'étais un étudiant universitaire, donc cassé. Mon budget dépassait à peine 300 $ (approx. 200 €), et autour de moi, beaucoup de collègues prenaient des notes avec des mini-ordinateurs de 10 pouces avec une autonomie révolutionnaire (ils fonctionnaient jusqu'à 12 heures sans nécessiter de branchement ; je rappelle qu'on était en 2009). On appelait ça des netbooks. C'était la coqueluche du moment.

« Ce serait parfait pour moi », que j'ai pensé. Abordable, facile à transporter, ça me rendrait mobile et je pourrais travailler dans le public. En bonus, l'appareil me serait utile à l'université. Plus qu'un délire d'auteur, l'investissement me paraissait raisonné.

Je suis tombé sur un modèle offert à 250 $ muni d'un « clavier complet ayant 90 % la taille du format standard ». J'ai vu ça comme un avantage.

J'ai ouvert mon portefeuille.
C'était une des pires décisions de ma vie.

Le netbook venu de l'enfer

Voici à quoi ressemblait une séance d'écriture avec ce minable ordinateur.

J'entrais dans un café, m'assoyais devant la fenêtre, ouvrais le netbook et voyais le logo de Windows Vista. Chargement du système d'exploitation. Deux minutes passaient. C'était un processeur Intel Atom, il ne fallait pas s'attendre à des miracles.

Mes doigts tapotaient le rebord de la table.

Windows m'annonçait qu'il devait installer 36 mises à jour cruciales. Je n'exagère pas sur le nombre. Impossible de les reporter à plus tard.

Combien de temps ça allait prendre ?

Je me commandais un café. J'en buvais la moitié.

Les icônes de Windows apparaissaient. J'ouvrais Word. Attente… Je m'envoyais quelques gorgées supplémentaires dans l'estomac.

La fenêtre du traitement de texte restait gelée une minute.

Je cliquais sur mon roman.

Word plantait en chargeant le fichier. Je me commandais une deuxième tasse en cliquant comme un fou furieux sur mon document.

Cette fois, ça marchait.

Je commençais à écrire. Mais voilà que l'inspiration ne venait pas. J'étais trop fâché. Fâché d'avoir perdu quasiment une demi-heure à cause de cet ordinateur de merde. Je faisais sans cesse des fautes de frappe ; mes mains s'étaient habituées aux claviers normaux depuis mon adolescence. Un « clavier complet ayant 90 % la taille du format standard », ça entortillait les connexions dans mon cerveau et mes doigts manquaient la cible une fois sur quatre. On ne peut pas être créatif avec la largeur de ces périphériques.

J'écrivais… Je corrigeais… J'écrivais… Je corrigeais… Puis, il fallait éteindre la maudite machine.

À la fermeture, ce petit monstre me réservait une deuxième vague de mises à jour qui s'installaient sans mon consentement.

Inutile de vous dire que mon « trip » d'écrire dans les cafés a été bref.

Mes ordinateurs au fil du temps

J'ai possédé une demi-douzaine d'ordinateurs dans ma vie, dont ceux-ci :

1999 à 2005 : PC, Pentium 200 MMX, Windows 98. Utilisé principalement pour jouer à Diablo II et, accessoirement, pour faire mes devoirs de cégep. C'est là-dessus que j'ai commencé à élaborer mon plan et mon premier jet pour *Alégracia*. Il est mort le jour où son disque dur a cessé de fonctionner (j'en reparlerai dans le chapitre sur les copies de sûreté).

2005 à 2009 : PC, Windows XP. Un de mes bons achats. Le système d'exploitation était l'un des meilleurs conçus par Microsoft. Stable et performant. On a raison de s'en ennuyer.

2009 : Ma pourriture de netbook. Je l'ai rangé dans un tiroir sombre. Je me suis promis qu'il ne verra plus jamais la lumière du jour. Je n'oserais même pas le revendre à mon pire ennemi.

2009 à 2013 : PC, Dell XPS 8000, Windows 7. Ordinateur avec une bonne carte graphique, payé 750 $. Employé pour écrire mes livres, pour réaliser mes mandats de rédaction et pour jouer à Diablo III. Mort le jour où son disque dur a flanché (et c'est arrivé pendant que je travaillais sur un contrat hyper important).

2013 à aujourd'hui : iMac 21,5 pouces. Comme mon ancien appareil m'a lâché dans un moment critique, il fallait que j'achète une nouvelle machine *immédiatement*. Pas le temps de commander sur Internet. Les ordinateurs de Steve Jobs me faisaient de l'œil, alors je me suis précipité au Apple Store.

L'importance d'avoir un bon outil de travail

On dit toujours que pour bien travailler, il faut disposer des meilleurs outils. C'est vrai pour le cuisinier. C'est vrai pour le dentiste. Je ne vois pas en quoi ce serait différent pour l'écrivain.

À moins que vous rédigiez encore vos romans au stylo ou à la dactylo (ça se pourrait), l'ordinateur sera le principal intermédiaire entre vous et votre œuvre. Si votre appareil a des problèmes, vous aurez des problèmes. S'il est lent, vous avancerez à la vitesse d'un escargot. Votre destinée est liée à cette machine.

Rappelez-vous mon netbook. Est-ce qu'il me laissait écrire comme je le voulais quand je l'apportais dans les cafés ? Loin de là ! Si j'avais deux heures à ma disposition, je devais en sacrifier la moitié pour permettre à cette machine de démarrer, d'installer ses mises à jour et d'ouvrir Word.

Certains de mes collègues m'avouent travailler, encore aujourd'hui, avec des ordinateurs similaires à ce netbook. Des systèmes lents à ouvrir, qui produisent moult pop-up d'erreur au démarrage et qui sont sûrement bourrés de virus.

Comment peut-on avoir une démarche sérieuse en étant équipé d'un tel cancer ?

Travailler avec un ordinateur performant, c'est la base.

Et quand je dis « performant », je ne parle pas d'une machine capable de supporter la dernière version de *The Witcher* avec les graphiques ajustés au maximum. Je parle d'un poste informatique stable, rapide, qui plante rarement.

Chaque minute que vous fera perdre votre appareil sera une minute d'écriture dont vous ne disposerez jamais.

Qu'en est-il de votre équipement ? Le système d'exploitation, il démarre en combien de temps ? Dix secondes ou dix minutes ? Word s'ouvre-t-il dans un délai raisonnable ? Avez-vous déjà perdu des données à cause des fameux « écrans bleus » ?

Investir dans un nouvel ordinateur pourrait être le premier geste à poser pour injecter de l'adrénaline à votre carrière d'auteur. Le temps gagné serait immédiat, et ça ne demanderait aucun effort de votre part — outre celui d'ouvrir votre portefeuille.

Un périphérique à ne pas négliger : le clavier

Côté clavier, utilisez-vous celui qui accompagnait votre appareil ou avez-vous opté pour un modèle spécialisé ?

Peu d'écrivains font l'effort de magasiner ce périphérique et se contentent du premier venu. Comme moi, quand j'avais mon netbook avec son clavier ayant « 90 % la taille du format standard »… C'est pourtant l'unique intermédiaire entre vos idées et votre logiciel de traitement de texte. Un mauvais clavier vous ralentira dans *toutes* les étapes de votre travail et pourrait nuire à votre santé. De là l'importance de bien le choisir.

Le clavier idéal devrait être confortable et ergonomique, tout en offrant une position naturelle pour les mains. Ses touches devraient s'enfoncer avec un minimum d'efforts.

Je sais de quoi je parle, malheureusement. Je traîne une blessure professionnelle depuis l'époque où je bossais dans une usine de désossage de porcs. Comme je répétais là-bas les mêmes mouvements avec ma main droite 8 heures par jour, du lundi au vendredi, j'ai développé une tendinite au poignet. Ça m'a mis en arrêt de travail pendant des semaines.

Avoir une tendinite, c'est un peu comme recevoir un coup de poignard de la part d'un Nazgûl dans *Le Seigneur des anneaux* : ça ne disparaît jamais vraiment, même après plusieurs années. Si, aujourd'hui, j'enchaîne des journées d'écriture trop intenses, ma blessure se réveille : je ressens alors une douleur lancinante le long du bras comme si des épines émergeaient de mes os.

Le problème a diminué depuis que j'ai troqué mon clavier Dell contre un Apple Keyboard. Les touches de ce dernier offrent très peu de résistance et s'enfoncent d'à peine quelques millimètres pour produire une lettre. L'ergonomie était l'un de mes principaux critères d'achat. Et comme je voulais que ma main gauche (pas blessée) prenne une partie du fardeau de la droite, je me suis aussi procuré un Magic Trackpad et je l'ai placé à gauche du clavier. Je m'en sers pour faire défiler mon texte — travail qui était autrefois confié à mon index droit.

Devant moi, on retrouve donc, dans cet ordre : **Magic Trackpad — Clavier Apple — Souris**.

Même si je suis droitier, je n'éprouve aucune difficulté à utiliser le Trackpad avec ma main gauche. Je recommande chaudement cette configuration à tous les propriétaires de Mac.

Peu importe quel système vous possédez, demandez-vous si votre vieux clavier mériterait de prendre une retraite sans pension. Exigez l'ergonomie. Vos poignets vous en remercieront.

Sur le ring : PC vs Mac vs Chromebook

Si vous deviez changer d'ordinateur, devriez-vous acheter un bon vieux PC, un Mac ou bien un Chromebook ?

Voyons les différentes options, toujours en gardant à l'esprit qu'on va utiliser l'appareil pour *écrire*.

Dans le coin gauche, le PC

C'est probablement sur PC que le logiciel Word fonctionnera avec une rapidité optimale (parce que sur Mac, c'est horrible). Vous prévoyez d'ouvrir Word chaque jour ? Considérez l'achat d'un PC avec Windows.

Si comme moi vous êtes un adepte de Scrivener, vous serez heureux d'apprendre que ce logiciel d'écriture — originalement conçu pour Mac — est compatible avec les PC depuis quelque temps.

Les PC sont beaucoup moins chers que les Mac. Vous débourserez la moitié du prix, parfois le tiers, pour obtenir la même performance. C'est donc un choix économique.

Sachez cependant que les PC sont parmi les types d'ordinateurs les plus vulnérables aux virus et aux attaques extérieures. Si vous êtes du genre à télécharger des jeux illégaux, vous êtes particulièrement susceptible à ce genre de problème. Mettez de l'argent de côté pour un bon antivirus.

Dans le coin droit, le Mac

Vous êtes un fanboy ou une fangirl des produits de Steve Jobs ? Et en prime, vous nagez dans l'argent ? Dans ce cas, les Mac sont pour vous.

Ces ordinateurs sont reconnus pour leur simplicité d'utilisation et leur stabilité. Plusieurs admettront sans hésiter que l'environnement macOS X est mille fois supérieur à celui de Windows en matière d'ergonomie. Pour avoir essayé les deux, je peux l'attester : je préfère de loin les Macs. Ça travaille mieux, ça plante moins, et il n'y a pas « d'écran bleu de la mort ». Je n'ai pas l'intention de revenir au PC de sitôt.

C'est aussi sur Mac que vous aurez accès à la pleine version de Scrivener, le logiciel-culte conçu pour les romanciers (j'en parlerai dans le prochain chapitre). Si vous comptez utiliser ce logiciel avec une démarche sérieuse, vous *devez* opter pour un Mac.

Si, par contre, vous préférez Word, vous devrez vous retrousser les manches. Word est particulièrement engourdi dans cet environnement. Il prend une éternité à ouvrir. Moi-même, quand je travaille sur un document d'au moins cent pages, le logiciel a l'habitude de planter sporadiquement. Je déteste ça. Je recommande d'utiliser Pages comme solution de rechange.

Sur Mac, les virus sont quasi inexistants. Vous pourrez rayer ce problème de votre liste.

Bien sûr, tout n'est pas rose. Les Macs adhèrent à bras ouverts au phénomène d'obsolescence programmée. Si ces appareils montrent de bonnes performances dans l'année suivant leur achat, après quatre ou cinq ans, ils deviennent des monstres de lenteur. C'en est révoltant, considérant leur prix outrancier. Prenez garde aux mises à jour de macOS X : elles sont conçues pour les derniers modèles d'ordinateurs et, la plupart du temps, ralentiront les Macs avec quelques rides. Une mise à jour vantée par la compagnie comme étant « révolutionnaire, puissante et rapide » pourrait carrément sonner le glas de votre système s'il n'est pas dernier cri. Installez ces mises à jour à vos risques et périls.

En comparaison, les PC tendent à durer plus longtemps. Mais tout dépend évidemment de leur configuration.

Le petit nouveau : le Chromebook

Si vous ouvrez votre ordinateur seulement pour surfer sur le Web et pour utiliser les Google Apps (dont Google Docs, un logiciel de traitement de texte avec une interface minimaliste), les Chromebooks vous intéresseront sûrement.

Les Chromebooks sont des ordinateurs portatifs fonctionnant sous ChromeOS, un système d'exploitation simple créé par Google. Ces machines ont la caractéristique commune de recourir à la mémoire flash comme espace de stockage principal, en remplacement des vieux disques durs rotatifs — un tournant qu'Apple a pris aussi.

Ces ordinateurs sont rapides comme l'éclair. On se trouve à des années-lumière du netbook que j'avais acheté en 2009. Appuyez sur le bouton « Power » et vous pourrez commencer à travailler cinq secondes plus tard. Aucune exagération ! En prime, le système d'exploitation est très doux sur la batterie : on verra souvent des modèles qui vantent une autonomie de 10 ou 14 heures.

Contrairement aux Macs, les Chromebooks sont très abordables : leur prix oscille généralement entre 150 $ et 400 $. Ça peut représenter une solution mobile intéressante si vous possédez un ordinateur de bureau et que vous prévoyez d'écrire en itinérance.

Leur principal revers est lié au nombre de logiciels qu'on peut utiliser là-dessus. ChromeOS ne sera compatible qu'avec les applications Web — ce que vous pouvez ouvrir avec un navigateur comme Chrome, Safari ou Firefox fonctionnera normalement sur votre Chromebook. Et ça s'arrête là. Pas de Word, pas de Scrivener, pas même d'Antidote. Pour écrire, Google Docs vous offrira l'essentiel, c'est-à-dire des pages blanches et quelques options de mise en forme. Plusieurs diront que c'est suffisant.

On notera que ChromeOS est très récent en comparaison avec Windows ou à macOS, qui ont plusieurs années de développement dans le corps. On le sent moins mature : il est moins stable que ses compétiteurs et redémarre souvent sans notre consentement, en plein milieu d'une séance d'écriture. Nul doute que Google perfectionnera son produit au cours des prochaines années.

Et pourquoi pas Linux ?

Si je n'aborde pas Linux en profondeur, c'est simplement parce que je n'ai jamais eu la chance de voir ce système d'exploitation à l'œuvre. Ça m'évite de dire n'importe quoi. Je tiens quand même à en faire la mention : Linux est un logiciel libre qui gagne de l'importance d'année en année. Vous y trouverez le nécessaire pour écrire, dont la suite LibreOffice.

L'un des systèmes d'exploitation les plus populaires basés sur Linux s'appelle Ubuntu. Son visuel ressemble en plusieurs points à Windows ou à macOS X. Pour l'essayer, visitez le www.ubuntu.com/desktop et amusez-vous !

À retenir

- Attention aux ordinateurs lents. Chaque minute que votre appareil vous fera perdre sera une minute que vous ne pourrez plus jamais investir dans votre roman. Évaluez votre système et remplacez-le si nécessaire.
- Pour prévenir les blessures professionnelles, optez pour un clavier ergonomique de bonne qualité.
- Les PC sont idéaux si vous travaillez avec Word. Mais attention aux virus.
- Les Mac sont tout indiqués si vous écrivez sous Scrivener. Ces ordinateurs vous coûteront la peau des fesses.
- Les Chromebooks sont abordables et rapides. On s'en sert surtout pour naviguer sur Internet et pour utiliser des applications Web.

TRUC 2
ACHETER UN BON LOGICIEL D'ÉCRITURE

Depuis la nuit des temps…

(Avouez que vous utilisiez cette amorce au début de toutes vos compositions écrites au secondaire, hein ? Mais « la nuit des temps », c'est intense, il ne faudrait pas charrier.)

Depuis le milieu des années 90…

(Ah ! C'est mieux.)

Depuis le milieu des années 90, ou depuis que les machines à écrire sont tombées dans la désuétude, les romanciers utilisent Word.

Les romanciers sont de drôles de créatures. Ils ne remettent jamais leur outil en question. Depuis qu'ils ont appris le fonctionnement d'un ordinateur, le logiciel qu'ils ouvrent quand vient le temps d'écrire un texte, c'est Word. Et ça restera toujours Word.

Word, c'est confortable. Ça plante une fois de temps en temps, c'est souvent lent, mais on fait avec.

Les auteurs ont fait leurs devoirs d'université avec Word. Ils ont aussi rédigé leurs affiches de « Chat perdu » avec Word.

Logiquement, c'est avec Word qu'ils vont écrire leurs livres.

Pas vrai ?

L'hégémonie de Word

J'espère que ce que je viens d'écrire a piqué votre susceptibilité. Avouez-le : vous sentiez que je parlais de vous.

C'était mon intention.

En rédigeant ce livre, je me suis donné la mission d'aider mes collègues à mieux s'équiper pour travailler. Si vous utilisez Word, vous avez de la chance : un panorama d'améliorations s'étend devant vous.

Faisons une analogie avec le menuisier. Word, c'est comme un coffre à outils contenant un marteau et une égoïne. Le menuisier peut exercer son métier avec ces instruments ; confiez-lui du bois et des clous, et il vous construira une table, une armoire ou même un chalet.

Maintenant, imaginez un pick-up chargé avec une cloueuse à air et une scie circulaire. Ça, c'est « l'autre logiciel ».

Le menuisier utilisant « Word » va découper ses planches avec sa bonne vieille égoïne.

Schiiii-Schiiii-Schiiii-Schiiii-Plak ! Une planche.

Le menuisier équipé de « l'autre logiciel » va brancher sa scie circulaire et la mettre en marche.

SWIIIIiii-Plak ! Une planche. SWIIIIiii-Plak ! Une deuxième planche.

Le menuisier « Word » va clouer au marteau.

Bang-Bang-Bang-Bang. Un clou enfoncé.

Le menuisier avec « l'autre logiciel » va sortir sa cloueuse à air.

Snap ! Snap ! Snap ! Snap ! Quatre clous plantés.

Qui va finir son chalet en premier, vous croyez ?

D'après vous, le chalet du menuisier « Word » sera-t-il être plus solide que l'autre, étant donné qu'il aura demandé quatre fois le temps de construction ? Peut-être que oui. Peut-être que non. Dans cet exemple, la qualité n'est pas liée aux outils : les deux ouvriers pourraient avoir bossé comme des imbéciles, peu importe ce qu'ils tenaient dans leurs mains.

Dans toute réalisation, ce qui influence le résultat final, c'est la rigueur des artisans, leur créativité et leur niveau d'expertise.

C'est pareil avec les logiciels d'écriture.

Utiliser Word, ça peut suffire. Vous travaillez avec ce vieux marteau depuis des années, en vous laissant gouverner par les limitations de cet outil rudimentaire.

Pourquoi ne pas vous offrir une cloueuse à air pour faire changement ?

L'avantage de Word

Vous devez trouver que je suis vraiment bitch contre Word, mais je peux dire que ce programme a un avantage incontestable par rapport à la compétition. Son système de suivi des modifications est impeccable.

Après avoir soumis un manuscrit à l'éditeur, le logiciel à utiliser, c'est Word.

Vous savez comment ça marche : les réviseurs lisent votre document, l'annotent avec le « suivi des modifications » activé et vous le renvoient, après quoi vous êtes libre d'approuver ou non les corrections.

À cette étape, le bébé de Microsoft bat la compétition à plate couture. Je ne connais pas une autre application qui gère aussi bien la révision linguistique. Dans l'interface de Word, tout est clair : les suppressions et les commentaires sont placés en marge, de sorte que le résultat final demeure très lisible. On peut refuser ou accepter des modifications en appuyant sur un seul bouton. Depuis la dernière version, on peut même « répondre » aux info-bulles des commentaires pour simplifier les échanges dans les discussions. Ça travaille comme un charme.

Voilà pour le suivi des modifications.

Pour toutes les autres fonctions, Word se fait mettre K.O. en trois secondes.

Alors, pourquoi tout le monde utilise Word ?

Sans blague, je l'ignore.
Mais j'ai ma petite idée.
Comme je l'ai suggéré au début du chapitre, c'est sans doute parce que Word est le logiciel qu'on utilise depuis toujours.
Word, c'est *facile*.
Word, c'est *confortable*.
Son interface ne pourrait être plus terre-à-terre : on se retrouve devant une feuille vide et on tape des mots. Ce qui apparaît à l'écran ressemble à ce qui est craché par l'imprimante.
Si on veut essayer autre chose, il faut d'abord trouver un autre logiciel (lequel ?) et réapprendre à utiliser ce traitement de texte à partir de zéro. (Ouf !)
S'éloigner de Word, c'est *difficile* et *inconfortable*.

Comprendre la résistance au changement

Tantôt, c'était les menuisiers. Maintenant, on va parler de bananes.
« Toi et les analogies boiteuses… », diriez-vous.
Non, non. J'insiste.
Quelle est la meilleure technique pour éplucher une banane, selon vous ? Faut-il prendre un couteau à beurre, « égorger » le fruit sous la queue, et grâce à cette fente, retirer la pelure ?
J'ai une nouvelle pour vous : cette méthode n'est pas la bonne. Vous auriez zéro à votre examen. Ce n'est pas moi qui le dis, mais les autorités absolues en matière de bananes.
Je parle des singes.

Ces primates n'épluchent jamais leurs bananes en commençant par la queue. Ils enfoncent plutôt leurs ongles dans l'autre extrémité (le point noir et mou, situé au bas du fruit) et déballent leur collation à partir de là. Ça leur évite de transformer leur collation en bouillie.

La prochaine fois que vous en mangerez, faites comme eux. C'est plus rapide, et en prime, ça ne demande pas d'envoyer un ustensile au lave-vaisselle.

Oh! Ne vous faites pas d'illusions. Vous allez trouver ça bizarre. Vous avez épluché vos bananes en commençant par la queue depuis toujours, pas vrai?

Tellement bizarre, en fait, que vous allez probablement tester la méthode pendant une ou deux journées avant d'y renoncer.

Parce que le couteau, c'est *simple*. C'est *confortable*.

Adopter une nouvelle technique requiert de l'apprentissage. C'est du changement, de la remise en question, de la douleur.

Nos habitudes sont des tyrans lourdement armés. Essayez de les chasser et elles répliqueront avec des tanks.

Vous souhaitez évoluer? Ayez du courage et de l'ouverture. Intégrez la nouveauté dans votre quotidien, et avec de la persévérance, vous finirez par vous affranchir de ces réflexes qui vous gouvernent.

Si vous continuez à éplucher vos bananes du bon côté, après plusieurs semaines, ce sera la technique du couteau qui deviendra absurde. « Pourquoi salir un ustensile pour rien? » vous direz-vous en voyant un proche commettre l'ultime erreur. Vous voudrez l'arrêter, lui transmettre une partie de votre sagesse durement acquise, lui apprendre la bonne méthode, la *seule et la vraie*, celle des maîtres singes. Mais on vous ignorera. Parce que votre ami résistera au changement comme vous l'avez fait au départ.

Vous voyez où je veux en venir? Ici, je parle de bananes insignifiantes. Imaginez ce que ce sera avec votre logiciel d'écriture.

Donc, qu'est-ce qui est mieux que Word ?

Outre l'utilisation du suivi de modifications, Word vous permet, en tant qu'auteur, d'aligner un mot après l'autre. C'est pas mal ça. N'importe quel logiciel qui offrirait des options supplémentaires *spécifiquement pour les écrivains* serait meilleur.

Je n'oublie pas que Word propose des solutions pour la mise en page avancée, les tableaux, les titres éclatés (ce fameux WordArt), le publipostage et les formulaires interactifs. Mais, franchement, ces fonctions, les romanciers s'en foutent.

C'est ça, l'essence du problème. Word est trop versatile. C'est un outil de bureautique exceptionnel qui permet d'accomplir une panoplie de tâches au sein d'une entreprise. C'est pourquoi l'interface déborde de boutons au point où c'en est étourdissant.

Nous, les écrivains, voulons créer de la fiction longue. Du roman. Rien d'autre. Ce festival de fonctions n'est pas pour nous.

Existerait-il des logiciels conçus pour satisfaire nos besoins précis ?

Je vous laisse deviner la réponse.

Durant une partie de ma carrière, je me suis contenté de Word. J'ai tapé *Alégracia*, *Toi et moi, it's complicated* et *Roman-réalité* là-dedans, en utilisant la bonne vieille méthode linéaire.

Puis, en 2012, une de mes collègues auteures (Annie Quintin, pour donner les bons crédits) a vanté l'efficacité d'un logiciel d'écriture qui m'était inconnu.

Ça m'a rendu curieux.

« Alors, il existe quelque chose d'autre que Word ? me suis-je dit. Des professionnels s'en servent ? »

Il fallait que je voie ça par moi-même.

J'ai téléchargé la version d'essai. J'ai regardé les tutoriels vidéo. J'ai hésité, puis j'ai transféré le roman que j'écrivais dans ce nouveau logiciel. J'ai testé chacune des fonctions, une par une, pour vérifier ce que je pouvais en tirer.

Je disposais de 30 jours pour évaluer l'application, mais au bout d'une semaine, j'étais convaincu : j'ai ouvert mon portefeuille pour acheter une licence.

Depuis ce jour, ma vie professionnelle est entrée dans une nouvelle ère. Ça a complètement changé ma façon de travailler.

Ce logiciel, c'est…

Scrivener

Si Word nous permet de réaliser mille projets tels des curriculum vitae, des rapports trimestriels, des cartes d'anniversaire et des graphiques en pointe de tarte, Scrivener se spécialise en seulement deux choses : les fictions longues et les scénarios.

On peut, bien sûr, utiliser le logiciel à d'autres fins (comme travailler sur une thèse universitaire ou rédiger un guide de trucs d'écriture, par exemple), mais ses fonctions sont surtout dévouées à combler les besoins des écrivains et des scénaristes.

C'est ce qui le rend si merveilleux.

Avouez-le : dans Word, vous n'avez utilisé que 5 % des boutons au cours de votre vie. Le reste n'est pas pertinent pour votre métier.

Avec Scrivener, ce sera peut-être l'inverse.

Dans ce présent chapitre, je ne décrirai évidemment pas *toutes* les fonctions de ce logiciel. Ça demanderait un livre au complet (il en existe déjà quelques-uns ; je ne manquerai pas de vous en recommander plus tard).

Mon but sera plutôt de vous faire découvrir ses atouts. Pour attiser votre curiosité, pour vous donner envie d'aller plus loin.

Sachez qu'il est possible de télécharger une version d'essai gratuite de Scrivener en tout temps. Rendez-vous simplement au www.literatureandlatte.com/scrivener/overview et cliquez sur

« Download Free Trial ». Une fois installée, l'application fonctionnera pendant 30 jours sans aucune limitation.

Mon conseil : installez-la dès maintenant et explorez ses fonctions à mesure que je les décris.

Ah ! Une dernière chose. Les versions Mac et PC de Scrivener 3.0 ne sont pas tout à fait identiques, bien qu'elles se ressemblent beaucoup.

Les fonctions que je décrirai dans les prochaines pages s'appliqueront aux deux versions. Cependant, mes captures d'écran seront prises dans l'environnement Mac. Tenez-en compte. Si vous êtes sur PC, les boutons pourraient ne pas se retrouver *exactement* aux mêmes endroits. Rien de majeur, mais j'aime mieux vous en avertir.

Un logiciel semi WYSIWYG (euh... pardon ?)

Word est une application WYSIWYG. Cet acronyme signifie *what you see is what you get*, que l'on pourrait traduire littéralement par « ce que tu vois, c'est ce que tu obtiens ». Le logiciel nous présente une page blanche, et ce qu'on insère là-dessus apparaîtra tel quel sur le papier à imprimante.

Une interface WYSIWYG, c'est parfait quand on veut réaliser une affiche de chat perdu. On place l'image de minou en haut, on écrit un paragraphe pour décrire l'animal (en Comic Sans, s'il vous plaît) et on ajoute des numéros de téléphone verticaux.

Pour ça, il faut voir le résultat à l'écran, en direct.

Mais, quand on travaille sur un projet de roman de 300 pages, a-t-on vraiment besoin d'une interface WYSIWYG ?

Vous ne vous êtes sûrement jamais posé la question.

On va se la poser.

Votre manuscrit littéraire devra être présenté aux éditeurs en Times New Roman, taille 12, double interligne. C'est la norme. Dans Word, pour obtenir ce résultat, vous devez rédiger dans ce format. Et il est bien défendu d'inclure quelconque élément supplémentaire entre les paragraphes comme des notes personnelles (sinon ça apparaîtrait dans le manuscrit) ou des images qui pourraient servir d'inspiration.

Dans Word, vous pouvez uniquement travailler avec du texte final. « Ce que l'on voit, c'est ce qu'on obtient ».

Pour produire un roman, cette méthode fonctionne. Bien des auteurs y ont recours. Moi-même, je l'ai fait pendant des années.

Pour sa part, Scrivener est un logiciel que je décrirais comme semi-WYSIWYG, dans le sens où le texte qui sera affiché à l'écran va ressembler « à peu près » à ce qui va être recraché par votre imprimante. On peut insérer des notes à travers notre histoire, qui n'apparaîtront pas dans le document final. On a la possibilité de colorer les noms de nos personnages en rouge pour les retrouver facilement. Nos scènes supprimées peuvent être gardées en mémoire et elles demeurent récupérables en tout temps. Chaque unité d'action peut être liée à des données de type « date et heure » sans que ces informations soient disponibles au lecteur. On peut marquer un chapitre comme étant un « Premier jet » et un autre comme étant « Révisé 5 fois avec Antidote ». Ces mêmes chapitres peuvent être réordonnés en quelques clics.

Peu importe ce qu'on fait, le manuscrit final restera toujours en Times New Roman, taille 12, double interligne, sans notes, sans fla-fla. À moins qu'on demande spécifiquement un autre résultat.

L'interface de Scrivener

L'interface de Scrivener est divisée en trois grandes parties, comme on peut le voir sur cette capture d'écran :

Voici les trois sections :

1) **Classeur** : C'est là que se retrouve la grande structure de votre récit. Les dossiers seront vos chapitres. Les documents à l'intérieur contiendront votre texte.
2) **Éditeur** : L'interface d'écriture en tant que telle.
3) **Inspecteur** : La zone où toutes vos métadonnées seront regroupées. Dans Scrivener, les métadonnées sont des informations utiles à *vous*, l'auteur. Les lecteurs ne les verront pas. Vos notes personnelles sont considérées comme des métadonnées, de même que vos résumés et les marques temporelles liées à vos scènes.

La magie de Scrivener va donc opérer dans ces trois grandes sections : **Classeur, Éditeur, Inspecteur.**

La structure du texte dans Scrivener

La principale différence entre Word et Scrivener, c'est la structure du texte.

Dans Word, il n'y a pas vraiment de hiérarchisation. C'est comme si l'entièreté de votre roman était étendue sur un loooooong rouleau de papier essuie-tout. Si vous êtes à la page 300 et que vous voulez consulter une information à la page 150, vous devez remonter le long de votre rouleau et effectuer votre recherche à la loupe.

Ce mode d'affichage est exigeant sur un ordinateur. Au début de la journée, pour que vous puissiez commencer à travailler, Word doit charger en mémoire les 300 pages complètes de votre œuvre. C'est lourd. Avez-vous déjà remarqué que plus votre projet avance, moins le logiciel est performant ?

Dans Scrivener, on n'a pas ce problème.

Votre roman y est découpé en petits morceaux facilement digestibles par votre système informatique. Ça s'apparente à une arborescence de fichiers : des documents (votre prose) sont imbriqués dans des dossiers (vos chapitres).

Ainsi, si on veut écrire l'histoire **en trois chapitres** d'Édouard St-Arnaud qui fait un voyage à Paris en partance de Montréal, on pourrait utiliser cette structure :

- 📁 À l'aéroport de Montréal
  - 📄 Édouard arrive en taxi à l'aéroport de Montréal
  - 📄 Édouard doit payer une surcharge pour ses bagages
  - 📄 Édouard traverse les douanes
  - 📄 Édouard remarque une femme louche qui le suit
  - 📄 Édouard embarque dans l'avion
- 📁 Le vol vers Paris
  - 📄 Édouard trouve son siège et se choisit un film
  - 📄 L'avion décolle et Édouard se fait servir un repas fade
  - 📄 Édouard observe la mystérieuse étrangère assise devant lui
  - 📄 Édouard s'endort pour le reste du voyage
- 📁 Arrivée à Paris
  - 📄 L'avion entame sa descente
  - 📄 Édouard se réveille et ne voit plus l'étrangère
  - 📄 L'avion touche la piste d'atterrissage
  - 📄 Édouard entre dans l'aéroport de Paris
  - 📄 Édouard sent une main sur son épaule

Pour écrire cette histoire, il suffit de « remplir les trous », un à un. On clique sur « Édouard arrive en taxi à l'aéroport de Montréal », et dans l'**Éditeur**, on rédige cette scène dans les détails. Une fois cette partie complétée, on clique sur « Édouard doit payer une surcharge pour ses bagages » pour continuer.

Cette façon de fonctionner permet de préméditer ce qu'on va écrire. On crée les dossiers et les documents textes à l'avance, puis on les remplit. Mais nul besoin de se conformer à cette méthode : rien ne vous empêche d'écrire sans plan et sans filet. Créez simplement votre arborescence au fur et à mesure que vous avancez.

Cette structure (dossiers et documents textes) vous fera économiser un temps fou six mois plus tard, quand vous aurez besoin de trouver des informations enfouies dans votre histoire. Imaginez qu'à Paris, Édouard St-Armand cambriole une banque, se retrouve en prison et se fait servir, dans sa cellule, un bol de purée verdâtre. Vous voulez alors qu'Édouard se souvienne du repas qu'il a pris dans l'avion. « Cette bouillie goûtait meilleur que cette assiette de [XXXX] que j'avais eu la malchance d'avaler avant mon arrivée en Europe. » Le hic : vous avez oublié ce qu'Édouard a mangé à 30 000 pieds d'altitude. Vous tenez mordicus à nommer ce repas.

Pour retrouver l'information manquante, vous cliquez sur le dossier « Le vol vers Paris », puis sur le texte « L'avion décolle et Édouard se fait servir un repas fade ». Le nom du mets apparaît devant vos yeux.

Dans Word, le temps requis pour effectuer la même recherche se serait compté en minutes.

D'ici, je vous entends dire : « Mais comment cette collection de dossiers et de textes peut-elle produire un manuscrit lisible ? »

Une fois que vous aurez écrit, révisé et corrigé votre roman, vous appuierez sur un bouton appelé « Compiler ». Vous choisirez le format désiré (par exemple : Word ou PDF), après quoi Scrivener générera un document respectant parfaitement les standards de l'industrie, que vous pourrez soumettre à votre éditeur.

Les titres des dossiers deviendront des titres de chapitres, et les documents textes seront soudés ensemble. Bingo.

Vous voulez un exemple concret avec cette structure de fichiers ?

Voici le début d'un de mes romans dans la série *Le silence des sept nuits*, que j'ai entièrement composé à l'intérieur de Scrivener :

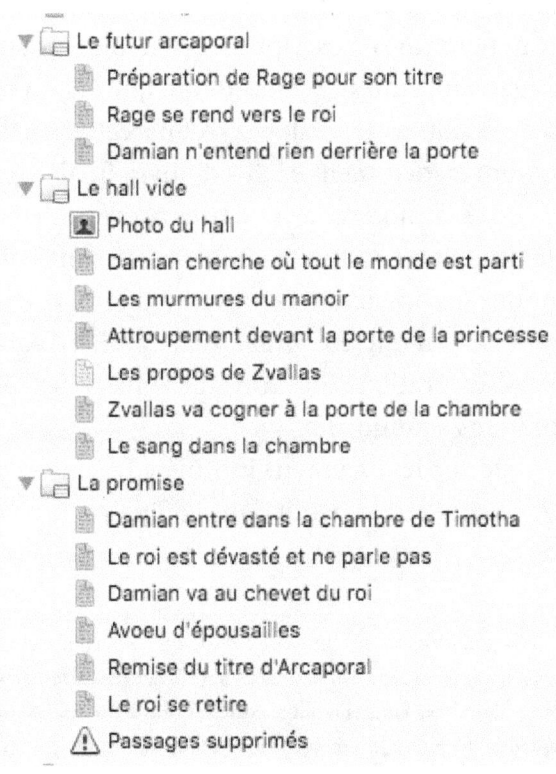

Vous ne le verrez probablement pas sur l'image ci-dessus (sauf si vous lisez une version de ce livre avec une tablette rétroéclairé), mais j'emploie différentes couleurs d'icônes pour caractériser mes scènes :

- **Bleu** = Action
- **Vert** = Dialogue et action
- **Jaune** = Dialogue
- **Orange** = Explication et action
- **Rouge** = Explication

Je reviendrai là-dessus.

On retrouve là-dedans deux documents spéciaux : une « Photo du hall » où apparaît l'image d'un hall médiéval qui m'a servi d'inspiration pour mes descriptions. Un autre fichier contient mes « Passages supprimés », étant donné que j'ai dû retrancher de nombreuses répliques de dialogues dans cette partie. Ces deux documents sont évidemment exclus du livre final.

Autre chose à noter : à l'intérieur du roman publié par l'éditeur, les chapitres sont numérotés et ne sont coiffés d'aucun titre. Les noms des dossiers « Le futur arcaporal », « Le hall vide » et « La promise » n'ont été utiles qu'à moi. (Avouons-le, c'est vachement plus pratique de travailler avec des éléments qui portent des noms significatifs.)

Si on clique sur le document intitulé « Le roi est dévasté et ne parle pas », voici ce qui apparaît dans l'éditeur :

> Saïgon Capiaso, roi suprême de Roc-du-Cap, était recroquevillé dans un coin de la chambre, le seul qui n'avait pas été aspergé de sang. Il avait les jambes repliées entre ses bras et tremblait comme une feuille. Son regard était fixé sur la base du lit.
> Mon irruption avait provoqué bien peu de réactions chez lui : il avait une respiration sifflante, il bougeait par secousses, essayant de pointer quelque chose du doigt sans parvenir à bien coordonner ses mouvements.

Les autres documents textes contiennent des fragments semblables.

Ce roman était prémédité du début à la fin. De fait, j'ai entièrement créé ma structure de fichiers avant de commencer l'écriture. Je fais mes plans comme ça.

Travailler dans un tel système offre plusieurs avantages :

Vous pouvez intégrer votre plan à votre œuvre : Si vous écrivez avec un plan, plus besoin d'avoir deux fichiers Word distincts, soit un premier pour le plan et un second pour le roman. Avec Scrivener, les deux sont fusionnés : le plan est désormais votre architecture de textes et de dossiers, que vous pouvez compléter avant de commencer le premier jet de votre œuvre. Je procède ainsi depuis *Les limbes des immortels*, et l'économie de temps engendrée par cette méthode est phénoménale.

Vous pouvez intégrer des documents de recherche dans votre roman, là où vous en avez besoin : Avec l'histoire d'Édouard St-Arnaud (ci-dessus), il aurait été possible d'inclure des photos des aéroports de Montréal et de Paris directement à l'intérieur des chapitres, pour l'inspiration. Bien entendu, on peut dire à Scrivener d'exclure ces photos de la compilation finale (on verra comment plus tard).

Vous réduisez la pression sur votre ordinateur : Word est gourmand. Ce n'est plus un secret. Lorsque vous ouvrez votre roman, ce logiciel doit charger en mémoire des centaines de pages, d'un seul coup. Plus votre histoire est longue, plus le traitement de texte devient lent et instable. En revanche, Scrivener est stratégique : il charge en mémoire le court segment sur lequel vous travaillez, et rien de plus. Que votre livre fasse 50 ou 5 000 pages, cela n'aura aucune incidence sur la performance de votre système. C'est l'avantage de fragmenter.

Vous avez une vue d'ensemble de votre œuvre : La structure de votre livre sera accessible en tout temps dans la colonne de gauche. Envie de réordonner des chapitres ? Vous n'avez qu'à déplacer des dossiers en faisant un glisser-déposer. Besoin de consulter une bribe d'information au chapitre 5 ?

Ouvrez ce dossier et cliquez sur le document requis. Cette interlude aura duré 3 secondes. (Dans Word, vous auriez dû faire défiler votre texte vers le haut avant de fouiller à tâtons dans vos paragraphes.)

Je sais que les habitués de Word trouveront bizarroïde cette façon de travailler, mais, croyez-moi, c'est la cloueuse à air qui s'ajoutera à votre arsenal d'outils.

Un seul endroit pour tous ses documents connexes

Documents de recherche, fiches de personnages, plans de villes, images pour inspiration.

Avec Word, vous devez ranger tout ça dans les répertoires de votre ordinateur. Pour les consulter, il est nécessaire d'ouvrir plusieurs fenêtres de traitement de texte. Si une seule instance du logiciel rendait votre système informatique instable, imaginez le résultat avec trois fiches de personnages placées côte à côte, en plus de votre roman.

Dans Scrivener, ce problème disparaît : vos documents de recherche sont intégrés dans un projet unique. Nul besoin d'ouvrir une multitude de fenêtres pour les voir. Voilà une bonne économie d'énergie pour votre pauvre ordinateur.

Par défaut, l'arborescence de Scrivener vous présentera trois grands dossiers dans le Classeur (la colonne de gauche dans l'interface) :

Dossier « Ébauche » : Là où se trouvera votre roman.
Dossier « Recherche » : Pour ranger tout ce dont vous avez besoin. Vous pouvez y déposer des documents textes et des fichiers externes comme des PDF ou des images. Là-dedans seront classées vos fiches de personnages, vos lignes du

temps, vos photos pour l'inspiration et bien davantage. Ces éléments n'apparaîtront pas dans votre manuscrit final.

Dossier « Corbeille » : Dans Scrivener, on ne peut pas supprimer un document texte. On peut seulement le déplacer dans la corbeille, puis vider la corbeille. Ça permet d'éviter les gaffes.

En temps normal, vous travaillerez surtout dans le dossier « Ébauche ».

Un coin réservé aux notes

Dans Scrivener, la colonne de droite est appelée l'Inspecteur. C'est là qu'on retrouve les métadonnées associées à nos documents.

Voici un rappel de ce à quoi ressemble l'Inspecteur (colonne 3) :

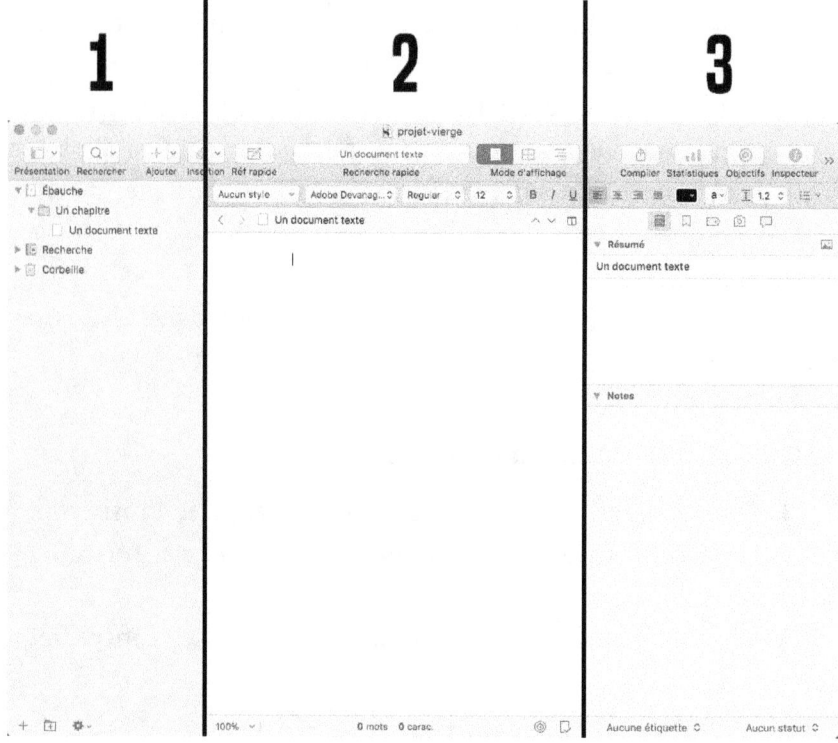

On va se concentrer sur la partie jaune, en bas, intitulée « Notes ».

Il s'agit d'une case fourre-tout, toujours liée au document actif dans le Classeur. (Si vous cliquez sur le texte « Édouard doit payer une surcharge pour ses bagages », par exemple, les notes de ce document apparaîtront à droite.)

Qu'est-ce qu'on écrit dans les Notes ?

N'importe quoi d'utile.

Pour le roman d'Édouard St-Arnaud, on pourrait inscrire :

La surcharge pour bagages doit être de 75 $ (trouvé sur le site de la compagnie AIR-EUROPE). La valise d'Édouard pourrait peser 5 kilos en trop.

On laisse là-dedans des idées, des pistes de retravail, des adresses Web. Bref, tout ce qui est susceptible de nous aider.

Et prenez la peine de dater chaque intervention. Lorsque vous inscrivez une information dans les Notes, ajoutez les « Date et heure actuelles ». (Sur Mac, le raccourci est : Cmd + Alt + Shift + D. On peut aussi passer par les menus : **Modifier > Insérer > Date et heure actuelles**.)

Ça donnerait un résultat comme : « 27 mai 2016 11:39 ».

Si on prenait cette habitude, la note ressemblerait à ceci :

27 mai 2016 11:41

La surcharge pour bagages doit être de 75 $ (trouvé sur le site de la compagnie AIR-EUROPE). La valise d'Édouard pourrait peser 5 kilos en trop.

Cet effort supplémentaire vous permettra de situer vos interventions dans le temps. Ça vous aidera deux ans plus tard, à l'étape de la révision.

Gardez une trace de tout, n'effacez jamais ce que vous inscrivez là-dedans. Si vous avez de nouvelles idées, incluez-les à la suite des autres en continuant d'ajouter les dates. Vous pourrez ainsi voir le cheminement de votre pensée :

27 mai 2016 11:41

La surcharge pour bagages doit être de 75 $ (trouvé sur le site de la compagnie AIR-EUROPE). La valise d'Édouard pourrait peser 5 kilos en trop.

15 juillet 2017 15:13

Bon, avec l'inflation, c'est rendu 100 $. Vérifier une nouvelle fois avant de soumettre à l'éditeur.

20 décembre 2018 12:01

Texte révisé 2 fois. Le premier paragraphe est encore faible : peut-être décrire un peu plus le visage intransigeant de l'employée d'Air-Europe ? Aussi, j'ai hâte à Noël.

4 avril 2019 9:40

MON DIEU, LES SURCHARGES COÛTENT MAINTENANT 150 $!

Corrigé avec Antidote. Version finale. High five.

N'ayez pas peur de vous amuser dans cette case : vous seul pouvez lire vos notes !

Les Instantanés pour réduire le stress

Supprimer une scène de votre roman vous donne mal au cœur ? Ne vous en faites pas : c'est normal.

À l'époque où j'écrivais *Alégracia*, je gardais un fichier Word intitulé *alegracia-scenes-supprimees.doc* dans lequel je fourrais systématiquement toutes les scènes que je retranchais de mon histoire, au cas où je voudrais les réutiliser plus tard.

En réalité, c'était un dépotoir. Jamais je n'allais relire le contenu de ce fichier.

Le processus me rassurait quand même. Savoir que mes suppressions n'étaient pas définitives diminuait ma résistance lorsque venait le temps de donner mes essentiels coups de machette.

Scrivener connaît les romanciers et leurs angoisses. Là-dedans, nul besoin de tenir un fichier à l'écart pour conserver nos scènes élaguées. Le logiciel intègre une fonction permettant de sauvegarder nos documents textes dans leur état actuel et de les ranger dans un historique consultable. Ça s'appelle un Instantané.

Pour produire un Instantané, on sélectionne un document texte dans le Classeur (colonne 1), et dans le menu principal, on clique sur **Documents > Instantanés > Prendre un instantané**.

On entend alors un « clic » de caméra.

Si vous allez dans l'onglet Instantanés de l'Inspecteur (colonne 3), celui arborant une icône d'appareil photo...

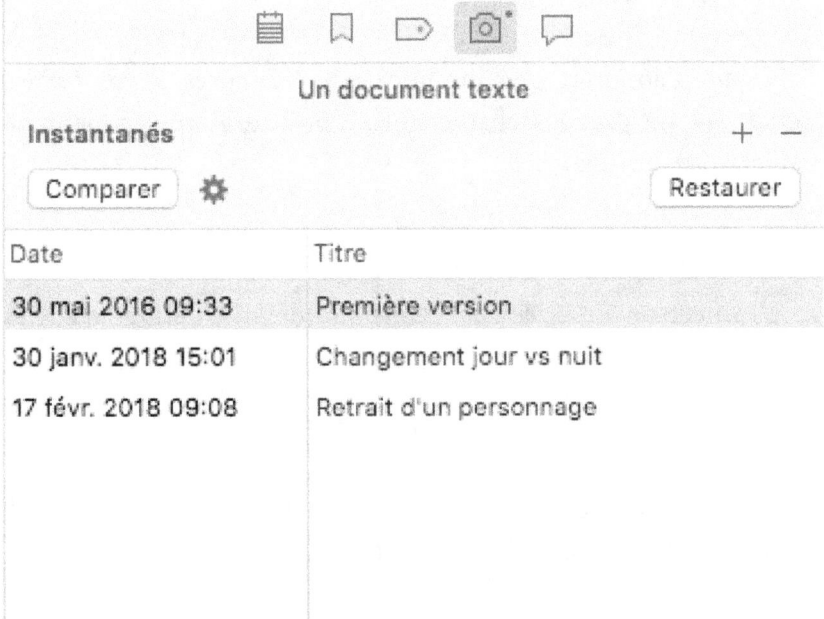

... vous verrez la liste de tous les Instantanés que vous avez sauvegardés pour ce document texte. Ils seront ordonnés du plus ancien au plus récent.

Prendre un Instantané, c'est comme demander à Scrivener de se remémorer l'état de votre travail pour les jours à venir. Votre texte sera enregistré, daté, puis classé dans cet onglet.

Deux grands boutons s'y retrouvent :

Comparer : Si vous cliquez là-dessus, vous verrez quelles sont les différences entre la version actuelle de votre texte et celle de l'Instantané sélectionné. L'affichage ressemblera au suivi de modifications dans Word : les mots que vous aurez supprimés seront ~~barrés~~, alors que les ajouts seront <u>soulignés</u>. C'est bien utile pour analyser l'évolution d'un texte !

Restaurer : Vous avez remanié un document et vous le regrettez ? Cliquez sur *Restaurer*. Votre ancienne version remplacera l'actuelle.

Avant d'apporter des modifications majeures à vos textes, prenez des Instantanés chaque fois. Vous aurez moins peur de manier votre bistouri.

Les autres métadonnées

L'inspecteur de Scrivener vous permet de définir d'autres métadonnées pratiques.

Les étiquettes

Les étiquettes sont des petites informations que vous collez à vos documents textes ou à vos dossiers.

On accède à la liste des étiquettes au bas de la colonne Inspecteur (à droite), juste ici :

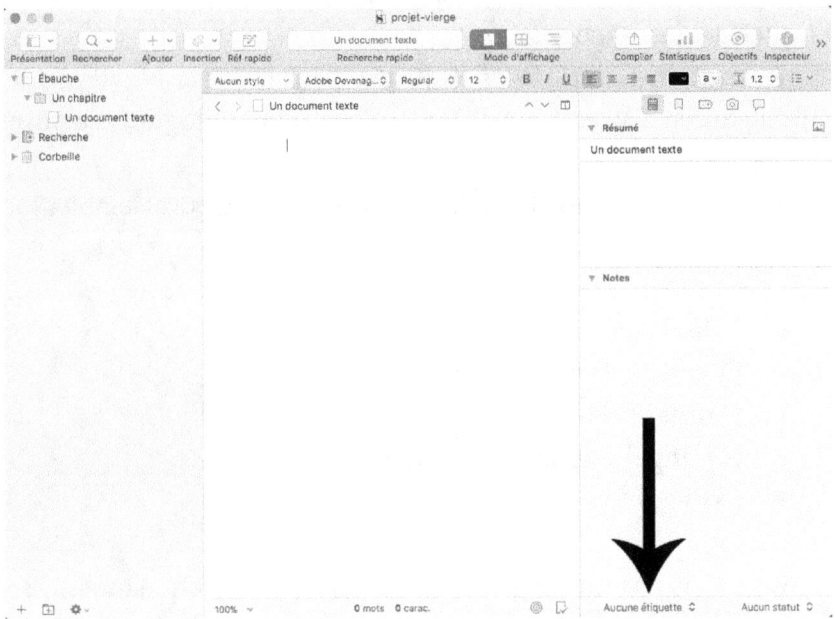

Il existe mille façons d'utiliser les étiquettes.

Par exemple, si vous écrivez une histoire avec des personnages qui se partagent les points de vue chapitre par chapitre comme dans *A Game of Thrones*, vous pourriez créer une étiquette distincte par protagoniste. Si un chapitre était centré sur Tyrion, vous lui colleriez l'étiquette « Tyrion ». Celui sur Sansa aurait « Sansa », et ainsi de suite.

Les étiquettes dans un roman de voyage dans le temps pourraient représenter les époques où se déroule l'action. Pour une romance, ce pourrait être le nom des prétendants de l'héroïne.

C'est du cas par cas. Tout dépend du projet.

Je trouve les étiquettes drôlement utiles parce qu'elles sont associées à des couleurs. L'étiquette « Tyrion » pourrait être **rouge**, tandis que « Sansa » serait **bleue**. Ces couleurs peuvent apparaître sur les icônes du Classeur (à gauche) ; c'est une façon de voir la proportion que prend chaque étiquette au sein du roman. Pour activer ce mode d'affichage, allez dans le menu principal et cliquez sur **Présentation** > **Utiliser la couleur Étiquette dans** > **Icônes**.

De mon côté, j'utilise les étiquettes pour mesurer le rythme de mes histoires. J'aime bien doser les scènes **de dialogue, d'action et d'explication** à l'intérieur de mes récits.

À travers mes projets de fiction, mes étiquettes ressemblent à ceci :

- **[Bleu]** Action
- **[Vert]** Action & Dialogue
- **[Jaune]** Dialogue
- **[Orange]** Explication & Action
- **[Rouge]** Explication

Quand j'écris un long dialogue, j'utilise l'étiquette jaune. Une scène est « dite » plutôt que « montrée » ? J'applique du rouge. Ça bouge toujours ? Allons-y en bleu.

Toutes ces couleurs apparaissent sur les icônes de mon Classeur (colonne 1).

Ce procédé m'oblige à m'autoévaluer à mesure que j'avance. Dans mes romans, j'essaie d'éviter les scènes d'explication, qui sont considérées comme des pauses narratives (traduction : elles ennuient à mourir). Quand j'utilise les étiquettes rouges et orange, c'est un signal d'alarme : je me demande si ce passage est essentiel ou s'il existerait un moyen d'insérer plus d'action là-dedans.

La couleur des icônes du Classeur peut aussi me révéler si mes dialogues ont tendance à s'éterniser. Un chapitre est presque entièrement jaune ? Ce serait un bon moment pour faire intervenir une catastrophe.

Je pourrais continuer longtemps comme ça. Pour moi, le rythme a la primauté, mais votre usage des étiquettes pourrait différer totalement de la mienne. Expérimentez !

Les statuts

Les statuts ressemblent aux étiquettes, à la différence qu'ils ne sont pas associés à des couleurs.

On les retrouve eux aussi au bas de l'Inspecteur (à droite) :

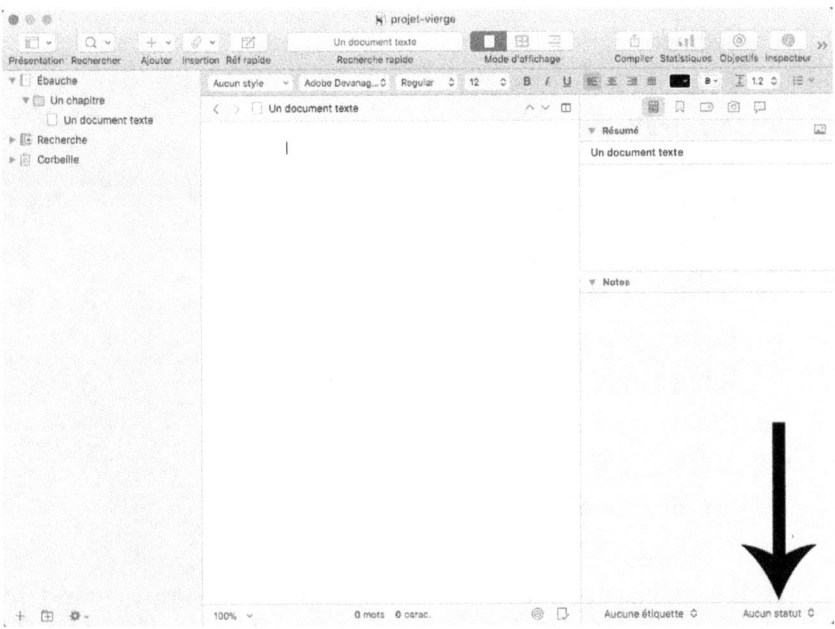

Par défaut, les statuts représenteront l'état d'avancement d'un document. La liste de base contient ces sept éléments :

- **Aucun statut**
- **À faire**
- **En cours**
- **Première ébauche**

- Ébauche révisée
- Ébauche finale
- Terminé

Vous pouvez les modifier à votre guise, comme c'est le cas pour les étiquettes.

Dans mes fictions, j'utilise une liste de statuts un peu plus fournie :

- **Aucun statut**
- **À faire**
- **Premier jet**
- **À retravailler**
- **Révisé (1 étoile)**
- **Révisé (2 étoiles)**
- **Révisé (3 étoiles)**
- **Révisé (4 étoiles)**
- **Révisé (5 étoiles)**
- **Révisé avec Antidote**
- **Final**

La signification de ces éléments :

À faire : Ce document est vide. J'utilise ce statut quand je dresse mon plan dans le classeur.

Premier jet : Un morceau que je viens d'écrire, à l'état brut.

À retravailler : J'ai repéré un défaut majeur dans un document texte. J'accompagne toujours ce statut d'une explication dans les Notes pour me rappeler ce qui cloche.

Révisé (1 étoile) : J'ai relu ce segment et j'ai apporté des ajustements, mais c'est encore vraiment, vraiment mauvais. J'inscris dans les Notes les raisons qui m'ont donné cette impression.

Révisé (2 étoiles) : Même que 1 étoile, mais ça s'est un peu amélioré.

Révisé (3 étoiles) : Un passage relu jugé correct, sans plus.

Révisé (4 étoiles) : Un passage particulièrement bon.

Révisé (5 étoiles) : J'ai ressenti de fortes émotions en relisant ce passage et je trouve qu'il coule bien. Investir du temps ici serait inutile.

Révisé avec Antidote : Ce passage a été corrigé avec Antidote, mon logiciel de révision favori. Je suis à deux doigts de soumettre mon manuscrit à un éditeur.

Final : J'ai relu une dernière fois ce segment et je n'ai rien changé. Il est maintenant coulé dans le béton.

Comme vous l'avez deviné, ces statuts m'indiquent où je dois investir mes efforts durant la réécriture.

Le bouton « Inclure dans la compilation »

Au bas de l'Éditeur (colonne du centre), vous retrouverez une barre d'état, et à la droite de celle-ci, vous verrez ce bouton :

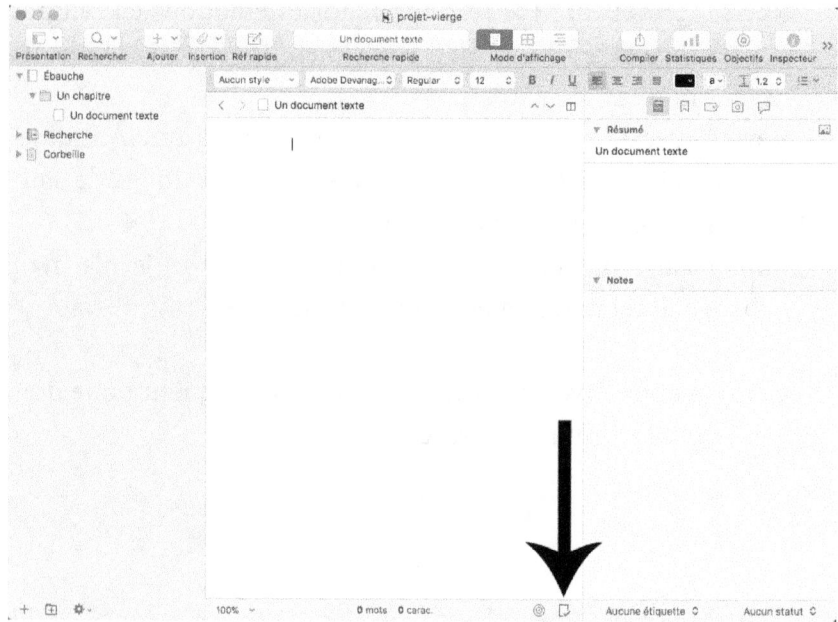

C'est le bouton « Inclure dans la compilation ».

En cliquant là-dessus, un petit « X » apparaîtra sur la feuille. Ça signifie que le document actif ne sera pas montré au lecteur.

Ne manquez pas d'appuyer sur cette icône si vous insérez des éléments de recherche dans votre Classeur (à travers votre texte régulier). Ainsi, ils seront exclus du manuscrit final.

Les métadonnées personnalisées

Les métadonnées personnelles seront les bébés chéris des auteurs qui jonglent avec des histoires particulièrement complexes et structurées.

Vous retrouverez les métadonnées personnelles dans cet onglet de l'Inspecteur :

Ces données sont entièrement personnalisables. Elles ne seront utiles à personne d'autre qu'à vous. Vous pouvez en créer autant que vous voulez.

Admettons que vous écriviez un roman policier avec moult fils d'intrigue, et que vous souhaitiez savoir à quelle heure se déroulait chacune de vos scènes.

Vous pourriez ajouter une métadonnée personnelle appelée « Heure » en cliquant sur le bouton **Set Up Custom Metadata…**, puis en appuyant sur le bouton ayant la forme du signe « + ». Vous nommeriez votre métadonnée et choisiriez le format « Date ». Et voilà !

À partir de ce moment, chacun de vos documents aurait une case titrée « Heure » où vous pourriez entrer une valeur.

J'ai adopté cette stratégie dans mon roman *Bienvenue à Spamville*. L'histoire se déroulait durant un seul et unique week-end, et les deux héroïnes ne dormaient presque jamais. Je devais donc surveiller le temps de façon serrée pour éviter les incohérences.

Les manières d'exploiter ces métadonnées sont infinies. Il suffit d'avoir un besoin à combler. Vous pourriez y consigner les lieux de vos scènes, la température extérieure (dans le récit, bien sûr) ou le nombre d'allumettes que votre naufragé peut encore utiliser.

La compilation finale

On a vu comment écrire et structurer ses documents dans Scrivener. On a aussi appris comment tirer profit des options de l'Inspecteur.

Mais une fois qu'on a terminé son roman, on fait quoi ? On envoie notre fichier Scrivener à l'éditeur ?

Non.

Dans la francophonie, les éditeurs ne connaissent pas ça, Scrivener (du moins, en 2018).

Ceux-ci travaillent avec des fichiers PDF ou Word. Pour soumettre un projet à une maison d'édition, il faut donc produire un de ces fichiers à partir de Scrivener.

Heureusement, c'est possible.

Regardez la barre d'outils, en haut de l'interface. Repérez le bouton « Compiler ». Il est juste ici :

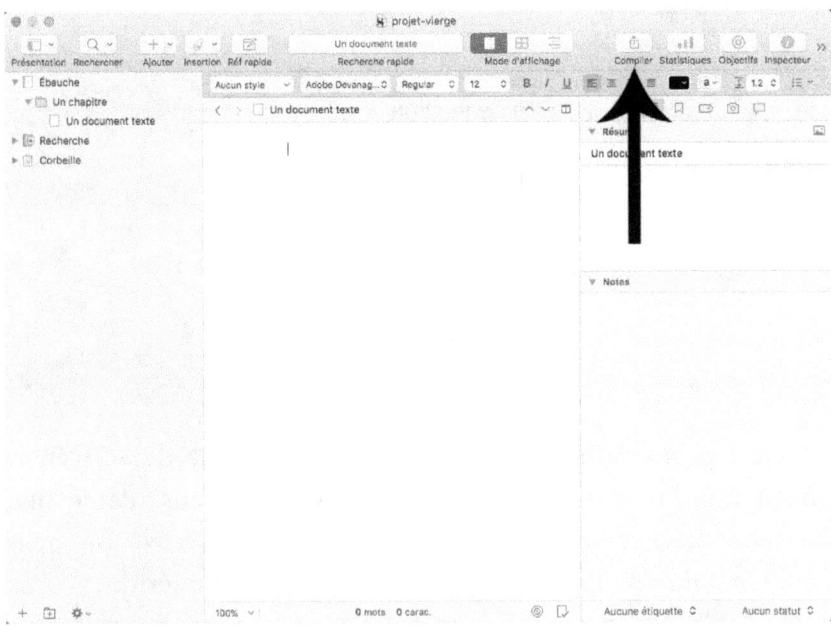

C'est là que la magie se produit.

En compilant votre projet, Scrivener va en quelque sorte « digérer » vos dossiers et documents textes, et vous servir un fichier formaté selon vos préférences. C'est ici, par exemple, qu'on va générer un manuscrit standard à soumettre aux éditeurs.

En cliquant sur le bouton de compilation, cette fenêtre apparaîtra :

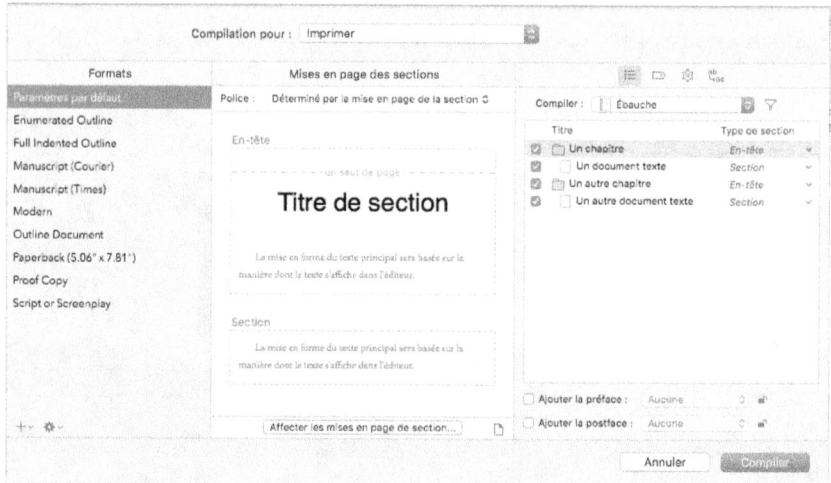

C'est probablement l'endroit le plus technique de Scrivener, dû au nombre d'options qu'on retrouve là-dedans. Parce que Scrivener ne sert pas qu'à produire des manuscrits : on peut l'utiliser pour créer des fichiers ePub (des livres numériques) finis et formatés de façon professionnelle, de même que des mises en page finales pour des romans imprimés. C'est puissant.

Ce livre-ci, par exemple, a été entièrement conçu sous Scrivener, du début à la fin.

Pour le moment, on va se concentrer sur l'essentiel : produire un manuscrit standard au format Word. Pour y arriver, suivez ces étapes :

1) Cliquez sur le bouton **Compiler**.
2) Dans la colonne **Formats** (à gauche), choisissez **Manuscript (Times)**.
3) Tout en haut de la fenêtre de compilation, dans la liste déroulante **Compilation pour**, choisissez **Microsoft Word (.docx)**.

4) Cliquez sur le bouton **Compiler** (en bas à droite) et choisissez un emplacement pour sauvegarder votre fichier.

Cette méthode fonctionnera si vous avez utilisé une structure conventionnelle dans votre Classeur (c'est-à-dire un dossier par chapitre, avec des textes imbriqués à l'intérieur de chacun). Le système de compilation produira un fichier .docx parfaitement compatible avec le logiciel de Microsoft.

Il restera quelques opérations de nettoyage à effectuer. Scrivener aura probablement inséré des culs-de-lampe (le symbole « # » représentant une ellipse) entre vos documents textes et sur vos lignes vierges, étant donné que c'est un réglage par défaut. Je vous conseille d'effacer manuellement ces marques dans Word plutôt que de reconfigurer la compilation (ce qui serait trop compliqué à expliquer ici[1]). Même chose pour vos titres de chapitre : ouvrez votre document Word et vérifiez que le titrage est conforme à vos attentes. Apportez les modifications requises.

Si jamais Scrivener compilait votre roman avec une police et un interlignage inappropriés, encore une fois, je vous recommande de faire les ajustements nécessaires dans Word. Sélectionnez votre texte, modifiez les paramètres de la police (choisissez Times New Roman, taille 12, double interligne) et enregistrez votre document.

Surtout, n'envoyez jamais un manuscrit aux éditeurs sans avoir inspecté le résultat de votre compilation à la loupe. Assurez-vous que tous les morceaux sont là !

---

[1] Si vraiment vous souhaitez vous aventurer là-dedans, faites un clic droit sur le format « Manuscript (Times) » et choisissez **Dupliquer et modifier le format...** Vous pourrez alors reparamétrer les options de compilation pour modeler un manuscrit selon vos désirs. Pour utilisateurs avancés seulement.

Scrivener : la conclusion

Voilà, on vient de passer à travers le chapitre le plus costaud de ce guide. C'était un gros morceau. Prenez quelques minutes pour le digérer. Je vous attends.

Bon.

Maintenant, qu'on se comprenne : mon but n'était pas de vous apprendre à utiliser le logiciel *à fond*, mais bien de vous montrer que, pour écrire un roman, Word n'est pas l'unique solution, et que Scrivener est considéré comme l'une des meilleures options pour remplacer le produit Microsoft. Prenez la peine de l'essayer, ne serait-ce qu'une semaine. Ça pourrait changer votre façon de travailler jusqu'à la fin de vos jours.

Je vous rappelle que vous pouvez dès aujourd'hui télécharger une version d'essai de Scrivener qui sera fonctionnelle pendant 30 jours au www.literatureandlatte.com/scrivener/overview.

Pour apprendre à utiliser Scrivener

Si vous voulez apprendre les fonctions avancées de Scrivener, vous pouvez visualiser une panoplie de tutoriels vidéo réalisés par les concepteurs du produit au www.literatureandlatte.com/learn-and-support/video-tutorials. Malheureusement, ils sont en anglais.

Pour les unilingues, sachez qu'il existe une série de tutoriels en français créés par François Magnan, consultant et formateur Scrivener. Retrouvez des liens vers ces vidéos au www.dominicbellavance.com/tutoriels. (Notez qu'on y voit une version ancienne du logiciel. L'interface pourrait avoir évolué depuis.)

Scrivener for Dummies, de Gwen Hernandez, est reconnu comme étant un très bon guide. Vous l'avez deviné : c'est aussi en anglais.

En faisant des recherches sur le Web, je constate que des livres en français sur Scrivener existent, mais je ne peux malheureusement pas me porter garant de leur qualité. Si vous achetez l'un de ceux-là, écrivez-moi à dominic@dominicbellavance.com. J'aimerais connaître votre avis de lecture.

À retenir

- Word n'est pas spécialement conçu pour écrire des romans.
- Pour changer ses outils — et donc sa façon de travailler —, il faut se donner du temps. Surmonter la résistance au changement n'est pas facile.
- Scrivener est le logiciel chouchou de la plupart des auteurs qui ont délaissé Word.
- Scrivener rassemble tous vos documents au même endroit, dont votre texte principal et votre dossier de recherche.
- Scrivener comporte de nombreuses fonctions qui permettent aux écrivains de mieux structurer et documenter leurs œuvres.
- Une fois un roman terminé, il faut le « compiler » pour produire un fichier Word qui sera soumis aux éditeurs. Faites un formatage final (Times New Roman, taille 12, double interligne) directement dans Word si nécessaire.
- Assurez-vous qu'il ne manque aucune partie à votre histoire avant de la soumettre.
- Pour apprendre à utiliser Scrivener, consultez les tutoriels vidéo au www.dominicbellavance.com/tutoriels-scrivener.
- Vous pouvez télécharger une version d'essai gratuite de Scrivener au www.literatureandlatte.com/scrivener/overview.

Note : L'auteur n'a reçu aucune compensation pour parler de Scrivener et n'est nullement affilié avec la compagnie Literature & Latte.

TRUC 3
SE CRÉER UN SYSTÈME DE COPIES DE SÛRETÉ

J'ignore combien de fois j'ai vu des auteurs d'expérience se lamenter sur Facebook qu'ils ont perdu des centaines d'heures de travail, ou même 100 % de leur roman, parce que leur disque dur a explosé.

S'ensuit toujours un déferlement de commentaires de la part des collègues qui posent la même question à l'unisson : « Avais-tu des copies de sûreté ? »

La réponse est toujours : « Non. »

Dans le cas inverse, ces infortunés n'auraient jamais ressenti le besoin de publier leurs statuts désespérés. Ils auraient simplement récupéré leurs copies de sûreté — ça leur aurait pris cinq minutes — et la vie aurait continué normalement.

Une histoire semblable m'est arrivée en 2005. J'écrivais *Alégracia et les Xayiris*, le deuxième volet de ma trilogie de fantasy. J'avais complété la première moitié du livre — environ 50 000 mots. Une année de travail.

Un jour, je me suis installé devant mon ordinateur et j'ai appuyé sur le bouton *power*. C'était un PC. Je le possédais depuis 4 ou 5 ans. Payé 1 500 $ dans une boutique de Sainte-Marie-de-Beauce. C'était un clone que j'avais monté pièce par pièce pour m'offrir du *gaming* de qualité (j'étais un gros fan de *first person shooters* à cette époque).

J'ai vu les écritures du BIOS apparaître. Juste avant le moment où le logo de Windows XP devait s'afficher à l'écran, je n'ai obtenu rien autre que cet infâme « écran bleu de la mort ».

Quand ça arrivait, je n'avais qu'à redémarrer ma machine. J'ai pressé le bouton de mise en marche.

Beep. BIOS. Écran noir. Écran bleu.

J'ai redémarré encore. J'avais le visage en sueurs.

Même chose.

Je perdais mon sang froid.

À chaque écran bleu, j'entendais clairement un « clic-clic-clic-clic-clic » émaner du ventre de mon PC. Je n'étais pas Einstein, mais je savais que c'était un problème de disque dur.

Je n'avais aucune copie de sûreté.

J'ai essayé de redémarrer une dizaine de fois en priant pour un miracle. L'athée que j'étais n'espérait pas grand-chose, mais à la dixième tentative, l'interface de Windows est apparue comme si ma machine me donnait gracieusement une session d'adieu.

Je me suis dépêché de transférer tous mes fichiers sensibles par câble réseau sur l'ordinateur de mon frère. Mes romans, mes devoirs.

C'est tout ce que j'ai pu sauver.

Après ça, mon système a rendu son dernier souffle.

J'ai été chanceux. Incroyablement chanceux. Mes projets littéraires étaient ce que j'avais de plus précieux, et j'avais réussi à les sauver de justesse.

Cet incident m'a donné une bonne leçon, et permettez-moi de vous transmettre une partie de cette sagesse durement acquise.

Ouvrez grand vos yeux et lisez la phrase suivante plusieurs fois si nécessaire :

Les disques durs sont des pièces mobiles, et selon les lois de la physique, ils sont destinés à briser.

Vous ne pouvez pas « espérer » que votre disque dur ne brisera jamais. Son destin est scellé dès sa première heure d'existence, tout comme l'est le vôtre (à moins que vous n'ayez réalisé récemment que le soleil vous brûle la peau et que vous ayez une irrésistible envie de boire du sang humain).

Votre disque dur va briser un jour. Vous ignorez seulement quand ça arrivera. Il pourrait lâcher dans dix, cinq ou deux ans. Il pourrait cesser de fonctionner demain matin.

Des copies de sûreté, vous *devez* en avoir.

Un système de copies de sûreté

Si vous transférez dès aujourd'hui vos données essentielles sur une clé USB ou une carte SD, c'est un bon point de départ, mais c'est loin d'être suffisant.

Ce dont vous avez besoin, c'est un *système* de copies de sûreté. Une procédure que vous répéterez régulièrement et religieusement. Une habitude bien plus qu'une action ponctuelle.

Parce que si vous sauvegardez vos copies de sûreté au Jour de l'an chaque année, qu'allez-vous faire si votre ordinateur déclarait forfait le 23 décembre ?

Vous allez pleurer à Noël.

Vos copies de sûreté devraient être faites *au minimum* chaque semaine. Idéalement chaque jour. Dans un monde parfait, toutes les heures.

Et vos copies devraient être à l'épreuve des tremblements de terre, du feu et des tsunamis.

C'est possible d'en arriver à un tel résultat, sans effort. Il suffit de connaître les bons outils.

Avant de continuer, juste un petit astérisque : les conseils qui s'ensuivent vous suggéreront des applications et des appareils pour gérer vos copies de sûreté. Ce sont des propositions, pas une parole divine. Tout au long de votre lecture, s'il vous plaît, gardez en tête qu'il n'existe aucun système infaillible en ce bas monde, et que même si vous suivez mes recommandations à la lettre, vous pourrez perdre vos données quand même.

Traduction : avec ce chapitre, je ne m'engage pas à devenir garant de vos copies de sûreté. La préservation de vos documents relève de *votre* responsabilité. Si, pour une raison ou pour une autre, vous perdez vos fichiers, ce sera toujours et uniquement de *votre* faute, parce que ça découlera de *vos* décisions.

On se comprend bien ?

Oui ?

Cool.

Dropbox

J'ai beaucoup d'amour pour Dropbox. Presque autant que pour Scrivener.

Dropbox est un service infonuagique de stockage de données accessible au www.dropbox.com. En installant cette application, vous ferez apparaître un dossier Dropbox sur votre ordinateur, et tous les fichiers que vous déposerez là-dedans (dont votre roman) seront automatiquement copiés sur les serveurs de la compagnie, de même que dans les dossiers Dropbox de vos appareils où l'application est activée.

Ça veut dire que les dossiers Dropbox de votre ordinateur de bureau, de votre ordinateur portatif et de votre smartphone vont toujours contenir l'exacte même chose, à la condition qu'ils soient connectés à Internet. (Donc, si vous sauvegardez votre manuscrit à l'intérieur, le document va se propager sur tous vos jouets informatiques sans effort de votre part.)

Ça fait beaucoup des copies de sûreté, ça.

Et si vos appareils décidaient de briser le même jour, tout ne serait pas perdu : vous pourriez encore télécharger vos fichiers sensibles au www.dropbox.com.

Sans blague, vous ne pouvez pas contourner un tel service. En plus, c'est gratuit.

Quand je discute de copies de sûreté avec les collègues, je conseille toujours cette application. Beaucoup finissent par s'y abonner, mais certains résistent en évoquant la crainte de se faire voler leurs fichiers. Parce qu'en utilisant un service infonuagique comme Dropbox, on accepte que nos documents soient stockés sur les serveurs d'une compagnie privée. Et ces documents, même s'ils sont protégés derrière un mot de passe et un cryptage, demeurent accessibles par le Web. Ils ne sont pas isolés chez vous. Ça demande de la confiance.

Considérez tout de même ceci :

- **Les fichiers sur votre ordinateur ne sont PAS à l'abri du piratage** : Il suffit d'être connecté à Internet. Attrapez un virus informatique, et un hacker tchèque malintentionné pourrait prendre vos fichiers en otage et exiger une rançon de 250 $ pour que vous puissiez les ravoir. Oui, je connais des gens à qui c'est arrivé.
- **Les serveurs de Dropbox sont reconnus comme étant très sécuritaires** : Entre les serveurs de Dropbox et votre ordinateur, si j'avais à parier sur qui serait le plus sûr, je mettrais mon argent sur Dropbox. Les fichiers stockés sous leur responsabilité sont chiffrés et distribués à travers plusieurs centres de données. Les vôtres le sont-ils ?
- **Ne pas utiliser Dropbox est plus risqué que de l'utiliser** : Vous avez mille fois plus de chances de perdre vos fichiers à cause d'une défaillance de votre disque dur qu'à cause du piratage. J'en ai expliqué la raison plus tôt : votre disque dur est destiné à briser, et votre compte Dropbox ne sera pas nécessairement piraté durant son existence. Un disque dur répond aux lois immuables de la physique, le piratage est un résultat de l'activité humaine.

Tout ceci relève de la gestion du risque. Ne pas utiliser un système de copies de sûreté est risqué. S'abonner à Dropbox l'est aussi, mais infiniment moins.

Intégration de Dropbox à Scrivener

Scrivener et Dropbox peuvent travailler main dans la main. Ensemble, ils forment une *dream team*.

Les concepteurs de Scrivener adorent ouvertement Dropbox. Ils se sont arrangés pour que leur logiciel d'écriture puisse déposer automatiquement des copies de sauvegarde de votre roman dans un dossier Dropbox, de sorte que vous n'ayez même plus à y penser.

Pour configurer cette sauvegarde sur un Mac, voici comment faire :

1) Ouvrez Scrivener.
2) Dans le menu principal, allez dans **Scrivener > Préférences…**
3) Dans l'onglet **Sauvegarde**, choisissez ces options :

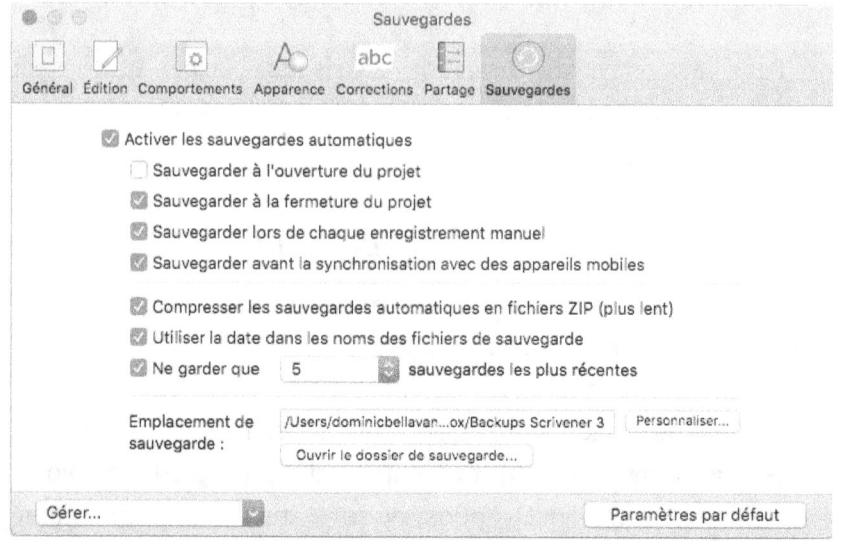

4) Dans le champ **Emplacement de sauvegarde**, assurez-vous de choisir votre dossier Dropbox.
5) Voilà.

La procédure est relativement similaire sur PC.

Avec cette configuration, chaque fois que vous presserez les touches Cmd + S ou que vous fermerez Scrivener, l'application déposera automatiquement une copie de votre projet dans votre dossier Dropbox. Le fichier sera compressé et daté. Vos cinq dernières versions seront conservées, de sorte que si par inadvertance vous effaciez 100 % de votre roman et que vous faisiez une copie de sûreté d'un document vide (le genre de chose qui arrive), vous allez encore pouvoir récupérer une version antérieure de votre précieux texte.

Plus sûr et plus facile qu'une clé USB ? Au moins mille fois.

Et iCloud ? Et Google Drive ?

Il existe d'autres services comparables à Dropbox qui offrent de l'espace de stockage sur le nuage. Parmi ceux-ci, on retrouve iCloud, Google Drive et Amazon Cloud Drive, entre autres.

Si je ne parle pas de ces derniers, c'est simplement parce que je ne les ai pas essayés.

Il faut considérer le fait que Dropbox existe depuis 2008. Dans le monde des applications Web, c'est vieux. La compagnie a résisté à l'épreuve du temps, elle a pu se vanter en 2016 d'avoir atteint les 500 millions d'abonnés et est aujourd'hui reconnue pour sa fiabilité par rapport aux compétiteurs. Moi-même, je n'ai jamais eu un seul problème avec Dropbox en quasiment dix ans d'utilisation, alors que j'ai entendu des gens se plaindre d'avoir perdu des fichiers importants stockés sur iCloud.

Avec ce genre de service, la fiabilité est le critère numéro un.

S'envoyer un fichier par courriel

Certains écrivains s'envoient leur roman une fois de temps en temps par courriel, sur leur compte Gmail. Advenant un bris d'ordinateur, ces auteurs pourraient aller chercher les fichiers dans les archives de leur système de messagerie. Ceux qui recourent à cette stratégie sont souvent des personnes résistantes à utiliser des services comme Dropbox pour les raisons évoquées précédemment (dont la traditionnelle peur du piratage).

Pourtant, cette méthode est très exactement du stockage infonuagique ! Les documents sont enregistrés sur les serveurs du fournisseur de courriels — dans le cas de Gmail, c'est chez Google.

Aucune différence.

Cette approche est valable, mais c'est vouloir se compliquer la vie pour rien.

Si vous souhaitez continuer à vous envoyer vos romans par courriel, assurez-vous au moins qu'ils demeurent entreposés chez votre fournisseur de messagerie en permanence. Parce que, *spoiler alert*, ce n'est pas toujours le cas ! Si vous utilisez un logiciel comme Outlook, il est bien possible que vos fichiers soient purgés des serveurs dès que vous les téléchargez sur votre ordinateur. Il n'y aurait donc aucune copie de sûreté ailleurs que chez vous. À vérifier !

Le stockage local

Si l'idée de recourir à l'infonuagique vous empêche de dormir, vous pouvez vous rabattre sur une clé USB ou sur un disque dur externe.

La clé USB sera protégée contre les incendies si vous avez la discipline de la transporter sur vous (si vous êtes un homme, vous pourrez bientôt lire un chapitre qui porte sur les sacs à main, vous allez adorer).

Quant au disque dur externe, il ne vous sera utile que si votre ordinateur flanchait. C'est déjà ça. En cas de catastrophe domiciliaire, vos fichiers seraient quand même détruits.

Avantages et inconvénients du stockage local

Opter pour le stockage local amène des avantages incontestables :

- **Vous demeurez en contrôle de vos fichiers :** En gardant vos documents près de vous, aucune compagnie privée n'aura le droit d'y accéder.
- **Vous vous protégez, dans une certaine mesure, contre le piratage et le vol de mot de passe :** Mais souvenez-vous que même un travail sauvegardé en local ne sera jamais à

l'épreuve de tout ; on pourrait encore voler votre roman si vous attrapiez un virus ou si quelqu'un chipait votre clé USB.

Bien sûr, le stockage local ne vient pas sans inconvénient :

Le disque dur externe et la clé USB sont faillibles comme votre ordinateur : Ils vous offrent un niveau de sécurité supplémentaire, mais ces appareils peuvent briser n'importe quand. (En revanche, sur l'infonuagique, vos données sont sauvegardées sur plusieurs serveurs en simultané.)

Cette solution n'est pas gratuite : Contrairement à la majorité des services d'infonuagique, le stockage local demande un investissement initial pour l'achat d'accessoires.

Vous pouvez perdre votre clé USB : Et la personne qui la retrouvera n'aura pas besoin d'avoir une maîtrise en informatique pour ouvrir votre roman et s'amuser avec. Et *beaucoup* de gens perdent leurs clés USB. Moi inclus.

Intégration d'un disque dur externe avec Scrivener

Pour que Scrivener dépose automatiquement une copie de votre roman sur votre disque dur externe chaque fois que vous sauvegardez manuellement votre projet ou que vous le fermez, suivez la procédure décrite dans la section intitulée « Intégration de Dropbox à Scrivener ». Seulement, dans le champ **Emplacement de sauvegarde**, choisissez un dossier sur votre disque dur externe.

Time Machine pour copier tout votre système

Sur les nouveaux ordinateurs Mac, vous pouvez activer la fonction Time Machine en connectant un disque dur externe à votre appareil.

Lorsque Time Machine est en marche, vous pouvez sélectionner des fichiers dans n'importe quel dossier et « revenir dans le temps » pour accéder à leurs versions antérieures.

Par exemple, si un jour vous travailliez dans un document Word et que la bonne idée vous prenait de faire **Sélectionner tout**, d'appuyer sur la touche **Effacer**, de **Sauvegarder** et de **Fermer le document**, vous pourriez sauver les meubles en rembobinant la machine temporelle.

(Bizarrement, les mémoires de maîtrise sont particulièrement vulnérables à ce genre d'erreur, si je me fie à Facebook. Ça doit être le stress…)

Time Machine vous permettra également de restaurer votre système en entier quand votre disque dur principal va lâcher. Vous pourrez alors acheter un ordinateur flambant neuf et copier votre ancien environnement sur le nouvel appareil, grâce au disque dur externe. Pratique.

Je vous conseille d'utiliser Time Machine conjointement avec une solution d'infonuagique comme Dropbox. Ça vous donnera une couche de sécurité supplémentaire.

Pour savoir comment configurer Time Machine, visitez le site Web d'Apple.

Le problème des fichiers corrompus

Il arrive parfois que certains logiciels… *tousse* *tousse* *WORD* *tousse*… enregistre vos fichiers n'importe comment sans raison. Conséquence fâcheuse : vos documents deviennent corrompus. Il est impossible de les ouvrir.

Imaginez la situation. Un beau jour, vous sauvegardez votre

roman et, sans que vous le sachiez, le fichier se corrompt.

Vous prenez ce fichier et en faites des copies de sûreté sur votre clé USB, sur votre disque dur externe et sur Dropbox. Tout cela, en remplaçant les vieilles versions.

Qu'est-ce qui arrive ?

Vos copies de sûreté sont désormais corrompues. Toute. La. Gang.

Wow.

Vous aurez une belle surprise demain matin.

Heureusement, une solution sera à portée de main. Vous utilisez Dropbox. Ce service vous donne accès à un historique des 30 derniers jours de vos fichiers. En constatant le problème, vous restaurerez la version d'avant-hier de votre roman. Vous aurez ainsi perdu une journée de travail au lieu d'une année complète.

Quel soulagement, vous dites ?

Vous pourriez faire l'exact même processus avec Time Machine.

Il est toujours judicieux de se blinder contre les fichiers corrompus. Cette protection est intégrée dans Dropbox et Time Machine, de là mon grand amour pour ces services.

Les copies de sûreté sont *votre* responsabilité

J'en ai parlé au début de ce chapitre, mais je crois qu'il est judicieux de me répéter : malgré mes conseils, ayez toujours en tête que les copies de sûreté relèvent de *votre* responsabilité, pas de la mienne. Si vous suivez mes recommandations et que, pour une raison ou pour une autre, vous perdez vos documents, s'il vous plaît, retenez-vous d'inonder ma boîte de réception avec des messages haineux qui clament que je suis l'unique artisan de vos malheurs. En prodiguant des conseils, je ne deviens pas garant de votre sécurité numérique. Je veux simplement suggérer des pistes de solution. À vous de les étudier et de choisir celles qui vous conviennent.

Il n'existe malheureusement aucun système infaillible. Les propriétaires de Dropbox pourraient se lever du mauvais pied demain matin et envoyer un courriel à leurs membres disant : « Hé gang ! Merci d'être avec nous. En passant, *f**k you*, on ferme nos portes et on garde vos fichiers pour les vendre. »

Le genre de chose qui arrive, vous savez.

Interprétez mes conseils comme un plan d'attaque. À vous de le suivre… ou pas.

Et si jamais vous vous inscriviez à Dropbox — ou à n'importe quel service de stockage infonuagique —, lisez donc les « Conditions d'utilisation » avant de cocher aveuglément la case qui indique que vous les acceptez. Ça fait partie d'une démarche éclairée.

Le 2e ordinateur qui m'a lâché

Au début de ce chapitre, j'ai raconté l'histoire de mon premier ordinateur dont le disque dur a brisé. Je n'avais pas de copies de sûreté à l'époque. J'ai passé un sale moment. Panique et stress. C'est grâce à un miracle que j'ai réussi à m'en sortir.

Ça, c'était en 2005.

Huit ans plus tard, le même incident m'est arrivé (t'sais, quand je dis que les disques durs sont « mortels »…) La différence ? En 2013, j'avais un protocole de copies de sûreté à l'épreuve des balles. Scrivener déposait systématiquement mes projets sur Dropbox à la fin de mes séances d'écriture, et en plus de ça, je gravais un DVD de mes données importantes tous les 3 mois.

Quand ce PC a sauté, aucun stress.

J'avais un contrat de rédaction qui commençait de façon imminente, il me fallait absolument un ordinateur fonctionnel. Je me suis rué au Apple Store pour acheter mon premier iMac, et c'est l'appareil que j'utilise depuis.

En 2005, j'avais perdu du poids à cause du stress. En 2013, c'est surtout mon portefeuille qui a maigri.

À retenir

- Les disques durs sont des pièces mobiles qui répondent aux lois de la physique. Ils sont destinés à briser. Sans système de copies de sûreté, vous risquez de perdre vos données à tout moment.
- Pour vos copies de sûreté, considérez le stockage infonuagique. Dropbox offre un service gratuit qui correspondra aux besoins des écrivains.
- Scrivener peut être configuré pour enregistrer automatiquement des copies de sûreté dans votre dossier Dropbox.
- Si vous préférez rester en contrôle de vos fichiers, utilisez un disque dur externe ou une clé USB.
- Malgré tous les conseils qu'on vous dira, vous demeurez l'unique responsable de vos copies de sûreté.

TRUC 4
ACHETER ANTIDOTE

Juste à côté de mon bureau, une étagère miniature me présente une partie des ouvrages de référence que j'ai achetés au fil des années. Parmi ceux-ci, j'ai un *Petit Robert*, un *Multidictionnaire de la langue française*, un *Thésaurus*, un *Dictionnaire des rimes*, un *Ramat de la typographie* et même le rarissime *Dictionnaire québécois d'aujourd'hui*.

Je dis « une partie des ouvrages » parce qu'avant 2007, j'en gardais beaucoup plus à portée de main : dictionnaire des synonymes (j'en possédais trois différents), dictionnaire des cooccurrences, dictionnaire étymologique et j'en passe.

Mes tablettes pliaient sous ce poids.

À l'époque, j'utilisais uniquement des dictionnaires au format papier. Je refusais — avec grande obstination — d'employer les outils informatiques que Druide informatique ou Le Robert mettaient à notre disposition. Je voulais rester « papier ». J'aimais le contact avec les pages minces. Déposer une grosse brique sur mes genoux et la feuilleter jusqu'à ce que je trouve le mot désiré avait un côté plutôt romantique.

Et puis, si j'achetais un logiciel, mes dictionnaires papier tomberaient dans la désuétude. J'aurais dépensé des centaines de dollars pour rien.

J'ai tergiversé durant des années. Je m'accrochais au papier. Chaque jour, je consacrais plusieurs de mes précieuses minutes à tourner les pages de mes ouvrages de référence.

Puis, j'ai décidé de faire le *move*.

Je me suis rendu sur le site Web de Druide informatique et j'ai acheté Antidote.

Je l'ai essayé quelques minutes.

Un mois plus tard, plusieurs de mes dictionnaires se sont retrouvés dans une boîte.

Au diable le romantisme.

Antidote, un *must* pour les écrivains

Si vous écrivez en français, en fiction ou pas, et que vous voulez progresser plus rapidement dans votre travail, vous devez acheter Antidote. C'est non négociable.

Probablement les 129,95 $ (ou 99,95 €) les mieux investis de votre carrière.

Vous pouvez bien sûr vous procurer une autre collection de dictionnaires numériques. Il en existe quelques marques dont Le Petit Robert de la langue française (assorti au Robert Correcteur) et Le Petit Larousse (assorti à Cordial), pour ne nommer que celles-là. Peu importe. À notre époque, il faut passer au numérique.

Mes ancêtres défrichaient leurs terres avec des godendards et dessouchaient avec des bœufs. Aujourd'hui, les cultivateurs utilisent des tronçonneuses et des tracteurs pour exécuter le même travail cent fois plus rapidement. Les temps ont changé, les outils aussi.

C'est pareil pour les ouvrages de référence.

Je ne dis pas qu'avec des dictionnaires numériques, vous allez travailler cent fois plus vite. Vous travaillerez *un peu* plus rapidement. Mais, au bout d'une année, ça peut faire une différence. Si vous êtes de ces auteurs qui doivent gratter leur horaire pour déterrer quelques minutes d'écriture quotidienne, vous allez bénir ciel et mer pour les minutes économisées lorsque vous taperez « carrote » dans votre dictionnaire numérique (pour vous rendre compte après trois secondes que ça prend finalement un « r » et deux « t ») au lieu de feuilleter votre *Petit Robert* jusqu'à la lettre désirée, à la page désirée, puis au mot désiré.

C'est une expérience moins tactile, plus froide, moins romantique, mais ça fait le travail.

Sur mon ordinateur, je consulte Antidote toutes les dix minutes. Je le garde toujours ouvert. Ça m'évite de le redémarrer à chaque utilisation. Faites pareil. Et si votre appareil n'est pas assez puissant pour exécuter un tel logiciel, allez immédiatement relire le chapitre intitulé **Truc 1 : Trouver un bon ordinateur** et revenez lorsque vous aurez donné votre carte de crédit à un vendeur honnête. Ne vous laissez pas ralentir par une mauvaise machine, cette erreur vous coûtera cher en temps. Et le temps est la ressource la plus précieuse des auteurs.

Qu'est-ce que je fais avec Antidote ?

Je consulte une collection de dictionnaires variés, je corrige mes textes et j'accède à des guides sur la langue française. Il m'aide à enrichir et diversifier mon vocabulaire, à utiliser des structures de phrases appropriées tout en me donnant un sérieux coup de pouce pour respecter les normes du français écrit.

Il contribue à mon accomplissement professionnel. Chaque jour.

Antidote, c'est l'un de mes principaux outils de travail. C'est la tronçonneuse qui remplace mon godendard. C'est une application que j'adore, et dont vous pouvez aussi bénéficier tant que vous acceptez de vous ouvrir au numérique.

Examinons ensemble les merveilles que contient ce logiciel.

Les dictionnaires d'Antidote

Certains diront qu'Antidote est avant tout un logiciel de correction. Pour ma part, j'utilise les dictionnaires qui y sont intégrés bien plus souvent que le module de révision linguistique. On en retrouve une panoplie : dictionnaire de définitions, de synonymes, de cooccurrences, de conjugaison et j'en passe. Certains peuvent remplacer haut la main les volumes papier que vous avez à la maison.

Voyons à quoi ressemblent les principaux :

Dictionnaire « Définitions » : Fonctionne un peu comme *Le Petit Robert* ou *Le Petit Larousse* : permet de connaître l'orthographe d'un mot et de consulter ses définitions. Les emplois sont souvent assortis d'exemples et sont présentés plus clairement que dans les dictionnaires traditionnels, avec une mise en page aérée, sans profusion d'acronymes (parce que dans une application, on n'a pas le même problème d'espace que dans un ouvrage papier).

Dictionnaire « Synonymes » : Semblable aux dictionnaires des synonymes traditionnels, mais sans renvois (qui sont une autre source de perte de temps). On peut cliquer sur les synonymes pour consulter immédiatement leur définition, ce qui permet d'éviter les faux emplois.

Dictionnaire « Antonymes » : Fonctionne de la même manière, mais pour les antonymes. Je l'utilise rarement.

Dictionnaire « Cooccurrences » : Une petite merveille. Permet d'associer deux mots ou groupes de mots ensemble, de façon harmonique, pour améliorer le style d'un texte et apporter un enrichissement du vocabulaire. Les suggestions sont basées à la fois sur les normes du français et sur les œuvres qui ont marqué le paysage littéraire de la francophonie. Si, dans votre histoire, vous désiriez mentionner qu'il « pleut fort », mais que vous souhaitiez utiliser une meilleure expression, vous pourriez chercher « pleuvoir » dans le dictionnaire des cooccurrences. Vous trouveriez : « pleuvoir à verse », « pleuvoir à torrents », « pleuvoir à boire debout », etc.

Dictionnaire « Champ lexical » : Ressemble à un dictionnaire analogique ou un thésaurus, mais en moins riche et moins efficace, malheureusement. Il ne remplacera pas votre copie papier, mais peut être un raccourci intéressant si vous cherchez des idées nouvelles qui gravitent autour d'un mot précis.

Dictionnaire « Conjugaison » : Là où se trouvent toutes les façons de conjuguer vos verbes, à tous les temps imaginables, allant de l'indicatif présent au passé rétrospectif, en passant par le plus-que-parfait du subjonctif. Encore une fois, aucun renvoi : on vous donnera toujours les conjugaisons exactes des verbes que vous recherchez.

Dictionnaire « Famille » : Comme le nom le dit, pour obtenir des mots d'une même famille (*maison*, *maisonnée*, *maisonnette*, etc.).

Dictionnaire « Citations » : J'avais peur de ne jamais trouver d'utilité concrète à celui-là, mais après quelques années, c'est devenu l'un de mes dictionnaires préférés. On cherche un mot et l'on découvre comment une vingtaine d'auteurs l'ont inséré dans leurs textes. Pratique pour s'inspirer et nourrir son style. Ça permet aussi de vérifier comment s'emploient des mots qu'on voit rarement. Par exemple, le mot *pallier*. Plusieurs personnes l'utilisent à tort comme un transitif indirect. En consultant le dictionnaire des citations, on remarque que personne ne dit : « pallier à quelque chose », mais bien « pallier quelque chose ».

Dictionnaire « Historique » : On y découvre comment sont nés la plupart des mots de notre langue, et comment ils ont évolué au fil du temps, à l'écrit.

Dictionnaire « Visuel nano » : Contient des images où l'on décortique des touts en plusieurs parties. Vous voulez apprendre comment on appelle ça, le « cou d'un cheval » ? Le Visuel nano sera votre meilleure référence. Il faut cependant savoir que ce dictionnaire ne vient pas avec la version de base d'Antidote, c'est un module optionnel. Mais son prix modique (environ 20 $ canadiens) en vaut amplement la peine. Ah ! En passant, le « cou d'un cheval », c'est l'*encolure*.

Donc, avec un seul logiciel, vous aurez à votre disposition l'équivalent d'une tablette pleine d'ouvrages de référence qui vous aideront *chaque jour*. Et vous payeriez normalement ces dictionnaires entre 25 $ et 100 $ chacun. Une aubaine.

Le correcteur d'Antidote

En général, les gens n'achètent pas Antidote pour ses dictionnaires, mais pour son module de correction ultra performant.

Évidemment — encore à notre époque —, aucun correcteur informatique ne remplacera le talent d'un véritable réviseur en chair et en os. Ce module donne quand même un sérieux coup de pouce avec la panoplie d'outils qu'il fournit : il ne se limite pas qu'aux erreurs grammaticales, orthographiques ou syntaxiques d'un texte, mais permet aussi d'en analyser le contenu pour y déceler les verbes ternes, les phrases passives, les répétitions de vocabulaire et autres faiblesses stylistiques.

Le module de correction s'intègre à la plupart des logiciels d'écriture. Pour l'utiliser, sélectionnez l'extrait à réviser, puis appuyez sur le bouton « Correcteur » qui apparaîtra dans l'interface de votre traitement de texte, après l'installation d'Antidote. Une nouvelle fenêtre s'ouvrira, vous y verrez votre texte avec plusieurs passages soulignés. Vous serez alors en mesure de vérifier quelles erreurs ont été relevées. Libre à vous d'appliquer les ajustements proposés.

Dans la dernière version du correcteur, on retrouve ces trois grands volets :

> **Langue :** La partie où l'on corrige les erreurs de langue, comme les fautes d'orthographe, les impropriétés, les fautes de conjugaison, etc. Bref, toutes les fautes qui vous auraient coûté de précieux points dans votre production écrite au secondaire.
>
> **Typographie :** Plus ou moins pertinente pour les auteurs qui travaillent avec des maisons d'édition, cette section permet de corriger des erreurs plus pointues — au frais de l'éditeur —, comme l'application des insécables ou des espaces fines devant les ponctuations fortes. Cependant, si vous produisez un texte final (quand vous vous autoéditez, par exemple), ce volet serait un incontournable.
>
> **Style :** Ne sert pas nécessairement à corriger des erreurs, mais à vous donner des pistes d'amélioration pour votre style. Je l'utilise entre autres pour mettre les répétitions de vocabulaire en surbrillance. Je peux alors partir à la recherche de synonymes sans attendre. Ce volet m'aide aussi à rectifier les phrases longues, les passives, ou les non verbales — qui ne sont pas *toujours* des erreurs stylistiques, mais qui pourraient bien en être. On peut également se servir du volet pour relever les verbes ternes (*avoir*, *être* et *faire*) et les éliminer. Je ne soumets jamais un livre à une maison d'édition sans l'avoir passé au peigne fin là-dedans.

Le correcteur d'Antidote est compatible avec les dernières versions de Word et Pages. Sur Mac, il fonctionne avec Scrivener si on fait appel au module par la barre de menus.

Si jamais votre logiciel n'était pas compatible, il est possible de faire un tour de passe-passe en copiant-collant le texte à réviser dans un document vierge créé à l'intérieur d'Antidote, de le placer sous la loupe du correcteur pour finalement le ramener dans votre traitement de texte. J'en conviens : ce n'est pas l'idéal. Avec de la chance, vous n'aurez pas besoin d'exécuter une telle pirouette. Vérifiez la compatibilité de vos logiciels sur le site officiel du produit au www.antidote.info.

Cela dit, même si le correcteur ne s'intégrait pas à votre traitement de texte, je recommanderais quand même l'achat d'Antidote pour ses dictionnaires.

Les guides d'Antidote

Si les dictionnaires d'Antidote sont merveilleux et son correcteur absolument génial, je trouve que les guides inclus dans l'application sont… corrects. Sans plus.

Certes, ces guides sont une ressource qu'on aime avoir sous la main au moment opportun, mais il n'y a rien là-dedans qu'on ne retrouve pas sur Internet sous forme gratuite et plus complète.

En gros, les guides d'Antidote sont une série d'articles regroupés en catégories (Orthographe, Lexique, Grammaire, etc.) où l'on peut obtenir des explications sur certaines règles du français écrit, de même que sur des concepts généraux de rédaction.

C'est un bonus intéressant. Cependant, je ne conseillerais jamais à un auteur de briser sa concentration pour aller consulter ces guides, même en cas d'hésitation devant une phrase qui sent mauvais. Pas durant le premier jet, du moins. Cette activité a trop de chances de se transformer en procrastination « justifiée ».

Mieux vaut risquer l'erreur et aller de l'avant en se promettant de revenir au passage douteux, à l'étape de la réécriture.

Si vous avez besoin d'en apprendre davantage sur le français écrit, suivez un cours de rédaction ou de révision, ou lisez un bon vieux livre papier *en dehors de vos heures de travail*.

Que sont devenus mes dictionnaires papier ?

Ai-je jeté tous mes dictionnaires papier à la poubelle à cause d'Antidote ? Bien sûr que non. Si je n'ouvre presque plus mes briques de 2 kilos pour trouver des synonymes ou des cooccurrences, je garde quand même quelques précieuses ressources près de moi :

> *Le Petit Robert* : Bob n'est pas encore dépassé. Ses définitions sont généralement plus pointues que celles que l'on retrouve dans Antidote. Si j'hésite sur l'utilisation d'un mot en consultant mon logiciel, je vais souvent faire une double validation dans mon *Petit Robert*.
>
> *Le Ramat de la typographie*, d'**Aurel Ramat** : Ma référence si je veux obtenir une information rapide sur une question typographique. C'est pas mal le chouchou de tous mes collègues au Québec.
>
> *Dictionnaire québécois d'aujourd'hui*, **édité par Le Robert** : Je l'ouvre rarement, mais quand j'en ai besoin, je suis content de l'avoir. C'est un ouvrage complet adapté à la langue du Québec. Il ne s'agit pas d'un dictionnaire différentiel, c'est-à-dire qu'il ne présente pas *seulement* les différences entre le français dit « international » et le français québécois ; il montre l'étendue du lexique de base et contient des définitions étoffées, tel un *Petit Robert* ou un *Petit Larousse*.

Chose que l'on retrouve dans le DQA et certainement pas ailleurs : « ***crisser*** ou ***chrisser*** v. tr. — conjug. 1. Très fam. 1 — Donner, porter un coup à qqun. *Elle lui a crissé un coup de poing.* »

***L'art de ponctuer*, de Bernard Tanguay :** Vient à la rescousse quand j'hésite devant une virgule ou n'importe quel autre signe de ponctuation.

***Dictionnaire analogique*, édité par Larousse :** Une source d'idées quand je suis en quête d'inspiration. Utile pour enrichir mes descriptions ou mon style en général.

***Thésaurus*, édité par Larousse :** Un peu similaire au *Dictionnaire analogique*. Le *Thésaurus* ne classe cependant pas ses mots en ordre alphabétique, mais les regroupe par idées. Lorsqu'on le consulte, on peut feuilleter les pages vers l'avant et vers l'arrière pour trouver du nouveau lexique.

Le dictionnaire papier n'est pas mort. Mieux vaut avoir trop de ces ouvrages que pas assez.

> ## À retenir
> - Achetez les versions numériques de vos dictionnaires papier. Vous réduirez ainsi votre temps de recherche de façon considérable. Ce temps pourra être réinvesti en écriture.
> - Le logiciel Antidote contient une gamme de dictionnaires variés que vous utiliserez chaque jour.
> - Antidote inclut un correcteur performant qui trouvera une bonne partie des erreurs de français dans votre texte.
> - Le correcteur d'Antidote peut également relever les répétitions et autres faiblesses stylistiques de votre roman.
> - Antidote ne remplace évidemment pas *tous* vos ouvrages de référence papier. Continuez d'avoir de bons dictionnaires à portée de main.

Note : L'auteur n'a reçu aucune compensation pour parler d'Antidote et n'est nullement affilié avec la compagnie Druide Informatique.

TRUC 5
TROUVER UN LOGICIEL POUR GÉRER SES TÂCHES

Avec le temps, j'ai compris que je ne devais jamais me fier à ma mémoire. Quand j'apprends qu'une chose importante doit *être absolument faite*, le lendemain, c'est oublié. Je suis un vrai poisson rouge.

Vous êtes peut-être comme moi. Nous, les écrivains, avons le cerveau accaparé à toute heure du jour. On réfléchit constamment à notre histoire, à nos personnages. Ça demande un bon pourcentage d'utilisation de notre processeur interne — et ça en laisse moins pour le reste, par exemple, pour se souvenir d'acheter du lait après la partie de tennis hebdomadaire.

Quand j'accumule les tâches incomplètes par dizaines (promouvoir une séance de signatures, monter une page couverture, soumettre ma déclaration fiscale...), alors là, j'angoisse. Ça me rappelle les émotions qui me submergeaient durant les fins de session universitaires, avec les travaux à remettre et les matières à étudier. Je ne savais plus où donner de la tête tellement le poids était lourd sur mes épaules. J'ignorais par quoi commencer (ce n'était jamais clair) et quoi accomplir ensuite.

Je suis mieux organisé aujourd'hui. L'évolution technologique m'a offert des applications géniales pour dompter cette montagne de tâches qui encombre mon esprit. Adopter ces logiciels m'a permis non seulement d'être plus performant dans ma vie personnelle, mais surtout dans ma vie professionnelle d'écrivain.

Une application de liste de tâche bien fournie me donne une vue d'ensemble de mes projets et m'indique quelles sont les actions requises pour les compléter. Ça offre des petites vacances à mon cerveau, qui peut se concentrer sur l'important : l'écriture. Lorsque je m'assois devant mon ordinateur, je sais exactement quoi faire, quand le faire et pourquoi le faire — au lieu de tâtonner et d'y aller « à peu près ».

Pour réaliser des projets longs de tout acabit, croyez-moi, c'est l'outil à adopter.

Mon premier essai avec Google Tasks

À la fin de 2011, je terminais mon certificat en rédaction professionnelle et, parallèlement, je jonglais avec un projet littéraire que je devais remettre à mon éditeur le plus tôt possible. Mes cours me donnaient déjà du fil à retordre. En ajoutant mes responsabilités d'écrivain au sommet de la montagne de papier, mon environnement était devenu une terre d'accueil pour le chaos. J'ignorais combien de travaux universitaires je devais remettre ni quelles étaient les dates de tombée. Chaque fois que j'avais une heure devant moi, je me demandais si je devais faire avancer mon roman ou si les devoirs méritaient mon attention. (Je perdais un temps fou à hésiter entre les deux.)

Avant de succomber à la panique, j'ai cherché des services Web qui m'aideraient à gérer ma liste de tâches qui ne cessait de grandir.

J'ai trouvé Google Tasks. Ma relation avec cette application a duré quelques semaines. Au départ, le programme m'a séduit par sa simplicité : l'interface ne pouvait être plus épurée. On y écrivait des tâches, on y collait des dates et on revenait à l'occasion pour rayer celles qu'on avait terminées.

Ça ressemblait à ceci :

Liste de tâches (Labs)

Tâches de Dominic Bellavance
- ☐ Jeter les boîtes dans le salon
- ☐ Faire un pain
  - ☐ Acheter de la farine
- ☐ Envoyer les propositions de sujet au prof de Démarche de rédaction
- ☐ Ranger la table de patio, les chaises et les pots à l'extérieur
- ✓ ~~Ramasser les feuilles dehors~~
- ☐ Refaire tous les exercices de Révision (fichier envoyé)
- ☐ Prendre un rendez-vous chez le dentiste
- ☐   >

Comme on le voit, je pouvais indenter des tâches (c'est-à-dire les mettre sous des tâches « parentes »). *Acheter de la farine* était une étape nécessaire à l'accomplissement de *Faire un pain*. Si je cochais *Faire un pain*, toutes les tâches sous-jacentes étaient marquées comme complétées.

Par contre, qui disait « simplicité » disait aussi « limité ». C'était le problème majeur avec Google Tasks : je pouvais créer des tâches là-dedans, mais pas gérer ma vie. Ce service était un gadget bien plus qu'un tableau de bord. Dans l'interface, les devoirs côtoyaient les corvées de ménage sans catégorisation ni hiérarchie. Quand j'y insérais plus de 20 tâches (qui s'affichaient toujours de façon pêle-mêle), j'avais du mal à m'y retrouver.

Au bout d'un temps, j'en ai eu marre. Je suis parti à la recherche d'un meilleur logiciel. J'ai testé Wunderlist pendant quelques jours, mais j'ai eu les mêmes problèmes : trop simple et trop restrictif, malgré un design plus léché.

Le Web foisonnait d'applications en 2011. J'avais du mal à croire qu'aucun service ne réussirait à combler mes besoins.

Désespéré, j'ai lancé un appel sur Twitter pour obtenir des suggestions. On m'a recommandé Toodledo.

Les applications de listes de tâches et leur complexité

Des applications pour gérer ses tâches, il en existe des centaines.

Certaines vous offriront une interface minimaliste incluant les noms de vos tâches assorties à des cases à cocher, comme ceci :

- *Terminer un devoir*
- *Aller chercher mon colis*
- *Créer un compte Instagram*

D'autres auront la décence de vous offrir des dates d'échéance et un classement temporel :

- *Aller chercher mon colis — 5 juin 2018*
- *Terminer un devoir — 9 juin 2018*
- *Créer un compte Instagram — Aucune date*

Quelques applications plus complexes vous permettront d'assigner une vaste gamme d'attributs à vos tâches :

- *Aller chercher mon colis — 5 juin 2018 — @BureauDePoste — Haute importance*

- *Terminer un devoir — 9 juin 2018 — @Maison — Haute importance*
- *Créer un compte Instagram — Aucune date — @Maison — Faible importance*

Ce sont les applications de cette dernière catégorie que je préfère. Plus complexes, mais aussi plus performantes. Conçues pour des professionnels comme nous.

Dans ce chapitre, je vais vous parler de Toodledo. C'est le service que j'utilise religieusement depuis 2011, et j'en suis entièrement satisfait. Je ne suis pas payé pour le vanter, je le fais seulement par amour. (Et même si vous utilisez un autre logiciel tel que Things, Any.do, Todoist ou OmniFocus, pas de problème : mes conseils pourront s'appliquer à votre situation. Ces logiciels se ressemblent tous un peu.)

Les principales fonctionnalités de Toodledo

Toodledo affiche une interface très fonctionnelle… qui n'est pas nécessairement jolie au premier coup d'œil. Les concepteurs ont essayé d'améliorer cet aspect dans les dernières années, mais ils sont encore très loin de Wunderlist en matière de design. Mais, bon. L'apparence demeure un détail, si vous voulez mon avis. Toodledo remplit ses promesses, et c'est ça l'important.

Si vous entrez sur le site Web de l'application au www.toodledo.com, vous pourrez lire ce slogan : « *Back-up for your brain* » (traduction : copie de sauvegarde pour votre cerveau). Celui qui a trouvé cette phrase a visé dans le mille.

C'est bel et bien ça, l'utilité de Toodledo : vous libérer l'esprit pour que vous puissiez vous concentrer sur l'essentiel — ce qui, dans votre cas, sera l'écriture.

Contrairement aux logiciels simplistes, Toodledo va vous

permettre de planifier, de classer, de hiérarchiser, de répéter et de prévoir vos tâches dans le temps. Des tâches, dois-je préciser, dans n'importe quelle sphère de votre vie.

Voici à quoi ressemble l'interface principale :

(Les données des colonnes « Task » et « Folder » ont été masquées pour préserver mon intimité. Vous ne voudriez pas savoir quand je sors les poubelles, quand même...)

Je vous montrerai bientôt comment on navigue là-dedans.

Toodledo offre ses principales fonctions gratuitement, mais vous pouvez payer pour obtenir des options supplémentaires comme les tâches imbriquées. L'abonnement « Silver » (que j'utilise) coûte environ 15 $ US par an — une pacotille.

Pour le moment, l'interface n'est disponible qu'en anglais, mais la traduction française est en développement[2]. Les unilingues n'ont pas à s'inquiéter : on peut facilement s'y retrouver en apprenant une poignée de termes dans la langue de Shakespeare, que je vous traduirai à mesure qu'on avancera dans ce chapitre.

Avant de continuer, je vous recommande *fortement* de visiter le site de Toodledo au www.toodledo.com et de vous créer un

---

[2] En date du 19 mars 2018.

compte gratuit. Une fois que ce sera fait, promenez-vous dans l'interface, ouvrez des fenêtres, cliquez sur les boutons, voyez à quoi ça ressemble. Familiarisez-vous avec l'application. La suite de ce chapitre vous paraîtra plus concrète.

Des propriétés personnalisables

Toodledo, ce n'est pas Google Tasks, c'est-à-dire qu'il n'offre pas un nom de tâche accompagné d'une case à cocher (et rien de plus). Ça va beaucoup plus loin. Vous pouvez, par exemple, préciser qu'une tâche va durer 1 heure. Vous pouvez également spécifier qu'elle devra être réalisée avant le 15 avril et demander qu'un rappel vous soit envoyé la veille, par texto.

Dans Toodledo, vous pouvez attacher plusieurs attributs à vos tâches. Ça facilite leur gestion. En plus, l'application est malléable : vous pouvez n'afficher que les propriétés qui vous intéressent et cacher les autres (par exemple, si vous travaillez toujours à la maison, ça ne vous servirait à rien d'avoir une colonne « Localisation » où l'on indique à quels endroits les tâches doivent être exécutées ; ce sera chez vous et vous le savez).

Task	Folder	Due Date / Time	Priority	Status	Context	Repeat
☐ Arroser les plantes	Ménage	=Mar 4	1 Med	Active	Maison	Every Sun

(Ci-dessus : un exemple de tâche avec différents attributs.)

On va voir ensemble quels sont les attributs (ou les colonnes) les plus pertinents pour les écrivains et comment on peut les utiliser efficacement.

Pour sélectionner les attributs qui vous intéressent, cliquez sur l'image de votre profil (en haut à droite), puis sur l'icône ayant la forme d'un engrenage, tel qu'indiqué sur cette image :

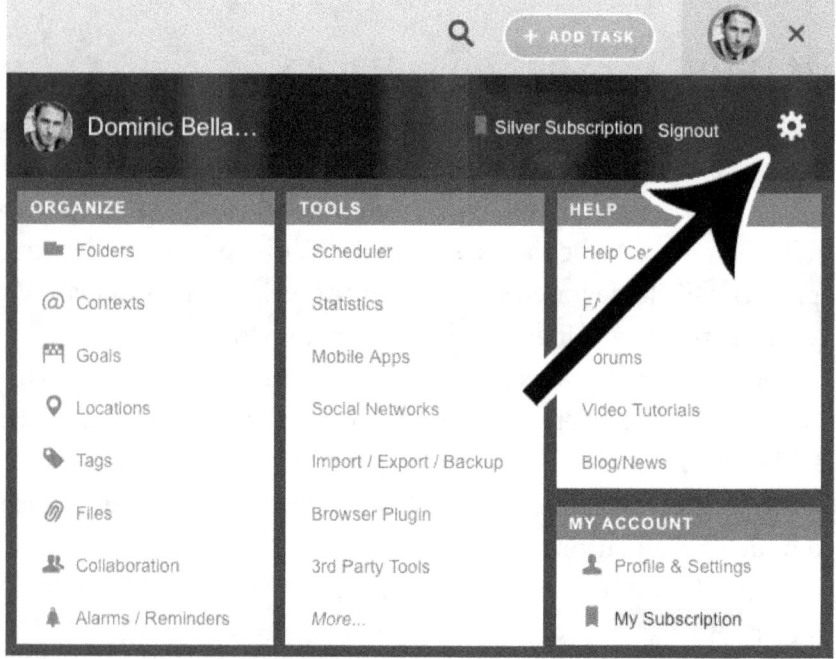

Dans l'onglet *General Settings*, descendez à la ligne *Fields/Functions Used* et cliquez sur *Edit*. Vous accéderez à ce menu :

```
Modify Fields/Functions Used

Choose the fields you would like to see on your task list:

☑  ▬ Folder           ☐  ├ Length
☑  @ Context          ☐  ‖▶ Timer
☐  ⌘ Goal             ☑  ⚑ Priority
☐  🗓 Start Date      ☐  🏷 Tag
    ⏲ Start Time     ☑  ◔ Status
☑  🗓 Due Date        ☑  ★ Star
    ⏲ Due Time       ☐  ♀ Location
☑  ↻ Repeat           ☐  👥 Assignor
                      ☑  🗑 Trashcan

For an explanation of each column, please visit the help section.

[Save Changes]
```

J'ai coché là-dedans les attributs (ou les colonnes) que je vous recommande.

Voici un bref coup d'œil sur chacun d'eux :

Dossier ou *Folder* : Une façon de catégoriser vos tâches par projets ou autres.

Contexte ou *Context* : Pour spécifier dans quel contexte les tâches sont réalisables (p. ex. : à la maison, au bureau, au chalet, etc.)

Date d'échéance ou *Due Date* : La date à laquelle la tâche doit être accomplie.

Heure d'échéance ou *Due Time* : L'heure d'accomplissement. C'est également ici qu'on peut programmer les sonneries et alertes.

Répétition ou *Repeat* : Pour faire en sorte que la tâche se répète toutes les semaines, tous les mois, le premier lundi de chaque mois, etc.

Priorité ou *Priority* : Une manière de spécifier l'importance d'une tâche.

État ou *Status* : Pour dire si une tâche est « active » (signifiant qu'elle peut être accomplie), ou si elle a été reportée.

Étoile ou *Star* : Sert à souligner les tâches critiques.

Poubelle ou *Trashcan* : Ajoute une icône de poubelle dans l'interface pour supprimer des tâches.

Ça vous semble compliqué ? Laissez-moi vous montrer un exemple.

Vous arrive-t-il d'oublier de mettre les vidanges au chemin le dimanche soir ? Avouez-le, c'est fréquent. Vous y aviez pensé en début d'après-midi, mais vous avez jugé qu'il était trop tôt pour exposer vos poubelles puantes à vos voisins. Vous avez attendu. Vous avez soupé. Vous avez regardé la télé. Puis, vous avez gagné votre lit.

Le lendemain, le camion a passé sans rien ramasser. Eh ! Les gros sacs resteront empilés chez vous pendant une semaine, et la population de mouches sur votre terrain aura quadruplé.

Pour éviter qu'une telle situation se reproduise, vous auriez pu entrer cette tâche dans Toodledo :

Nom de la tâche : Mettre les poubelles au chemin
Dossier : Entretien ménager
Contexte : Maison
Date d'échéance : Le 15 mai (c'est un dimanche)

Heure d'échéance : 20 h (une heure acceptable pour sortir les poubelles)
Alerte : Par courriel, à l'heure d'échéance
Répétition : Tous les dimanches
Priorité : 2 — Haute
État : Actif
Étoile : Non

Avec ces attributs, Toodledo vous aurait envoyé un courriel le dimanche soir à 20 h pour vous rappeler de sortir les vidanges. Une fois la tâche cochée, elle se serait automatiquement reprogrammée pour le 22 mai, soit le dimanche suivant.

Vous voyez ?

Détailler vos tâches de cette manière vous permettra de monter un système efficace pour 1) éviter les oublis, 2) mieux organiser votre horaire et 3) limiter les pertes de temps. Ce sera diablement pratique pour votre travail d'écrivain, comme on le verra à maintes reprises dans ce guide.

Je vais vous montrer comment j'utilise les champs énumérés plus tôt et comment j'en tire un maximum de bénéfices. Vous pourrez copier ma méthode — je n'ai rien contre ça — ou vous inspirer de mes exemples pour créer votre propre système. Allez-y selon vos goûts.

Dossier (Folder)

Les dossiers servent à faire du classement général dans votre multitude de tâches. Personnellement, je distribue les miennes entre mes différents « rôles de vie », comme Stephen R. Covey le suggère dans son livre culte : *Les 7 habitudes de ceux qui réalisent tout ce qu'ils entreprennent*. Ça me permet de savoir si je répartis mon temps également à travers mes rôles.

Mes dossiers sont les suivants :

Animal social : Rappels pour organiser des activités avec les amis ou pour ne pas oublier d'aller au prochain 5 à 7 littéraire.
Blogueur : Là où je regroupe mes idées pour des billets de blogue et les tâches associées à mon site Web.
Écrivain : Le grand sac où je fourre mes idées de romans et les dates d'inscription aux demandes de subvention.
Gestionnaire : Les tâches pour rester à jour dans ma comptabilité. (Eurk.)
Marketeur : Ce que je dois faire pour bien promouvoir mon travail d'auteur.
Père : Tâches liées à la maison et à la famille.
Pigiste : Le travail à accomplir comme rédacteur pigiste.

Avec cette catégorisation, je vois en un clin d'œil si les rôles que j'ai consciemment choisi d'assumer sont négligés. Si je réalisais que le dossier *Blogueur* ne contenait rien, je me masserais le cerveau pour tenter d'y déposer quelque chose (je veux garder mon site actif).

Contexte (Context)

Les contextes représentent l'éventail de situations dans lesquelles vos tâches peuvent être accomplies. Si vous êtes à la maison, logiquement, vous ne pouvez pas réaliser les tâches liées à votre emploi, et vice versa.

Vous pouvez utiliser autant de contextes que vous le désirez. Pensez aux différentes circonstances dans lesquelles vous vous trouvez durant la semaine.

Si vous créez un contexte « Travail », vous pourrez filtrer vos tâches pour n'afficher que celle-là (vous n'avez effectivement pas besoin de voir votre plan d'entretien ménager si vous êtes chez votre employeur). Vous aurez l'essentiel, le réalisable, devant vos yeux. Et rien d'autre.

C'est une manière de simplifier une liste si, comme moi, vous avez plus de 100 tâches enregistrées.

Ma banque de contextes ressemble à ceci :

Beauce : Tâches que je peux seulement accomplir quand je visite mes parents dans ma région natale.
Bibliothèque : J'y inscris les livres que j'ai empruntés avec, évidemment, les dates de retour.
Bureau : Les tâches réalisables dans mon bunker d'écriture.
Centre commercial : Un aide-mémoire pour savoir ce que je dois acheter quand je me rends là-bas.
Magasin de rénovations : Idem, sauf que ça s'applique quand je visite un Home Depot ou un Canadian Tire.
Maison : Tâches domestiques.
Salon du livre : Ce que je peux accomplir durant un salon du livre. Par exemple : rencontrer des éditeurs, discuter des projets et signer des contrats.

Garnissez votre liste de contextes au fil du temps. Pas la peine de les trouver immédiatement. Pour en créer de nouveaux, cliquez sur l'image de votre profil (en haut à droite) et choisissez le lien « Contexts » dans le menu qui apparaîtra :

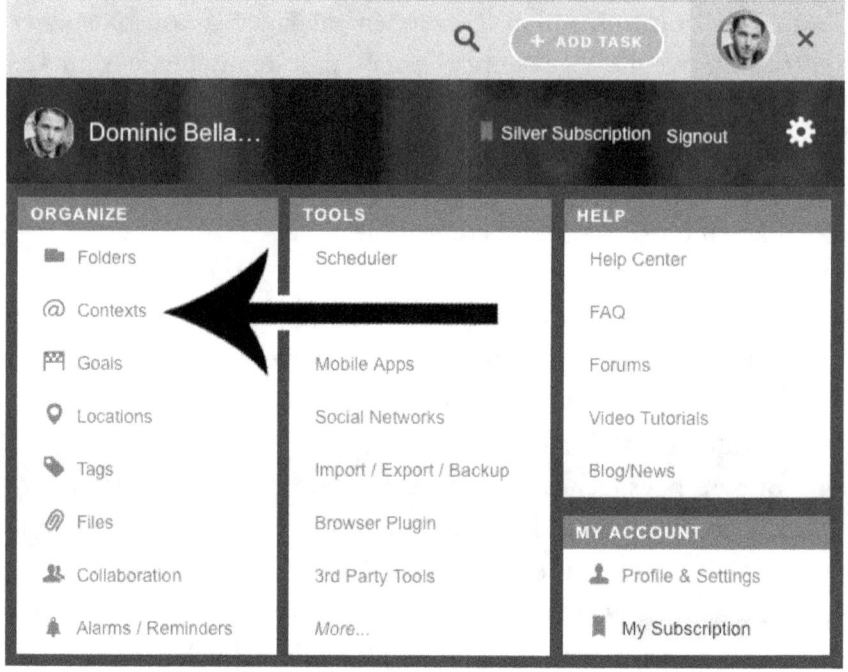

Date d'échéance (Due Date)

Sert à spécifier quand la tâche devra être accomplie. Utile pour filtrer sa liste et afficher en premier les dossiers avec des *deadlines* rapprochés.

Dans Toodledo, on peut choisir quatre types d'échéances :

- ***Due by*** : Doit être faite d'ici cette date.
- ***Due on*** : Doit être réalisée à une date précise, pas avant ni après. « Sortir les poubelles » irait là-dedans.
- ***Due after*** : Réalisable dans le futur, mais pas maintenant. Par exemple « Téléphoner au service à la clientèle si mon problème n'est pas réglé après X jours ».
- ***Due optionnally on*** : Une tâche qui sera marquée comme accomplie à la fin de la journée, qu'on l'ait réalisée ou pas.

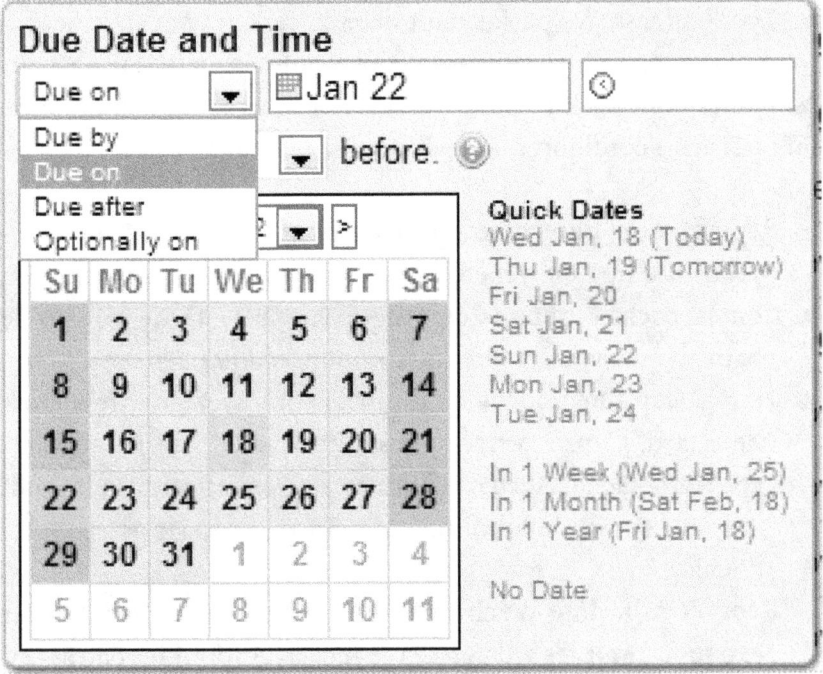

Pourquoi avoir ce niveau de précision ?

Dans Toodledo, il existe une page qui s'appelle la *Hotlist*. Lorsqu'on y accède, on voit uniquement les tâches réalisables dans l'immédiat. Y sont cachées, par exemple, les tâches avec un *Due on* qui diffère de la date d'aujourd'hui.

Heure d'échéance (Due Time)

On utilise ce paramètre pour configurer les alarmes qu'on recevra par SMS, par courriel ou par Twitter.

Répétition (Repeat)

Permet de programmer les tâches récurrentes. Il y en a plus que vous pensez. « Sortir les poubelles » en est une, comme l'est « Prendre rendez-vous chez le dentiste » tous les ans.

Toodledo est très performant de ce côté. On peut spécifier un éventail de possibilités, allant de « Toutes les semaines » à « Tous les 5 jours », en passant par « Tous les premiers lundis du mois ». On peut aussi configurer la répétition de deux manières :

Répéter à la date d'accomplissement ou *Repeat on completion date* : On répète cette tâche à partir du moment où on la coche. Prenons comme exemple la tâche « Laver le bain », que vous voulez accomplir *chaque semaine*. Cette tâche était due pour le lundi, mais vous avez pris trois jours de retard. Conséquence : vous avez lavé le bain jeudi. Vous cochez la tâche. Avec ce paramètre, elle réapparaîtra le jeudi suivant, et non le lundi (car le bain ne sera pas assez crotté d'ici là).

Répéter à la date d'échéance ou *Repeat on due date* : Par exemple, pour les vidanges et le recyclage, dont les dates sont fixes et hors de votre contrôle. Même si vous les cochez en retard, elles réapparaîtront aux dates prévues.

Lorsqu'on raye une tâche répétée, elle est automatiquement recréée plus loin dans le temps avec des attributs identiques.

Priorité (Priority)

Propriété essentielle, elle permet de spécifier l'importance de nos tâches.

Voici comment j'interprète les niveaux proposés par Toodledo :

-1 Negative : Quelque chose qu'on envisage de faire peut-être un jour (mais juste *peut-être*), comme réparer le robinet qui fuit dans la salle de bain ou changer de coupe de cheveux. Pour être franc, je n'utilise jamais ce niveau. Si je juge qu'une tâche a une priorité négative, je l'efface. La vie est trop courte.

0 Low : Une tâche qui n'a aucune conséquence grave si on omet de l'accomplir, comme passer la balayeuse (sauf si on héberge des acariens gros comme des balles de golf).

1 Medium : Entraîne des conséquences en cas d'oubli, mais rien de dramatique.

2 High : On doit réaliser cette tâche, sans quoi on va le regretter… mais pas jusqu'à la fin de nos jours.

3 Top : Applicable aux remises universitaires, aux remboursements de dettes de drogue ou aux anniversaires de mariage ; si on oublie ça, on est sérieusement dans la merde.

L'attribut « Priorité » permet en gros de trier ses tâches en ordre d'importance. (On peut utiliser la « Date d'échéance » comme premier critère de tri, et la « Priorité » comme deuxième.)

État (Status)

L'état sert à indiquer si une tâche est active (donc réalisable) ou reportée.

Toodledo nous permet de choisir parmi ces onze valeurs :

Active : Signifie que la tâche doit être réalisée, éventuellement.

Prochaine action ou *Next Action* : Non seulement cette tâche doit être réalisée, mais il n'y a plus d'embûches : tout est en place pour qu'elle soit accomplie. La majorité de vos tâches seront là-dedans.

En planification ou *Planning* : La tâche est en planification. Donc la tâche « réelle » consiste à planifier la tâche au lieu de l'accomplir. Est-ce clair ?

Déléguée ou *Delegated* : Une tâche transmise à quelqu'un d'autre, mais on la conserve quand même dans notre liste pour le suivi.

En attente ou *Waiting* : Cette tâche est irréalisable dans l'immédiat, parce qu'on attend quelque chose comme un colis, une visite ou une intervention divine.

En suspens ou *Hold* : Une tâche qu'on a cessé d'accomplir pour une raison ou pour une autre, et qu'on va éventuellement reprendre.

Reportée ou *Postponed* : Reportée à une date indéterminée. Lorsque la date sera choisie, on pourra remettre « Active » ou « Prochaine action ».

Éventuellement ou *Someday* : Une tâche qu'on a l'intention d'accomplir un jour, mais pour le moment, ce n'est pas une priorité. Je mets souvent mes idées de livres là-dedans.

Annulée ou *Cancelled* : Si jamais vous voulez abandonner une tâche, mais qu'au lieu de l'effacer, vous désirez en garder une trace, utilisez cet état.

Référence ou *Reference* : Les tâches placées là-dedans ne sont pas nécessairement des « tâches » par définition. J'y inclus toutes les dates limites de demandes de subvention, des concours littéraires, et même la date limite pour installer les pneus d'hiver sur mon auto chaque année.

Aucun ou *None* : Normalement, une tâche doit *toujours* avoir un état. Si elle n'en a pas, ça signifie que vous avez créé cette tâche sans avoir précisé ses attributs. Vous voulez un petit truc ? Utilisez le filtre « État : Aucun » pour trouver les tâches en attente de traitement, ce qui vous permettra d'ajouter leurs attributs manquants très rapidement. Faites ça le lundi matin ou le vendredi en fin d'après-midi. (J'en parlerai plus tard sous le titre « L'évaluation hebdomadaire »)

Encore une fois, cet attribut sert à peupler la *Hotlist*, qui n'affiche que les tâches réalisables dans l'immédiat. Sont cachées là-dedans toutes les tâches dont le statut n'est pas « Active », « Prochaine action » ou « En planification ».

Étoile (Star)

La fonction la plus simple. Permet d'allumer une étoile jaune à côté d'une tâche. Ça sert surtout de repère visuel. Quand on examine sa liste le matin, on peut sélectionner ce qu'on va accomplir dans la journée. Clic, clic, clic, et on se sent mieux.

Le plus important : avoir la discipline de consulter la liste de tâches

Documenter une liste de tâches, c'est une chose. Vous pourriez créer 200 tâches parfaitement structurées, avec une multitude de contextes, de dossiers et de priorités. Mais si, après ces efforts, vous ne prenez jamais le temps d'aller consulter votre liste, elle ne servira à rien. C'est malheureusement ce que la plupart des gens vont faire : ils vont passer un après-midi à se constituer une jolie liste de tâches pour se donner bonne conscience, vont la mettre à jour durant les deux semaines suivantes, puis iront de moins en moins la regarder, jusqu'à l'oublier complètement.

Aucun gain d'efficacité ici.

Pour éviter de tomber dans ce piège, il faut se créer de nouvelles habitudes et les entretenir.

J'ai deux bons trucs à vous donner pour y arriver.

Créer un onglet permanent dans votre navigateur

Une façon de garder Toodledo à portée de main, c'est d'épingler un onglet dans votre navigateur Web.

La plupart des navigateurs modernes offrent cette fonctionnalité. Un onglet épinglé apparaîtra toujours à gauche et ne disparaîtra jamais de votre interface, tant que vous ne demandez pas de le fermer pour de bon.

Dans Safari, j'ai trois onglets épinglés en permanence :

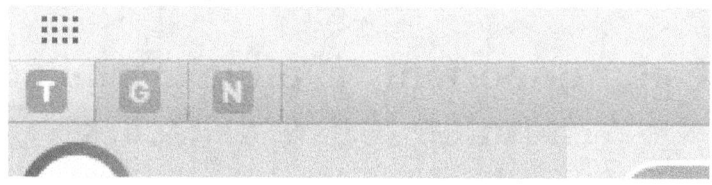

T = **Toodledo** (tâches)
G = **Gmail** (courriels)
N = **Nutcahe** (comptabilité)

Épingler un onglet est très simple. Suivez cette procédure dans Safari :

1) Ouvrez un nouvel onglet.
2) Dans cet onglet, visitez www.toodledo.com.
3) Faites un clic droit sur le titre de l'onglet.
4) Cliquez sur « Épingler l'onglet », comme dans l'image ci-dessous.

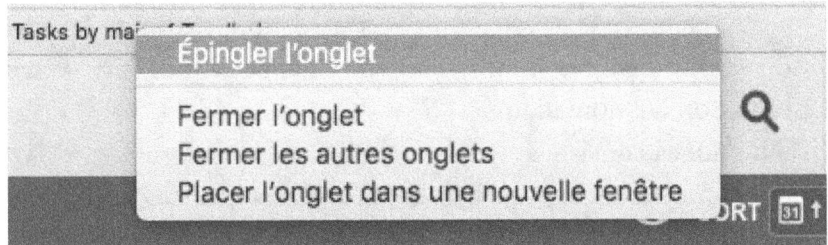

À partir de ce moment, vous aurez toujours accès à Toodledo.

La procédure est très similaire dans les autres navigateurs Web. En cas de pépin, n'hésitez pas à consulter l'aide des logiciels.

L'évaluation hebdomadaire

Pour vous obliger à revenir régulièrement à votre liste de tâches — dans le but de la maintenir à jour —, créez-vous une tâche spéciale à l'intérieur de Toodledo qui s'appellera « Évaluation hebdomadaire ».

Donnez-lui ces propriétés :

Nom de la tâche : Évaluation hebdomadaire
Dossier : Écrivain
Contexte : Bureau
Date d'échéance : [Idéalement le lundi ou le vendredi, à votre choix]
Heure d'échéance : [9 h si c'est le lundi, ou 15 h si c'est le vendredi]
Alerte : Par courriel, à l'heure d'échéance
Répétition : [Tous les lundis ou tous les vendredis, selon ce que vous avez choisi plus haut] — Répéter à la date d'échéance
Priorité : 2 — Haute
État : Actif

Cette tâche vous enverra un courriel le lundi matin ou le vendredi en fin d'après-midi pour vous rappeler de faire votre « Évaluation hebdomadaire ».

En quoi ça consiste ?

C'est un moment pour passer ses tâches en revue, comme le ferait un capitaine d'armée devant ses recrues. On se pose ces questions :

- **Ai-je négligé du travail ?**
- **Y a-t-il de nouvelles tâches à ajouter ?**
- **Dois-je en supprimer quelques-unes, devenues inutiles ?**
- **Certaines doivent-elles être mises à jour ou déplacées dans le temps ?**

On apporte ensuite les ajustements nécessaires.

Durant votre évaluation, portez une attention particulière aux tâches dont l'attribut « État » est vide. Elles sont en attente de traitement. Vous les avez probablement créées en 5 secondes avec votre téléphone intelligent, quand une idée vous est venue à l'esprit. Par défaut, ces tâches n'ont aucun attribut hormis leur titre. Profitez de l'évaluation hebdomadaire pour ajouter des dates à ces tâches, de même que leurs propriétés manquantes.

Ce sont des exemples de travail à accomplir durant cette demi-heure. L'important est de donner un peu d'amour à votre liste au moins une fois par semaine, pour éviter qu'elle tombe dans l'oubli.

Pour en savoir plus

Ce livre étant un guide d'écriture et non un manuel informatique, je me dois d'arrêter ici. Comme avec Scrivener, mon but était de vous montrer que des applications destinées à augmenter votre efficacité existent, et qu'elles sont à votre portée. Utiliser Toodledo vous rendra plus performant dans toutes les sphères de votre vie. Ça inclut logiquement l'écriture. Voilà pourquoi je tenais à vous en parler.

Pour apprendre à utiliser Toodledo correctement et rapidement, la meilleure manière est d'aller consulter des tutoriels vidéo sur YouTube. Visitez le www.dominicbellavance.com/tutoriels pour obtenir une liste pertinente. (Ces tutoriels sont malheureusement en anglais.)

Une fois que vous serez à l'aise avec l'interface, relisez ce chapitre du début à la fin. Des détails qui vous auront paru abstraits deviendront alors plus concrets.

Si vous voulez devenir un nerd de productivité, je vous suggère de lire le livre *S'organiser pour réussir* (v.f. de *Getting Things Done*), par David Allen, qui est considéré comme LA référence dans cette sphère. David Allen est aussi le créateur de la méthode GTD (une marque déposée, acronyme de *Getting Things Done*, justement), de laquelle se sont inspirées bon nombre d'applications dont Toodledo, ainsi que mes recommandations dans ce présent chapitre.

Je remarque à l'instant que *S'organiser pour réussir* vient de paraître dans une édition revue et augmentée. Tant mieux, parce que celle que j'ai lue il y a quelques années sentait un peu la poussière, particulièrement quand l'auteur parlait de son Palm avec un engouement soutenu. Malaise…

À retenir

- Une liste de tâches bien fournie vous aidera à vous libérer le cerveau pour que vous puissiez vous concentrer sur l'essentiel : écrire.
- Préférez les applications performantes où l'on peut détailler ses tâches avec différents attributs. Cela ouvrira un univers de possibilités.
- Intégrez votre liste de tâches à vos habitudes. Trouvez un système qui vous obligera à y revenir une fois par semaine, au minimum.

TRUC 6
CRÉER DES CANAUX POUR SES IDÉES

Vous souvenez-vous de la fois où, en marchant dans la rue, vous avez eu cette idée géniale pour votre histoire ? Et qu'une fois arrivé à la maison, vous vous êtes déchaussé, vous avez pris une douche, vous avez écouté un épisode sanglant de *Game of Thrones*, vous avez bu un thé vert, mangé une barre tendre, puis vous vous êtes couché.

Le lendemain, vous avez continué votre roman sans y inclure votre trouvaille. Parce qu'elle s'est envolée.

Le pire : vous n'avez même pas réalisé que vous l'avez oubliée.

Vous vous en rendez compte ? VOUS AVEZ OUBLIÉ QUE VOUS AVEZ OUBLIÉ QUELQUE CHOSE.

(Insérer ici la musique de *Twilight Zone*.)

Au moins, vous n'avez pas ressenti la frustration de savoir que cette idée — peut-être la meilleure du monde — vous a glissée d'entre les doigts.

Non, vous êtes en paix. Et l'idée repose, agonisante, au fond d'un trou d'eau. Elle s'éteindra à petit feu, privée d'artiste pour lui donner la vie qu'elle mérite.

Fâcheux destin.

Il faut que ça cesse.

(Insérer ici le bruit de mon poing qui frappe la table.)

Vos éclairs de génie doivent cheminer jusqu'à votre œuvre et l'enrichir. C'est la base de votre travail.

« Si j'oublie une idée, c'est qu'elle ne méritait pas d'aller dans le roman », que plusieurs diraient. *Bullshit.* Ça, c'est la paresse qui parle. Fini, le gaspillage d'énergie créative ! Quand votre cerveau vous confie des perles, la balle est dans votre camp : à vous de jouer.

Ensemble, on va se créer un « canal d'idées ». Avec ça, vos idées ne mourront plus jamais abandonnés dans la fange, loin de votre clavier.

La création d'un canal d'idées

Ce que j'appelle un *canal d'idées* est ceci : une séquence d'actions prédéterminées qui permettra à vos idées de cheminer de votre tête jusqu'à votre roman, sans perdre de morceaux durant le voyage.

Tout écrivain devrait avoir un canal d'idées ; on ne sait jamais quand un diamant brut va nous tomber dessus. Oui, les idées arrivent la plupart du temps lorsqu'on est assis devant notre ordinateur — et à ce moment on peut les inclure immédiatement dans notre œuvre —, mais vous le savez : un cerveau d'écrivain travaille vingt-quatre heures sur vingt-quatre (en fait, c'est le cas pour tous les cerveaux, mais le vôtre est spécial, il est disparate et réserve une partie de son attention à vos projets littéraires en tout temps, justement parce qu'il est entraîné à attraper des idées un peu partout ; quelqu'un va faire un truc bizarre près de vous, et vous allez penser : « Ah ! Mon personnage pourrait faire ça », plutôt que : « Wow, quel cinglé ! », bref, vous comprenez le principe).

Votre cerveau produit des idées quand ça lui chante, mais il fait rarement l'effort de les retenir jusqu'au moment où vous vous assoirez devant votre traitement de texte. En tout cas, le mien, il est paresseux. Le vôtre pourrait être meilleur. Moi, j'ai besoin d'un système.

Un canal d'idées à toute épreuve

Pour créer un canal d'idées efficace, vous devez obligatoirement :

1) transporter sur vous, en permanence, un outil de saisie (comme un carnet ou un téléphone) ;
2) établir — et respecter — une routine où vous transférerez ces idées vers votre roman ;
3) réserver une place pour vos idées brutes à l'intérieur de votre œuvre, c'est-à-dire directement dans le fichier Word ou Scrivener où vous écrivez.

En respectant ces directives, vous serez en Cadillac. Aucune idée ne vous échappera.

Laissez-moi vous guider à travers ces trois points, avec des exemples.

Étape 1 du canal d'idées : l'outil de saisie

La porte d'entrée du canal d'idées est un outil qui vous servira de filet pour attraper les idées *dès le moment où elles sont générées par votre esprit.*

Ce doit être quelque chose qui se transporte facilement dans la poche de votre pantalon ou dans votre sac à main.

Ça peut-être votre téléphone ou un bon vieux carnet papier.

Personnellement, j'utilise les deux.

Un téléphone

Si vous optez pour le téléphone, vous pouvez noter vos idées dans un logiciel de prise de notes, dans un courriel destiné à vous-même ou directement dans « l'app » de votre gestionnaire de tâches préférée.

Je me sers personnellement de l'application iOS de Toodledo, l'utilitaire qu'on a vu au **Truc 5 : Trouver un logiciel pour gérer ses tâches**. Dès qu'on l'ouvre, on retrouve un champ de saisie avec le libellé *Quick Add Task* (Ajout rapide d'une tâche). On peut y entrer une nouvelle tâche en écrivant son titre et en appuyant sur « Entrée ».

J'ajoute souvent plusieurs tâches pour décortiquer une seule idée.

Admettons que je travaille sur un roman avec un personnage nommé Fernand. Une idée me frappe l'esprit : Fernand pourrait gagner à la loterie, s'acheter une Volvo, faire un accident et tomber en amour avec la docteure qui va s'occuper de lui.

Je sortirais mon téléphone, j'ouvrirais Toodledo et, dans le *Quick Add Task*, j'écrirais successivement :

- **Fernand gagne à la loto** (Entrée)
- **$$$ Loto = achat Volvo** (Entrée)
- **Volvo = Accident** (Entrée)
- **Accident = Hôpital = Amour docteure** (Entrée)

J'utilise volontairement des raccourcis — je fais souvent autre chose en même temps. L'important est que je puisse reconstituer la séquence des évènements lorsque je relirai mes notes une semaine plus tard.

Je dois faire attention à mon « autocorrect ». J'ai déjà découvert, dans ma liste de tâches, quelque chose comme : « Robert doit reprogrammer un matin essentiel ». Résultat poétique, certes, mais loin de ce que j'avais en tête.

Un carnet

Quand les idées qui m'arrivent à l'esprit sont très nombreuses ou complexes, je me rabats sur un carnet papier (j'utilise des carnets de marque Paperblanks, ils sont tellement beaux qu'on voudrait les caresser tout le temps). Si j'avais eu la même idée par rapport à Fernand et sa Volvo, j'aurais écrit ceci à l'intérieur du mien, en laissant 1 cm dans la marge de gauche :

15 mai 2016
- **Fernand gagne à la loterie**
- **Il s'achète une Volvo**
- **Il fait un accident**
- **Hôpital —> Amour avec docteure**

Je commence toujours avec la date du jour pour situer ma prise de notes dans le temps. J'utilise ensuite une ligne par idée principale.

La marge de 1 cm sera très pratique quand viendra le temps de transférer ces idées vers le roman.

Étape 2 du canal d'idées : la routine de transfert

Déposer ses idées dans un carnet ou un téléphone est une chose, encore faut-il que ces idées se rendent jusqu'au roman.

On ne doit jamais insinuer qu'elles iront là automatiquement. Bien des idées sont emportées par l'oubli peu de temps après leur apparition, et un grand nombre finissent leurs jours asphyxiées, coincées entre les pages d'un carnet de notes. *True story.*

Pour éviter de perdre vos « gemmes » de cette manière, mieux vaut établir une routine de transfert et la respecter religieusement.

En quoi ça consiste ? C'est simple. Ouvrez votre carnet ou votre application de gestion de tâches, et pour chacune de vos idées, suivez ces trois étapes :

1) Demandez-vous si l'idée est encore bonne (car votre opinion pourrait avoir changé). Voulez-vous la garder ? Non : éliminez-la. Oui : passez à l'étape suivante.
2) Transférez cette idée dans votre roman (on verra bientôt comment faire ça).
3) Marquez l'idée comme transférée.

Si vous utilisez un gestionnaire de tâches, vous pouvez rayer la tâche lorsqu'elle est transférée ou rejetée. Vous êtes du genre à vous envoyer des courriels ? Une fois l'idée traitée, archivez le message en question.

Pour les carnets papier, j'utilise la marge de 1 cm pour sceller le destin de mes idées. Lorsque j'en rejette une, je trace un « X » dans la marge. Si je l'accepte et la transfère, j'y insère plutôt une ligne verticale « | ».

Si je voulais éliminer la scène d'amour dans l'histoire de Fernand, j'inscrirais ces codes dans la marge :

15 mai 2016
| • **Fernand gagne à la loterie**
| • **Il s'achète une Volvo**
| • **Il fait un accident**
X • **Hôpital —> Amour avec docteure**

Surtout, ne marquez jamais une idée comme « transférée » si elle n'a pas une existence concrète à l'intérieur de votre roman. (Encore une fois, on verra bientôt comment faire ça.)

Transférer vos idées durant l'évaluation hebdomadaire

La meilleure manière de transférer vos idées, c'est durant votre évaluation hebdomadaire, comme on l'a vu au **Truc 5 : Trouver un logiciel pour gérer ses tâches**.

Durant ce moment, transférez toutes les idées en attente qui se trouvent dans votre application de gestion de tâches. Insérez-les dans votre roman, puis rayez-les.

Si vous utilisez un carnet papier, recherchez les lignes qui ne portent pas déjà les marques « X » ou « | » dans la marge. Transférez ces idées non traitées.

Si vous ne faites pas d'évaluation hebdomadaire, créez-vous au moins une tâche intitulée « Transférer mes idées », qui se répétera automatiquement chaque semaine et qui vous enverra un courriel de rappel.

Étape 3 du canal d'idées : la destination finale

Quand je dis de « transférer ses idées dans son roman », ça ne signifie pas d'écrire le premier jet du chapitre que vous avez brièvement imaginé. Ça veut plutôt dire que l'idée doit avoir une existence *à l'intérieur* de votre traitement de texte. C'est tout.

Ainsi, elle sera saine et sauve. Vous l'aurez « en pleine face » à votre prochaine séance d'écriture.

Je vais vous montrer comment procéder, autant avec Word qu'avec Scrivener.

Destination des idées : Word

Si vous travaillez avec Word, inscrivez vos idées sous la forme d'une liste à puces directement sous le titre du chapitre où ces idées doivent s'appliquer.

À ce point, vous pouvez être plus précis. Écrivez des phrases complètes et développez votre pensée.

Par exemple :

Chapitre 5

- *Fernand s'achète un billet de loterie alors qu'il visite l'épicerie, au début du chapitre.*

Fernand se rend à l'épicerie et s'achète un litre de lait et bla-bla-bla...

(Ici, c'est le texte du chapitre 5 qui commence. Pour les besoins de l'exemple, on va insinuer que c'est une œuvre inachevée ; le premier jet s'arrête ici. On va donc créer les chapitres 6 et 7 comme des « contenants vides » sur de nouvelles pages, et on va y insérer les autres idées.)

—

Chapitre 6

- *Fernand s'achète une Volvo avec l'argent gagné à la loterie.*
- *Il fait un accident dès le premier jour de conduite.*

(Aucun texte)

—

Chapitre 7

• *À l'hôpital, Fernand rencontre Sandrine Vaugeois, sa docteure, et tombe amoureux.*

(Aucun texte)

Avec cette méthode, impossible d'égarer vos idées, à moins de détruire le fichier original du roman.

Destination des idées : Scrivener

Dans Scrivener, vos idées peuvent être traduites en tâches si vous suivez cette procédure :

1) Créez un nouveau document texte au début du chapitre où s'appliquera votre idée.

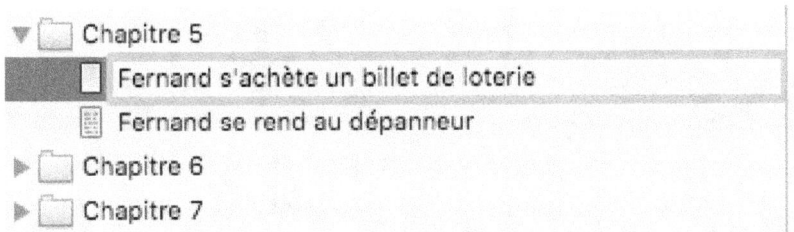

2) Faites un clic droit sur l'icône de ce document. Dans le menu, allez dans **Modifier l'icône** et choisissez « À faire ».

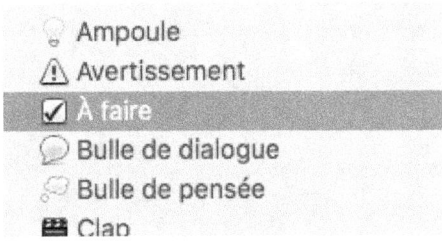

3) Dans l'Éditeur, cliquez sur le bouton « Inclure/Exclure de la compilation » pour que ce texte soit exclu du manuscrit final. Un petit « X » remplacera le crochet sur le bouton en question.

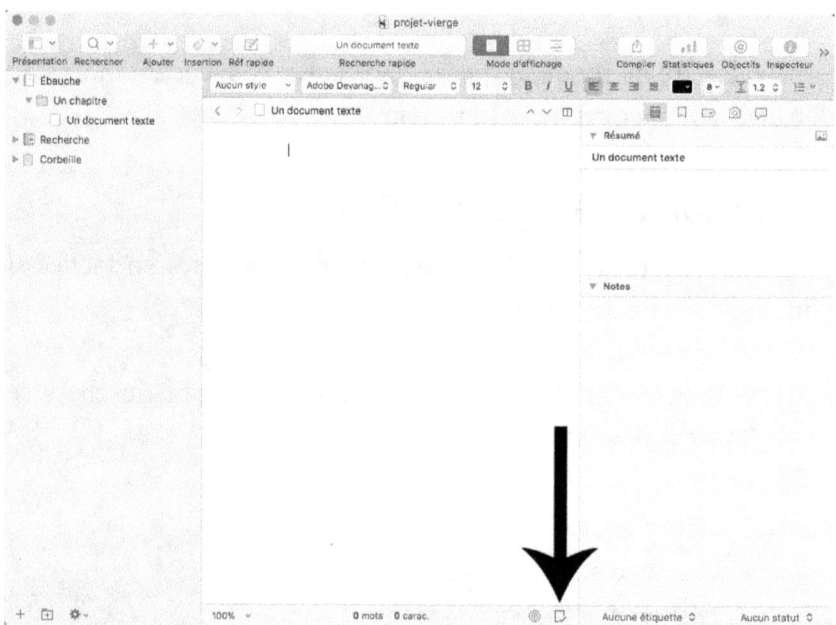

4) Optionnel : Ajoutez du texte à l'intérieur de votre nouveau document, dans l'Éditeur, pour expliquer votre idée dans les détails.

5) Voilà ! Votre idée est incluse dans votre arborescence en tant que tâche. Lorsqu'elle sera intégrée au texte, vous n'aurez qu'à la déplacer dans la corbeille.

▼ 📁 Chapitre 5
    ✓ Fernand s'achète un billet de loterie
    🧮 Fernand se rend au dépanneur
▶ 📁 Chapitre 6
▶ 📁 Chapitre 7

Pour en savoir plus

Si l'acheminement de vos idées à leur destination finale est un sujet qui vous intéresse, je vous recommande la lecture du livre *S'organiser pour réussir*, de David Allen.

Je sais… Je sais… Je l'ai déjà suggéré au chapitre précédent.

Je ne suis pas un sbire de David Allen, ni un de ses employés ou héritiers. Je ne trouve même pas qu'il écrit *si bien* que ça.

Cependant, je dois avouer que la méthode GTD qu'il a développée constitue la norme dans le milieu de la gestion de tâches. J'ai appris plein de bons trucs en lisant son livre. Ça vaut la peine de l'étudier.

À retenir

- Créez-vous un canal d'idées sans failles pour éviter que vos idées tombent dans l'oubli.
- Transportez en permanence un outil de saisie : un téléphone intelligent ou un carnet accompagné d'un stylo.
- Notez une idée dès qu'elle vous vient à l'esprit.
- Chaque semaine, transférez vos idées à l'intérieur de votre roman. Créez-vous une tâche dans Toodledo pour vous rappeler d'effectuer ce transfert.
- Au final, vos idées doivent impérativement se retrouver à l'intérieur du document Word ou Scrivener dans lequel vous travaillez.

TRUC 7
ACHETER UN SAC À MAIN

En entreprenant la rédaction de ce guide, je n'avais jamais prévu écrire des conseils genrés (par exemple : tel truc s'applique aux hommes et tel autre, aux femmes). Après tout, le fait d'avoir une barbe doit-il changer quelque chose à nos méthodes de travail ?

Je me permets de faire une exception ici, car ce truc ne s'adressera qu'aux hommes.

Messieurs, vous devez avoir un sac à main.

Je ne rigole pas.

Ça fait maintenant plusieurs années que j'en possède un et je peux en témoigner : c'est vraiment pratique, autant dans ma vie personnelle que professionnelle.

Les sacs à main, c'est quelque chose que les femmes ont compris bien avant nous, et je me demande pourquoi les hommes n'ont pas fait le *move* avant.

Quoi ?

Vous avez peur d'avoir l'air efféminé avec un sac à main ?

OK.

Est-ce qu'Indiana Jones est une image assez virile à votre goût ? Cet archéologue transporte son « sac à main » partout où il va. Regardez l'affiche du film *I am Legend*. Doutez-vous de la masculinité de Will Smith là-dessus ?

Si le sujet vous rend mal à l'aise, il est temps de changer de paradigme.

Les sacs à main, c'est aussi pour les hommes.

Les multiples usages d'un sac à main

En tant qu'écrivain, vous pourriez jouir d'une foule d'avantages en possédant un sac à main et en le transportant partout où vous allez. Moi-même, je ne sors plus jamais sans le mien. Quand je marche dans la rue sans une bandoulière à l'épaule, je me sens tout nu. J'en suis rendu là.

Voici les principaux « bonus de vie » que vous procurera un tel accessoire :

- **Vous pourrez travailler n'importe où :** Avec un sac à main, votre ordinateur portable ou votre manuscrit vous suivront, peu importe où vous irez.
- **Vous pourrez lire partout :** On dit que les meilleurs auteurs lisent beaucoup. Avec votre sac à main, vous pourrez vous rapprocher de cet idéal en multipliant vos moments de lecture. Une file d'attente à l'épicerie ? Sortez votre liseuse Kindle ou Kobo et avancez de quelques pages dans *À la recherche du temps perdu*.
- **Vous faciliterez la mise en place de votre canal d'idées :** Avec un sac à main, vous pourrez transporter un gros carnet, un cahier Canada ou même une tablette pour noter vos idées.
- **Vous pourrez emporter vos copies de sûreté partout :** Si vous préférez stocker vos copies de sûreté sur une clé USB, vous auriez intérêt à la garder sur vous. Les incendies n'arrivent pas qu'aux autres.
- **Vous arrêterez enfin de percer vos poches de jeans :** Parce que vous aurez mis vos clés à un meilleur endroit.

Vous réglerez peut-être vos maux de dos : Traditionnellement, les hommes rangent leur portefeuille dans la poche arrière de leurs pantalons. Une sale habitude qui nous force à nous asseoir croche. Soyons intelligents. Faisons plaisir à notre dos. Rangeons notre portefeuille dans un sac à main.

Vous pourrez transporter des accessoires de marketing durant les évènements littéraires : Signets, cartes professionnelles, livres à offrir en services de presse, *name it*. Dès que vous en aurez besoin, ils seront à votre portée.

Les avantages les plus pertinents dans votre carrière d'auteur sont évidemment les trois premiers. Et si vous êtes un adepte de lecture numérique comme moi, vous allez *inévitablement* réaliser qu'une liseuse électronique et un sac à main sont faits pour aller ensemble.

Où acheter un sac à main pour hommes ?

Il n'existe pas beaucoup d'endroits où l'on peut se procurer ce rarissime accessoire. Pas au Québec, en tout cas.

Certaines boutiques spécialisées vont en tenir deux ou trois modèles en stock, à l'arrière. De grâce, évitez d'acheter le premier qui vous tombera sous les yeux ; prenez le temps requis pour trouver LE sac qui vous fera chavirer. N'oubliez pas qu'il s'agit d'un article de mode : si vous ne l'aimez pas, vous ne le porterez pas, et la dépense sera du pur gaspillage.

De mon côté, j'ai toujours magasiné mes sacs à main à un seul endroit : sur eBay. Les modèles neufs abondent là-dessus. La plupart des vendeurs vous fourniront de nombreuses photos des accessoires en question ; on peut les examiner sous toutes leurs facettes. Jusqu'à maintenant, je ne me suis jamais trompé. Et je m'en suis toujours tiré sous les 100 $.

…

Après vérification, sous les 50 $, en fait.

Pour trouver l'accessoire idéal sur eBay, faites des recherches en utilisant des termes anglais tels que :

« Men's satchel »
« Men's shoulder bag »
« Men's messenger bag »
« Men's leather bag »
« Men's cross body bag »

Portez une attention particulière aux pays d'origine des articles et aux frais d'expédition. Choisissez un modèle que vous aurez envie d'exhiber, payez-le et attendez-le avec impatience.

Vous serez tout équipé pour la productivité. Votre vie d'auteur sera changée.

À retenir

- Les écrivains masculins auraient avantage à porter un sac à main pour transporter leurs ordinateurs, manuscrits, cahiers, calepins et liseuses partout où ils vont.
- Avoir un sac à main rempli ouvre de nombreuses possibilités liées au travail des auteurs. Il facilite, entre autres, le maintien d'un canal d'idées.
- Magasiner un sac à main pour hommes peut être difficile. On en trouve de bons modèles sur eBay.

CONSEILS UTILES À L'ÉTAPE DE
L'IDÉATION

TRUC 8
TROUVER UNE MOTIVATION FONDAMENTALE

Qu'est-ce qui vous motive à écrire ?

Attention : je ne parle pas du projet littéraire que vous avez en tête. Concentrons-nous sur vous, l'artiste des mots.

Pourquoi avez-vous choisi de vous aventurer dans l'univers de la publication professionnelle ? Pourquoi ne pas avoir préféré, par exemple, le scrapbooking ?

Bien peu d'écrivains se sont posé la question avant d'embarquer dans ce métier. Nombreux sont ceux qui errent, passant d'une publication à l'autre en se demandant chaque année « pourquoi ils font encore ça » (ça a déjà été mon cas).

Pour avoir une démarche artistique plus cohérente avec ses attentes, un auteur doit faire cet effort d'introspection.

Trouver sa motivation fondamentale n'est pas qu'un truc *new age* d'hurluberlu. Ça génère des résultats concrets. Lorsqu'on sait pourquoi on consacre autant de temps à l'écriture — au détriment d'autres activités qui nous apporteraient de la gratification immédiate, comme écouter la télé, sortir dans les bars ou jouer à Candy Crush —, l'acte d'écrire gagne en importance. Se réserver des moments de création devient naturel, et quand on s'assoit devant son ordinateur, on garde ses objectifs à l'œil. On veut se rapprocher du but. On a moins envie d'aller rôder dans ce trou noir de procrastination qu'est l'univers des réseaux sociaux.

À quoi pourrait ressembler votre motivation fondamentale ? Voyons des exemples qu'on entend souvent :

« J'écris pour être publié. »

J'ignore combien de courriels je reçois par semaine de gens qui sont désespérés d'être publiés un jour. Ça me rend perplexe. Ça me donne l'impression qu'il y a plus d'auteurs que de lecteurs en ce bas monde. La plupart du temps, ces aspirants-écrivains n'ont jamais remis ce besoin en question, ne sont jamais descendus à la base de leur désir. Avant de vouloir être publié, il faut se demander *pourquoi* être publié. C'est comme dire : « Je veux être médecin. » Est-ce par simple altruisme ou pour gagner d'immenses sacs d'argent ?

En ce sens, « vouloir être publié » n'est pas suffisant. Il y a autre chose qui se cache là-dessous.

« J'écris pour être reconnu dans mon entourage comme un auteur. »

Voilà qui est mieux. Mais encore là, pourquoi vouloir être reconnu comme un écrivain ? Pour avoir plus de respect ? Pour gagner de la crédibilité auprès de votre patron ?

Je ne porterai pas de jugement de valeur : des centaines de raisons peuvent justifier ce besoin de reconnaissance. Aimer se faire flatter l'ego, c'est humain. Combien d'activités faisons-nous dans notre vie simplement pour goûter au plaisir d'impressionner la galerie ?

Beaucoup d'écrivains vont bosser durant des années pour conserver leur étiquette d'artiste. C'est la seule chose qui les rend spéciaux. Et ce sera peut-être le cas pour vous. N'écartez pas d'emblée cette motivation si vous soupçonnez qu'elle vous meut. Soyez honnête envers vous-même. Moi aussi, j'aime ça, être un « écrivain ».

« J'écris pour faire de l'argent. »

J'ai de mauvaises nouvelles pour vous. Si vous lisez ce livre, c'est sans doute parce que vous êtes un auteur francophone. Conséquemment, vous allez publier en français, dans un très petit marché. Et dans ce milieu, rares sont ceux qui produisent des titres qui se vendent à plus de 1000 copies.

Si vous désirez faire de l'argent, vous avez choisi l'un des pires domaines au monde. Lâchez votre projet et devenez avocat. Ou agent immobilier. Ou plombier. Les plombiers font de très bons salaires.

« J'écris pour me faire plaisir. »

Simple et efficace. Aligner nos phrases dans le traitement de texte peut nous procurer du bonheur à l'état pur. Comme si c'était une drogue. Sans cette dose quotidienne, on s'exposerait à un douloureux sevrage.

Cette motivation peut sembler une évidence, mais je connais un tas d'auteurs qui détestent écrire, mais qui, fondamentalement, adorent *avoir* écrit. Distinction importante. Dans quelle catégorie vous situez-vous ?

Les motivations de votre humble serviteur

Moi-même, j'ai fait l'exercice. Voici à quoi ressemblent mes motivations fondamentales :

« J'écris pour raconter des histoires et me rapprocher de mon lectorat. »

Depuis mon adolescence, j'invente des histoires. À l'époque, j'écrivais des scénarios de Donjons & Dragons, comme nombre d'auteurs de fantasy l'ont fait durant leur jeunesse. J'adorais susciter de l'émotion chez mes joueurs et je jubilais quand ils se questionnaient — souvent avec beaucoup d'énergie — sur la suite de l'histoire. Qui était le traître ? Où fallait-il aller ? Devrait-on assassiner le prince ou former une alliance avec lui ?

Aujourd'hui, ce besoin m'habite encore. En écrivant mes romans, j'imagine les émotions que ressentira mon lecteur, et par effet d'empathie, ça me procure une satisfaction intense. J'aime savoir que mes œuvres contribuent à garder vivante la culture de l'imaginaire. Et quand les lecteurs viennent me rencontrer durant les salons du livre pour discuter, je suis aux anges. Ça me donne l'énergie pour continuer.

« J'écris pour exprimer ma créativité. »

J'ai toujours eu cet étrange désir de créer. Que ce soit pour un roman, pour un site Web ou pour une simple cabane d'oiseau, mon esprit doit être meublé de projets, sans quoi je deviens irritable. Pour moi, l'écriture est l'activité idéale : elle me donne une incroyable liberté de création.

« J'écris pour générer du revenu passif. »

Sans que je veuille devenir riche, je sais qu'un roman génère un modeste revenu longtemps après sa publication. C'est itératif : si j'ai dix œuvres sur le marché, ce revenu sera multiplié par dix.

Et même si j'interromps mes activités littéraires, je sais que mes « bébés » vont continuer de travailler à l'arrière-scène.

C'est mon petit côté entrepreneur qui se nourrit de cette motivation.

Réfléchissez aux vôtres, et inspirez-vous de mes exemples si nécessaire. Souvenez-vous que vous êtes une personne unique, avec une démarche unique. Cherchez ce qui vous incite à vous asseoir devant votre ordinateur chaque jour. Trouvez *vos* réponses.

Lorsque ce sera fait, consignez vos motivations sur papier et apposez-y votre signature. Ce sera votre contrat personnel.

À retenir

- Trouver votre motivation fondamentale vous aidera à justifier pourquoi vous devez passer du temps devant l'ordinateur.
- Pour trouver votre motivation fondamentale, essayez de descendre à la base de vos désirs. Creusez profondément ; souvenez-vous qu'une motivation peut en cacher une autre.
- Vous pouvez avoir plus d'une motivation fondamentale.
- Écrivez vos motivations quelque part et consultez ce document lorsqu'une remise en question surgira.

TRUC 9
TROUVER DES IDÉES QUI FONT VIBRER

    Si les motivations fondamentales sont extérieures au texte, les idées qui font vibrer ont rapport directement avec le roman qui vous attend.

    Vous savez pourquoi vous êtes écrivain. Maintenant, pourriez-vous me dire pourquoi vous voulez aborder *tel projet* plutôt qu'un autre ? Qu'est-ce qui vous a fait choisir ce sujet parmi les milliers de possibilités qui s'offraient à vous ? Et vos personnages, pourquoi les créer ?

    Bien des gens ne prennent pas la peine de se poser la question, de remettre en cause tout ce qu'ils ont imaginé pour se demander : « Est-ce là l'histoire, la *vraie* histoire enfouie au fond de moi, que je veux raconter ? »

    Si vous commencez un projet avec un sujet, une thématique ou des personnages qui vous font moyennement triper, *spoiler alert* : vous aurez moyennement envie de bosser là-dessus, et votre productivité va écoper.

    À l'inverse, si vous choisissez uniquement des ingrédients qui vous allument — ou même qui vous brûlent l'intérieur —, vous ne serez jamais à court d'idées. Il y a plus de chances pour que le roman s'écrive à la vitesse de l'éclair.

Trouver ce qui fait vibrer

Je me souviens d'un de mes cours en création littéraire à l'Université Laval. Je discutais avec d'autres étudiants de notre « projet long », un début de roman d'environ 50 pages que l'on devait finaliser durant la session. Un des gars dans mon groupe disait qu'il souhaitait aborder le thème de l'infidélité. Il hésitait, expliquant que le sujet l'effrayait. « Pourquoi ? », que j'ai rétorqué. « Ça me choque trop, ces crisses d'affaires-là », qu'il a répondu crûment.

Je lui ai demandé pourquoi il réagissait avec autant d'intensité. Pas que je sois en faveur de l'infidélité, mais pour moi (et pour bien des auteurs), ce sujet est loin d'être tabou. Le thème revient constamment dans la littérature. C'est presque cliché.

Il m'a brièvement raconté qu'une des anciennes blondes l'avait trompé et que ça faisait resurgir des souvenirs douloureux.

Dilemme valable. Parler de ses expériences personnelles équivaut souvent à parler de ses monstres intérieurs. C'est faire un grand pas hors de sa zone de confort ; on a l'impression de se mettre tout nu, on a peur de ce qu'on va découvrir sur nous-mêmes durant le processus de création.

C'est effrayant et excitant à la fois. Et tout l'intérêt de l'écriture se trouve là-dedans. Je me suis toujours considéré comme une personne mu par une grande curiosité intellectuelle. Lorsqu'un sujet provoque des émotions chez moi, ça m'allume : au lieu de fuir, je suis tenté de sauter dessus. Parce qu'à travers la création, je désire comprendre *pourquoi* ce sujet me fait réagir. J'ai alors la certitude que mon écriture m'amènera vers des découvertes intéressantes. M'asseoir devant mon ordinateur prend un nouveau sens : non seulement je veux produire un livre, mais je m'attends à explorer un thème fascinant sous toutes ses coutures. J'en sortirai grandi.

Si un sujet suscite des émotions fortes, positives ou négatives, je considère que c'est bon signe. C'est pourquoi j'ai conseillé à mon collègue de plonger là-dedans malgré ses réticences. Des découvertes étaient à l'horizon. Il fallait tenter le coup.

(Au final, son début de roman frappait l'imaginaire comme un uppercut sous la mâchoire ; j'espère seulement que cet auteur ne s'est pas exilé sur une île déserte — découragé de l'humanité — après avoir achevé son premier jet.)

Maintenant, qu'en est-il de vous ? Quelles idées vous font vibrer ? Quels thèmes suscitent de la fascination ou touchent vos cordes sensibles ? N'y a-t-il pas un aspect social ou culturel que vous voudriez explorer ? Un évènement historique à raconter ? Une situation insolite à développer ?

Trouvez un sujet qui vous secoue jusqu'à la racine des cheveux — vous produirez non seulement un meilleur livre, mais vous le produirez avec plus d'assiduité. Vous aurez *envie* de l'écrire. Les impacts seront retentissants.

Attention aux commandes

Dans le milieu littéraire, il y a un phénomène qu'on appelle les *commandes*.

Une commande, c'est quand un éditeur nous approche en disant quelque chose qui ressemble à : « Salut ! Je viens d'ouvrir une nouvelle collection jeunesse et j'aurais besoin qu'on m'écrive un livre avec un personnage de quinze ans qui adore les jeux vidéo et qui découvre l'amour en ligne. Il faut que ça se passe à Montréal et que ça fasse exactement quinze mille mots. Pas de langage grossier, pas de drogue ni de sexe. Est-ce que ça t'intéresse ? »

Les auteurs ont des opinions mitigées sur ce phénomène. Plusieurs croient que les écrivains qui carburent aux commandes sont des mercenaires de la plume ne cherchant que l'enrichissement monétaire, tandis que d'autres prétendent qu'on peut trouver de la satisfaction créative n'importe où — surtout dans les littératures à contraintes —, et que le fait d'accepter une commande apporte au moins l'assurance que le projet sera publié une fois complété.

Ma position là-dessus se situe entre ces deux pôles. Je serais bien idiot de pester contre les commandes, puisque j'en ai moi-même acceptées. Mes romans *Les limbes des immortels* et *La patience des immortels* étaient des demandes spéciales de la maison d'édition Porte-bonheur. En gros, on me fournissait les détails d'un univers futuriste post-apocalyptique et je devais écrire une histoire dans ce cadre. Si, au départ, je montrais de la réticence à m'engager dans ce mandat, j'ai fini par y trouver mon compte. Je me suis éclaté avec ces histoires. *La patience des immortels* s'est même retrouvé finaliste au Prix littéraires Bibliothèque de Québec – SILQ, alors que j'avais soumis tous mes autres livres à ce prix sans jamais me rendre sur cette liste. Pour un projet de commande, c'était inespéré. L'expérience a été concluante.

Je me permets quand même de mettre les auteurs en garde contre les commandes, particulièrement les débutants.

Bien sûr, répondre à une commande enlève beaucoup d'incertitude dans le processus de publication. Quand un éditeur veut quelque chose de précis, nul besoin de se demander si le sujet va l'intéresser. La réponse est oui par défaut. Cependant, rien n'est gagné d'avance : on doit encore convaincre la maison d'édition avec notre style, notre créativité et notre manière d'aborder la thématique imposée. Même si on se plie aux contraintes d'une commande, la publication est loin d'être assurée.

Et n'oubliez jamais qu'une commande demeure l'idée de quelqu'un d'autre. Accepter ce genre de mandat, c'est répondre à une stratégie commerciale plutôt qu'à ses envies profondes. C'est refuser d'écrire le livre enfoui en nous, celui qu'on a dans les tripes, celui qu'on reporte toujours à plus tard et qui pourrait devenir l'œuvre de notre vie.

Notre temps est une ressource limitée. Quand on accepte un travail, implicitement, on accepte aussi de sacrifier quelque chose d'autre.

Je connais plein d'auteurs qui ne fonctionnent qu'aux commandes. Certains ont l'air heureux dans ce système. D'autres me donnent l'impression qu'ils font du 9 à 5 dans un cubicule et que, pour eux, écrire est un travail routinier comme un autre.

Je me demande ce que ces auteurs produiraient s'ils regagnaient leur indépendance et choisissaient d'abord « LE » roman qui bouleverserait leur existence.

Si, pour vous, répondre aux commandes n'est pas plus excitant qu'un travail à la chaîne, de grâce, donnez-vous la permission de changer d'itinéraire professionnel.

À retenir

- Si votre motivation fondamentale d'écrivain est extérieure à votre œuvre, l'idée qui vous fera vibrer sera intimement liée à votre projet littéraire.
- Avec une idée qui fait vibrer, votre motivation sera décuplée. Vous serez plus assidu au travail.
- Une idée qui déclenche beaucoup d'émotions chez vous est généralement une idée qu'il faut explorer.
- Répondre à une commande d'un éditeur, c'est accepter de travailler sur l'idée de quelqu'un d'autre.
- Travailler sur une commande, c'est choisir la sécurité. On sait que le sujet intéresse l'éditeur et on augmente ainsi nos chances d'être publié, surtout si cet éditeur nous connaît.
- Répondre aux commandes n'est pas mauvais en soi. Cette stratégie peut cependant vous empêcher d'écrire « LE » grand roman enfoui en vous.

TRUC 10
CIBLER UNE MAISON D'ÉDITION

Tantôt, je parlais des commandes, où les éditeurs sollicitent les services des auteurs. Ici, c'est l'inverse : dans un contexte sans commande, on verra comment un écrivain doit choisir sa maison d'édition (en sous-entendant qu'il ne préférera pas le garder dans le tiroir de son bureau).

À quel moment cette sélection doit-elle être faite ?

Plusieurs diraient qu'un auteur doit d'abord rédiger son livre et, selon le genre littéraire et le style de l'œuvre, il choisirait son éditeur ensuite.

C'est ainsi que procèdent la majorité des écrivains pour leurs premiers romans. Ça a été mon cas. Au début des années 2000, je finissais le premier tome d'*Alégracia*. C'était de la fantasy d'inspiration médiévale, alors je suis parti à la recherche d'éditeurs attirés par ce genre. La création est venue en premier, le choix en deuxième. Le parfait néophyte que j'étais ne connaissait pas encore le paysage littéraire ; je n'aurais pu procéder autrement.

Avec l'expérience, les maisons d'édition nous deviennent plus familières et la dynamique change. On apprend, par exemple, que les Éditions Épées-Magie publient bel et bien de la fantasy médiévale, mais s'intéressent particulièrement aux histoires bourrées d'action. Pour eux, plus il y a de dragons, mieux c'est !

En revanche, même si elles se spécialisent aussi dans la fantasy, les Éditions des Âmes Noires préfèrent les récits sombres, très littéraires et contenant des scènes d'horreur sanglantes.

En sachant cela, on pourrait choisir de cibler sa maison d'édition *avant* de commencer l'écriture d'un livre.

Parce que chaque maison d'édition a ses spécialités. Vous ne pourriez pas écrire la biographie de votre grand-mère et la soumettre à tous les éditeurs du pays. Ce serait ridicule. Dix-neuf directeurs de collection sur vingt vont la rejeter d'emblée sans même l'ouvrir — et ça vous aura coûté une fortune en timbres pour rien. Seule une très faible proportion des éditeurs s'intéressent aux biographies. Et parmi ceux-ci, une poignée voudrait sans doute recevoir des *biographies de grand-mères*. C'est même possible que personne ne veuille publier ce type d'ouvrage. Si c'était le cas, qu'auriez-vous fait ?

Cibler sa maison d'édition *avant* d'entreprendre un projet peut éviter une situation fâcheuse comme celle-là. Du genre, écrire une histoire pendant trois ans sans réaliser que, par sa nature, personne n'en voudra.

Pour cette raison, je conseille toujours aux apprentis écrivains d'inspecter le paysage littéraire avant de commencer leur plan. S'ils découvrent que leur idée n'a aucun avenir, ça leur donnera l'occasion de revoir leur projet. Et peut-être d'économiser quelques années de travail.

Adapter son style

Adapter son style d'écriture pour séduire une maison d'édition, est-ce une bonne idée ?

Par exemple, en voulant soumettre une histoire aux Éditions Épées-Magie, vous pourriez décider, comme ça, d'allonger vos descriptions de combats ou d'insérer quatorze races de dragons dans le décor. Ces éléments leur plaisent, non ? Pour les Éditions des Âmes Noires, vous pourriez ajouter des scènes de meurtres bien juteuses. C'est ce qu'ils veulent (c'est écrit sur leur site Web).

Est-ce « correct » de procéder ainsi ?

Plusieurs acteurs du milieu diraient qu'avoir une maison d'édition à l'œil avant d'entamer un projet est souhaitable. Selon eux, cette approche permet de mieux orienter ses choix artistiques, surtout quand on hésite entre plusieurs types d'histoires, plusieurs angles. Parce qu'à valeur égale, aussi bien s'accorder avec les préférences des grands décideurs, pas vrai ?

Peut-être bien.

Mais ça demeure un pari risqué. Une œuvre conçue sur mesure pourrait rebuter un directeur de collection quand même. Trop de variables entrent en ligne de compte.

A contrario, certains diraient — avec raison — que de cibler une maison d'édition à l'avance peut devenir une sérieuse entrave à la créativité. Ça demande du discernement. D'ajouter des dragons dans une histoire *uniquement pour plaire à un éditeur* vous éloignerait du récit que vous aviez en tête au commencement. Et les dragons, c'est cliché. Extrêmement cliché. Ça ne vous ennuierait pas de vous rabaisser à ce niveau pour charmer un comité de lecture ?

En vous acharnant à plaire aux éditeurs (et non aux lecteurs), vous risquez de dénaturer votre style personnel. Ce serait une grave erreur. On veut publier une histoire, oui, mais on désire surtout publier un auteur. Une « voix ».

N'assassinez pas ce qui vous rend unique.

Vous pourriez adapter votre écriture à différents degrés, bien entendu, mais dans le processus, tâchez de rester fidèle à vous-même. Ne regardez jamais l'originalité avec suspicion. Vous êtes un artiste. Un créateur. C'est votre devoir de livrer quelque chose d'entièrement nouveau à votre public.

Voilà pourquoi j'ai seulement donné **une étoile (★)** à ce conseil. Cibler une maison d'édition à l'avance peut certes vous permettre d'orienter vos choix et d'éviter certaines gaffes, mais la tactique comporte des dangers évidents.

Un manuscrit trouvera toujours preneur si sa qualité est irréprochable, peu importe le nombre de reptiles cracheurs de flammes qu'il contient.

À retenir

- Avant de commencer votre livre, prenez la peine d'examiner le paysage littéraire et assurez-vous qu'au moins un éditeur serait susceptible d'accueillir favorablement votre œuvre.
- Vous pouvez adapter votre histoire aux maisons d'édition que vous ciblez pour augmenter vos chances d'y être accepté.
- Si vous choisissez d'adapter votre histoire, prenez garde à ne pas dénaturer votre voix personnelle.
- Vous pouvez évidemment écrire sans cibler personne, ce qui vous permettra de rester fidèle à 100 % à vos idées originales.

TRUC 11
VOYAGER
★★★

J'ai une vie plutôt sédentaire. Mon médecin serait probablement outré d'apprendre le nombre d'heures que je passe assis au quotidien. Si ce n'est pas pour écrire le jour, c'est pour lire ou écouter mes séries télé le soir.

Je ne mène pas une existence rocambolesque, mettons.

Pourtant, mon métier, c'est de raconter des histoires. Et pour que je sois capable d'inventer des personnages, des lieux et des situations, il faut idéalement que j'aie vécu quelque chose au préalable, en vrai ou par le biais de la fiction. C'est logique.

Stephen King a déjà dit : « Si vous n'avez pas le temps de lire, vous n'avez pas le temps (ni les outils) pour écrire. Aussi simple que ça. » Et je suis bien d'accord avec lui. Pour imaginer des récits à la fois originaux et cohérents, il faut s'imprégner d'une grande culture littéraire, d'abord pour savoir comment ça se crée, un livre, mais aussi pour accumuler de la matière brute que l'on pourra réutiliser dans nos propres histoires.

Je fais toujours une drôle de grimace quand j'entends des apprentis écrivains, ou même des auteurs expérimentés, prétendre ne jamais lire ou presque pour éviter d'être « influencés par les autres ». Ces auteurs sont condamnés à répéter les mêmes clichés qu'on a vus des centaines de fois dans les livres et — surtout — au cinéma (parce que s'ils écartent les livres, croyez-moi, ils ne ferment pas leur télévision). Au XXIe siècle, toutes les histoires ont été racontées ; on ne réinventera pas la roue, aussi bien en être conscient.

Il faut lire. C'est non négociable.

Mais en tant qu'artiste, on doit aller *encore* plus loin que ça. Se taper 200 romans par année ne suffirait pas, selon moi, à nourrir entièrement la créativité d'un auteur. Il manquerait un ingrédient essentiel.

Pour renouveler ses idées, un écrivain doit sortir de chez lui et voir le monde une fois de temps en temps. Et c'est vraiment moi qui dis ça. Moi, l'introverti qui passe 95 % de son temps au chaud dans sa maison et qui a besoin d'une MAUDITE BONNE RAISON pour ouvrir la porte et sentir l'air frais.

Plusieurs fois durant ma carrière, je me suis senti vidé. C'était toujours après avoir travaillé sur un projet pendant des mois sans m'être arrêté. Pour moi, le diagnostic était facile : j'avais passé des jours à faire des efforts intellectuels soutenus, donc mon cerveau n'en pouvait plus — je devais me reposer et tout irait mieux.

Sauf que même en m'offrant deux semaines de vacances sur le sofa, l'inspiration ne revenait pas. Comme si la source de magie s'était tarie. Je n'arrivais plus à produire mes 2000 mots par jour — et les rares fois où j'y parvenais, c'était en m'administrant des coups de fouet dans le dos.

Durant ces crises créatives, je passais un nombre incalculable d'heures à fixer mon écran, les mains sur les genoux. J'étais vidé. Conséquence logique liée à mon extrême sédentarité ; les idées sortaient chaque jour et rien n'entrait en retour. Dans mon écriture, je revenais sans cesse aux mêmes concepts, aux mêmes descriptions. Je tournais en rond.

Je lis plusieurs livres par année. Entre 50 et 75. Chaque œuvre me nourrit à sa façon, et avec mon mode de vie, je dois me demander quel genre d'auteur je souhaite devenir. Veux-je être un remixeur qui absorbe les romans d'autrui par osmose et n'utilise que cette substance pour créer ? Ou veux-je vivre ma propre aventure dans le monde et trouver *mes* histoires, *ma* vraie voix ?

On pourrait faire un long débat là-dessus.

Pour renouveler mes énergies créatives, à l'époque, il n'y avait pas trente-six solutions. Je devais sortir de chez moi et vivre de nouvelles expériences.

Et la meilleure façon d'y parvenir, c'était en voyageant.

Différentes intensités de voyages

Si les voyages ont eu des effets bénéfiques incroyables sur mon inspiration (au point de guérir complètement mes « dépressions » artistiques), ils en auront assurément sur vous aussi. C'est particulièrement vrai au moment où votre projet est à l'état embryonnaire : vous déplacer physiquement dans un nouvel environnement vous donnera des nutriments créatifs qu'aucune œuvre de fiction n'arrivera à vous fournir.

Et le terme *voyage* peut être interprété à différents degrés d'intensité. Passer une semaine à s'occuper des bébés éléphants en Thaïlande, c'est voyager. Tout comme visiter un parc national à 20 km de chez soi.

Cette possibilité n'est pas réservée aux classes sociales supérieures. Des voyages, il y en a pour tous les goûts et pour tous les budgets.

Les voyages locaux

Vous vivez en ville et avez besoin d'un peu d'air frais ? Louez un coquet appartement dans un coin reculé et passez vos journées à écouter le chant des oiseaux. Ou sortez votre canne à pêche et allez titiller la truite dans une pourvoirie durant le week-end. Ou encore, planifiez un *road trip* vers un village juché au sommet d'une montagne, à 100 km de chez vous.

Vous détestez la nature ? Faites l'inverse. Embarquez dans un autobus et promenez-vous dans les rues effervescentes de New York, visitez des musées, assistez à des spectacles, mangez des repas étranges.

Pas besoin de dépenser des milliers de dollars pour voyager. Il suffit de s'insérer la carcasse dans un nouveau décor. Sortez de chez vous, rechargez vos piles, nourrissez votre créativité. L'inspiration s'accroche à ceux qui bougent.

Les voyages exotiques

Parfois, les heures innombrables passées dans notre bureau nous rendent engourdis. Le monde extérieur ne devient alors qu'une sorte d'illusion perçue à travers le filtre des médias. De notre esprit ne sortent que de vieilles mouches mortes.

Dans ces cas, pour reconnecter avec l'univers, un dépaysement total est requis. Levez-vous. Trouvez une destination que vous n'avez jamais visitée, achetez votre billet de train ou d'avion et partez à l'aventure. Non seulement ce périple aura le potentiel de rechercher vos piles, mais il vous permettra de vivre des expériences uniques qui nourriront *directement* votre écriture.

Les voyages exotiques peuvent aussi s'avérer nécessaires pour exécuter des projets appuyés sur une recherche approfondie. Si vous prévoyez écrire un roman qui se déroule à Prague, vous pourriez accumuler de l'information sur cette ville — dans les livres ou sur Internet — pour savoir comment on vit là-bas, pour apprendre à quoi ressemblent les quartiers ou même de quel côté du chemin les gens conduisent. Mais on va se dire les vraies choses : pour s'imprégner de l'ambiance de Prague, la meilleure façon est d'y aller en personne.

Certes, ce ne sont pas tous les auteurs qui ont les moyens de visiter les lieux où se déroulent leurs histoires. Moi-même, je me fie à mon imagination et à mes livres de référence dans la majorité des cas, sans quoi je me serais ruiné avant mes 30 ans. J'essaie quand même de saisir les occasions quand elles se présentent.

En 2017, par exemple, j'ai trouvé des billets d'avion à rabais pour me rendre à Barcelone. Je travaillais sur *Le silence des sept nuits*. Cette série se déroule dans un univers d'inspiration médiévale. Vous savez quoi ? Des traces de l'époque médiévale, en Amérique du Nord, on n'en voit pas énormément. J'ai donc saisi l'occasion pour visiter une ville ancienne et m'ouvrir sur ce que j'allais voir, entendre, toucher, goûter et sentir.

J'ai pris une bonne quantité de notes là-bas, déguisé en touriste.

Dans *Le silence des sept nuits*, les fortifications de la cité où se déroule l'action ont une grande importance. Ainsi, durant mon voyage, chaque fois que je passais devant des vestiges de murailles romaines, je prenais des photos. Je notais la forme des constructions et voyais comment les soldats de l'époque défendaient ces parois. De retour chez moi, j'ai modifié mon histoire pour la rendre plus réaliste.

Ce voyage m'a non seulement permis d'accumuler de l'information pour mon écriture, mais aussi de prendre une bonne bouffée d'air frais. J'ai pu ensuite m'enfermer dans mon bureau pendant des mois sans me sentir coupable.

Sortez !

Considérez le voyage. Tournez-vous vers des endroits liés à l'histoire que vous avez en tête, ou choisissez une destination inconnue. Qui sait ? Peut-être que l'idée géniale que vous attendiez se trouve là-bas. Ne restera qu'à la cueillir au passage.

À retenir

- Pour nourrir votre créativité et savoir comment écrire un livre, vous devez lire énormément. Il n'y a aucun raccourci autour de cela.
- Votre écriture se nourrit aussi de vos expériences personnelles.
- Pour vivre de nouvelles expériences, rien de mieux que de voyager.
- Il existe des voyages pour tous les types de budgets. On peut sortir de sa zone de confort sans se ruiner.
- Certains projets peuvent demander des voyages très précis, mais on peut aussi voyager simplement pour s'aérer l'esprit.

TRUC 12
NOTER SES RÊVES

Qu'on se comprenne.

Avec ce titre, je ne suis pas en train de vous recommander d'exposer les fabulations nocturnes de vos personnages, en narration directe, à travers votre récit.

Lorsque je suis assis avec un café dans une main et un roman dans l'autre, il y a peu de choses qui m'irritent autant que la description d'un putain de rêve fait par un protagoniste. Ces passages sont toujours tellement loooooooongs. Et inintéressants. Et inutiles.

Chaque fois, l'auteur semble s'imaginer (à tort, croyez-moi) qu'on va se délecter en découvrant les mille « sens cachés » dans un rêve raconté sur cinq pages.

En réalité, on bâille d'ennui.

Dans les romans, les rêves sont presque toujours sans conséquence. Quand j'en vois un arriver, je saute par-dessus. La vie est trop courte. Je m'en fous de perdre des éléments « essentiels » à l'histoire ; si l'auteur voulait que j'intègre ces détails, il n'avait qu'à me les montrer à travers l'action.

Donc, *non*. Ne notez pas vos rêves pour les retranscrire mot à mot dans votre roman.

Évitez cette torture à vos lecteurs, s'il vous plaît.

Considérez plutôt vos rêves comme une façon de générer des

idées originales — souvent loufoques — absolument gratuitement.

Vous pouvez utiliser ces rêves pour amorcer un nouveau projet littéraire ou pour agrémenter un roman en cours d'écriture.

Ça m'est arrivé une seule fois de tirer profit d'un rêve. C'était en 2009, à Cuba, dans un tout inclus. Notre chambre était au rez-de-chaussée de l'hôtel, on avait une grande porte-fenêtre qui donnait sur le sentier menant à la plage. La vitre était mal insonorisée, on entendait tout ce que les touristes disaient à l'extérieur. Ça perturbait mon sommeil.

Je dormais paisiblement quand je me suis réveillé en sursaut à trois heures du matin. J'avais entendu « bang ! bang ! » sur la porte-fenêtre. *Qu'est-ce qui se passe, bordel ?* Je me suis levé, craignant qu'un étranger ait essayé d'entrer dans la chambre pour nous voler nos passeports.

Un crabe. Une grosse saleté de crabe.

Il avait le diamètre d'un ballon de basketball. Le monstre donnait des coups sur la vitre avec sa pince, juste pour me faire chier.

Il a fini par partir.

Je me suis rassis dans mon lit. Ce crabe m'avait tiré d'un rêve vraiment étrange, et « l'histoire » était encore fraîche dans mon esprit.

J'y ai vu un potentiel énorme pour un futur roman. J'ai saisi mon iPod touch et j'ai tout noté.

(Malheureusement, aujourd'hui, je n'arrive pas à retrouver ces notes : le iPod touch en question a été vendu sur eBay. Mais comme il était trois heures du matin et que j'étais encore à moitié étourdi par le réveil brutal, ma prise de note devait être moyennement claire. C'est mieux ainsi.)

En y repensant, j'ai eu de la chance. Mon iPod touch reposait sur ma table de nuit, branché à la fiche murale, entièrement rechargé. Je pouvais l'agripper en allongeant le bras. S'il avait fallu que j'aille fouiller dans mes poches de jeans à l'autre bout de la chambre, j'aurais dit : « Ah ! tant pis ! » Je serais retourné me coucher et j'aurais tout perdu.

L'action de noter mon rêve l'a l'imprimé au fer rouge dans mon esprit ; sept ans plus tard, je m'en souviens encore très bien.

Après être revenu de vacances, j'ai parlé de mon expérience sur mon blogue en disant : « Faut que j'écrive un roman avec ça. Obligé. »

Je l'ai fait. Ce livre est devenu *Les limbes des immortels*, ma première contribution dans la série *Les clowns vengeurs*.

Merci, grosse saleté de crabe.

Si vous n'avez qu'une chose à retenir d'une telle histoire, c'est ceci : arrangez-vous pour que votre **canal d'idées** (voir **Truc 6**) soit bien en place et que votre outil de saisie (carnet, téléphone intelligent, etc.) se trouve à proximité de votre lit au moment d'aller sous les couvertures. Car pour noter vos délires nocturnes, l'effort doit être minimal : vous serez à moitié endormi, il fera très sombre et vous aurez envie de vous recoucher. Facilitez-vous la tâche. Les téléphones intelligents sont tout indiqués comme outil de saisie : au milieu de la nuit, la noirceur sera totale, et l'utilisation d'un carnet requiert une source de lumière. (Si vous dormez seul, ça va. Mais si vous réveillez votre partenaire de vie sous prétexte que vous devez *absolument* retranscrire cette « scène avec des pingouins qui dansent en mangeant des cupcakes », ça pourrait vous causer des ennuis.)

Notez vos rêves. Ne vous imaginez pas que vous allez vous en souvenir au petit matin. C'est un fait connu : les rêves ont une place éphémère dans notre mémoire. Si vous ne les transcrivez pas, ils vont se dissiper : ce qui aurait pu devenir l'idée du siècle aura disparu à jamais.

À retenir

- Les rêves sont des sources d'idées éclatées qu'il ne faut pas ignorer. Plusieurs livres sont basés sur des rêves.
- On oublie les rêves très rapidement. Mieux vaut les noter au plus vite, immédiatement après le réveil.
- Pour être en mesure de noter vos rêves sur le vif, déposez toujours votre carnet ou votre téléphone intelligent sur la table de chevet, avant de vous coucher. Si vous avez un carnet papier, prévoyez une source de lumière.

TRUC 13
REMPLIR UN CAHIER CANADA

En 2008, je participais au Salon du livre de l'Estrie. N'ayant pas une grande expérience dans ces foires — et n'étant pas l'animal le plus extraverti de la planète —, j'avais prévu faire une séance de signatures entre 9 h à 10 h et, ensuite, je m'étais promis de m'enfermer dans ma chambre de motel pour… travailler le reste de la journée.

Cette idée m'emballait. Je venais de terminer ma série de fantasy *Alégracia* qui comportait 3 volumes d'environ 100 000 mots chacun, et voilà que j'étais libre comme l'air, avec la possibilité d'entamer n'importe quel projet. Jusqu'alors, je n'avais écrit que des aventures à saveur médiévale. J'avais besoin de changement.

Raconter des histoires contemporaines me tentait depuis mon passage à l'université. J'avais trempé mes orteils dans les genres de l'horreur, de l'humour et du thriller, et je voulais explorer ces styles à fond. Ma nouvelle idée de roman, j'en étais convaincu, je la trouverais au motel. (Écrire dans une chambre, au bord de la fenêtre, avait un je-ne-sais-quoi de romantique qui m'attirait.)

Tel Arnold Schwarzenegger qui se préparait pour sa mission dans *Commando*, je me suis équipé avant de partir au salon du livre. J'avais dans mon sac à dos ce qu'on appelait un netbook : un petit ordinateur de 10 pouces, muni d'un clavier miniature, d'un processeur cheap et... de Windows Vista.

Rien ne pouvait aller mal avec ça, pas vrai ?

Après ma séance de signatures, je suis rentré au motel. J'ai branché l'ordinateur. Je suis allé prendre une douche pour laisser le temps à ma machine de s'ouvrir. À mon retour, qu'est-ce que j'ai vu ?

« Installation de la mise à jour 1 sur 86. Veuillez patienter. »

J'utilisais ce netbook une fois par an, et chaque fois, il me refaisait le même coup.

Évidemment, je n'avais pas songé à installer ces foutues mises à jour AVANT de partir...

Je me suis fait un café. Je l'ai bu.

La première mise à jour n'avait pas encore fini de s'installer.

Pas question de me rabattre sur les jeux vidéo de mon iPod touch. J'étais déterminé à trouver mon idée. J'avais une journée complète à ma disposition, je devais en profiter.

J'ai fait un saut à la pharmacie, j'en suis revenu avec un cahier Canada flambant neuf.

(Lecteurs européens, sachez qu'un cahier Canada est simplement un cahier composé de 32 pages de feuilles lignées, de format 8,5 x 11 pouces. C'est très populaire dans nos écoles, et c'est abordable.)

Pendant que mon netbook installait sa deuxième mise à jour (sans blague), j'ai ouvert le cahier et j'ai commencé à travailler. J'ai trouvé les idées initiales pour ce qui deviendrait plus tard mon roman *Toi et moi, it's complicated*. Dans les premières pages, j'ai ébauché mon personnage principal, puis j'ai imaginé d'autres protagonistes. J'ai choisi ma thématique : Facebook. Ce réseau social était relativement nouveau à l'époque, et il me semblait intéressant de présenter une histoire où mon personnage, un accroc des réseaux sociaux, devrait mener une enquête où la ligne entre la réalité et l'univers « plus ou moins fictif » de Facebook devenait floue.

J'ai commencé mon plan : Daniel Perrault, un jeune adulte un peu attardé, se rendait à un party de cégépiens, se saoulait et embrassait la moitié des filles de la place. SUR LA BOUCHE. Il ignorait cependant qu'une inconnue avait capté ses courtes aventures sur vidéo. Et le lendemain matin, avec la gueule de bois, notre pauvre Daniel ouvrait Facebook et — surprise ! — il découvrait les vidéos de la veille…

J'ai continué à élaborer cette histoire jusqu'à la conclusion, puis j'ai déposé mon crayon. Dix pages étaient noircies.

Devais-je arrêter là ?

Il était à peine midi. Mon netbook venait d'installer sa quatrième mise à jour.

Remplir le cahier jusqu'à la fin

J'ai eu la chance ce jour-là de découvrir les trois belles vertus du cahier Canada :

- **Il a juste la bonne longueur pour faire de l'idéation :** Si je me donne le défi de remplir le cahier Canada à 100 %, ses 32 pages me forcent à me casser la tête pour aller gratter des idées pour toutes les facettes de mon univers : les personnages, les lieux, l'intrigue, les enjeux, le passé, etc.
- **Il a un format idéal :** Contrairement au calepin, sa dimension de type « lettre » est beaucoup plus confortable pour les yeux, et ça facilite les relectures.
- **Il offre uniquement du papier et des lignes :** Aucune notification ni connexion Internet pour nous faire perdre du temps.

Vous l'avez deviné, j'ai choisi de remplir les 22 pages supplémentaires de ce cahier. Je ne l'ai pas regretté ; après avoir trouvé les éléments « faciles », comme les personnages principaux et le plan de base, le véritable travail commençait pour moi. J'avais du temps.

Dans les pages 11 à 32, j'ai créé d'autres personnages secondaires et tertiaires. J'ai apporté des précisions à certaines scènes. J'ai dépeint les lieux importants où se déroulerait mon intrigue et j'ai inventé des situations cocasses qui arriveraient à ce cher Daniel.

J'ai développé ma thématique au maximum. Je savais où je m'en allais. En seulement 32 pages.

Si j'avais « fermé la *shop* » après 10 pages, je n'aurais jamais trouvé les épices essentielles à ce livre. Mon histoire était si bien définie après l'exercice que j'ai pu rédiger mon manuscrit à la vitesse de l'éclair. Alors qu'auparavant, produire un roman me prenait une ou deux années, *Toi et moi, it's complicated* s'est écrit en trois mois. Et mon premier jet a nécessité très peu de révisions.

Le cahier Canada a fait toute la différence. Si je manquais d'inspiration durant une séance d'écriture, je l'ouvrais et je pigeais une idée en réserve là-dedans. Cet outil m'aidait à redémarrer la machine créative dès les premiers signes de ralentissement.

L'ordinateur vs le papier

Imaginez ce qui se serait produit si mon netbook avait marché normalement.

L'ordinateur se serait ouvert. J'aurais créé un nouveau fichier Word et j'aurais commencé mon remue-méninges, puis j'aurais fait l'ébauche d'un plan.

Après 10 pages, j'aurais senti que la fin approchait. Rien ne m'aurait incité à continuer. C'est ainsi : lorsqu'on travaille avec Word, on n'a qu'une seule page blanche devant soi, et si on la remplit, une autre apparaît. Dans cet environnement, je n'aurais jamais su quand mettre un terme à mon exercice d'idéation. Je l'aurais sûrement interrompu le plus tôt possible, en fait. Je n'y peux rien. J'ai toujours hâte d'écrire pour de vrai.

Avec un cahier Canada, l'expérience a été différente. Remplir 10 pages m'a laissé avec un cahier vide aux deux tiers. J'ai eu l'impression de gaspiller du papier, et mon argent. (Bien quoi, 35 ¢, c'est 35 ¢.)

Ces petits détails — pourtant insignifiants — m'ont incité à continuer.

Et tant mieux. Les idées intéressantes ont surgi dans les dernières pages.

Ce truc aujourd'hui

Une décennie plus tard, j'utilise encore ce bon vieux truc avant de commencer un projet littéraire. J'achète un cahier Canada et je m'oblige à le remplir jusqu'à la fin, à défaut de quoi je ne peux toucher au plan ni aux fiches des personnages. Je m'arrange pour que ce soit la pierre angulaire du reste de ma création.

La seule différence est qu'aujourd'hui, je me réserve du temps pour structurer les informations du cahier. Je relis chaque paragraphe et transfère son contenu dans mes fichiers de recherche ou dans mon manuscrit. Si je parle d'un personnage, je crée la fiche associée. S'il s'agit d'une idée pour une scène, je l'ajoute à mon plan. Un lieu ? Je l'élabore dans un document à part. Tout est interprété, tout est traité. Et chaque fois qu'un paragraphe est transféré dans mon ordinateur, je trace une ligne rouge dans la marge du cahier Canada, à côté du bloc de texte en question (comme je le fais pour mes carnets de notes). Je sais ainsi que l'information a été incorporée à mon plan.

Ce travail m'outille pour les prochaines étapes. J'adore ça. Chaque minute passée dans mon cahier m'en fait gagner dix par la suite.

> ## À retenir
>
> - Avant même de commencer le plan de votre roman, achetez-vous un cahier Canada et remplissez-le d'idées potentielles.
> - Considérez cet exercice comme un remue-méninges : mettez dans le cahier tout ce qui vous passe par la tête, sans rien discriminer.
> - Il est absolument primordial de remplir le cahier Canada jusqu'à la dernière page. Les meilleures idées pourraient surgir à la fin.
> - N'oubliez pas de transférer vos idées dans votre ordinateur une fois l'exercice terminé.

TRUC 14
CRÉER UNE TRAME DE FOND D'ENFER

Un jour, je me suis lancé dans un projet d'envergure.

J'ai appelé ça *Reconquêtes*.

Cette histoire se déroulait 2 ans après la série *Alégracia* et mettait en scène des personnages importants qu'on avait rencontrés auparavant. Je voulais créer une œuvre monumentale digne de *A Song of Ice and Fire*. Et pour ça, j'ai choisi de développer au maximum la région où se déployait le récit.

J'ai mis le paquet.

L'extrait d'un article sur mon blogue[3] résume bien les objectifs que je m'étais imposés pour la trame de fond de cette nouvelle série :

Cette semaine, donc, je travaillerai presque exclusivement sur le plan de Reconquêtes. *J'ai terminé ma ligne du temps qui recense* **2000 ans d'histoire dans un fichier Excel**. *Notons que les évènements de cette ligne du temps sont précisés dans 40 fichiers Word d'environ 500 mots chacun. Faites le calcul. Ça donne* **un dossier d'environ 20 000 mots**... *et c'est loin d'être fini.*

---

[3] https://www.dominicbellavance.com/cette-semaine-sera-consacree-a-reconquetes/

Je n'avais pas encore terminé le travail. Au final, mes documents préparatoires avaient environ 50 000 mots, soit la longueur combinée de mes romans *Les limbes des immortels* et *La patience des immortels*.

Décrire dans ses plus fins détails le pays où se déroulerait mon aventure — j'en étais convaincu — m'aiderait à dépeindre un univers riche et intéressant au moment d'entreprendre le premier jet. J'avais résumé les grands évènements qui avaient marqué les siècles, rédigé les biographies des personnages historiques importants, puis tracé des arbres généalogiques, souvent pour des gens qui ne devaient même pas apparaître dans le texte final.

Je couvais une peur sournoise. Je voulais *à tout prix* avoir une base démesurée pour commencer mon premier jet, comme si je me sentais incapable de me mettre au travail sans cette montagne de préparation.

Ce premier jet, je l'ai écrit rapidement. Environ 45 000 mots en six mois. Un record pour un manuscrit de cette longueur. J'ai passé quelques semaines supplémentaires à peaufiner le résultat. J'étais fier, je croyais tenir quelque chose dont les fans d'*Alégracia* raffoleraient ; cette dernière série, je l'avais développée au fur et à mesure que je l'écrivais. Quand mon personnage principal visitait une nouvelle ville, j'inventais l'histoire de cette ville *à ce moment-là*. Pour *Reconquêtes*, c'était différent. Rien n'était laissé au hasard, tout était prêt avant que j'aie tapé le premier mot.

À la fin de ma révision, j'ai imprimé une demi-douzaine de manuscrits et les ai remis à mes bêta lecteurs.

Les commentaires ont tous été les mêmes.

Ce livre était ennuyant à mourir.

Mon premier conseil très mauvais

Reconquêtes a été un désastre irrécupérable, et mon seul livre « achevé » que je n'ai jamais publié.

Je crois que c'est dû à mon acharnement à surdévelopper la trame de fond.

Tous mes bêta lecteurs avaient détesté ce livre. Et leurs commentaires se rejoignaient tous. Chacun avait abandonné sa lecture au chapitre 2 où se tenait une scène de funérailles interminable, qui s'étirait sur une dizaine de pages.

Tout le roman semblait interminable, en fait. Les détails abondaient ; étant donné que je connaissais l'histoire du pays, étant donné que j'avais écrit 50 000 mots préparatoires, je voulais en mettre plein la gueule à mes lecteurs et me sentais obligé de remplir mes pages avec nombre d'explications (inutiles) sur mon univers. C'était davantage une encyclopédie sur le Drakanitt moyen qu'un véritable roman.

Ainsi, j'ai brisé mon livre. Et aucun défibrillateur n'aurait pu le ramener à la vie. *Reconquêtes* était complexe. Pour que l'on comprenne l'action, je n'avais pas le choix d'exposer les informations que je dévoilais par pelletées au fil des pages. En arrachant ces infos qui envahissaient mon histoire comme de la mauvaise herbe, le texte devenait une sorte de squelette sans muscles ni peau.

Aujourd'hui, je réalise mon erreur. Sans cette incroyable trame de fond, j'aurais probablement écrit *Reconquêtes* à la manière d'*Alégracia* : en développant les éléments au fur et à mesure. Les personnages auraient été au centre de l'action, pas l'univers. Ça aurait donné un bon résultat.

Mais à l'époque, il était trop tard. Pour rendre *Reconquêtes* digestible, je devais l'effacer et recommencer.

Je n'en avais pas envie.

C'est pourquoi j'ai passé les trois années suivantes à écrire du roman contemporain. Plus terre à terre. Moins chiant.

N'est pas Tolkien qui veut

Il y a certains auteurs qui arrivent à composer avec des trames de fond surdéveloppées. Je pense en premier à J.R.R. Tolkien, l'écrivain derrière *Le Seigneur des Anneaux*. Il avait des étagères débordantes de documents qui racontaient comment la Terre du Milieu avait été créée, et tout ce travail lui a permis d'insuffler la vie au très riche univers de ses romans.

Pour lui, ça a fonctionné. Autant pour George R.R. Martin et Élisabeth Vonarburg.

Sauf que moi, je ne suis ni Tolkien, ni Martin, ni Vonarburg. Et je pourrais parier que c'est votre cas. (OK, Élisabeth, on se connaît, alors si c'est toi, je dois l'avouer : je suis flatté que tu aies ouvert mon guide, mais comme le dirait Pierre-Yves McSween : « En avais-tu vraiment besoin ? »)

Des auteurs débutants qui ont développé des univers épiques sur 800 pages, j'en ai rencontré un lot dans les salons du livre. Ils viennent à mon kiosque et me parlent de leurs mondes imaginaires en croyant à tort que je suis un éditeur (ils ne prennent jamais le temps de poser la question). Ils pensent qu'ils ont réinventé la roue (ce n'est jamais le cas). Ils sont convaincus qu'une trame de fond aussi élaborée garantira l'excellence de leur œuvre (ce ne sont pas les idées qui sont responsables de la qualité d'un roman, mais l'écriture, l'exécution).

Ces auteurs-là s'exposent à deux dangers :

Ils seront tentés de tout expliquer dans leur roman : Exactement comme je l'ai fait avec *Reconquêtes*, par crainte d'avoir travaillé pour rien durant la phase de recherche. Et ça donnera une histoire d'une lenteur irritante, avec un arrière-goût encyclopédique.

Ils auront une autre raison de procrastiner : Développer son univers n'est qu'un prétexte parmi d'autres pour retarder le moment « cul sur chaise » où l'on commence le premier jet. Ce moment effraie particulièrement les débutants.

Si vous voulez rigoler un peu, allez lire l'article « Novelist Has Whole Shitty World Plotted Out[4] », que l'on retrouve sur le journal satirique *The Onion* (en anglais seulement). Le texte parle d'un auteur fictif qui semble avoir surdéveloppé l'arrière-plan de Connor's Cove, un village où est campée son histoire, notamment en dessinant l'intérieur de chacun des bâtiments et en créant une fiche de personnage pour chaque résident, du maire jusqu'au commis de dépanneur.

L'article se termine ainsi :

"Connor's Cove is such a fascinating world, and there's still so much left to reveal," said the author, who, at press time, had not yet been punched in the face.

Bien sûr, il existe certains projets qui demandent naturellement beaucoup de recherche et une trame de fond étoffée. Je pense entre autres aux romans historiques qui ont l'ambition de rester fidèles à la réalité, à la science-fiction très éloignée de notre époque et, oui, à la fantasy épique.

Mais j'ai bien dit « étoffée », et non « surdéveloppée ».

Comment savoir où se trouve la limite ?

Faire le nécessaire

Le problème, c'est que le « nécessaire » n'est pas évident à déterminer à l'étape de l'idéation. Et ça demeure subjectif.

Depuis *Reconquêtes*, j'ai pris une décision : ma trame de fond ne doit jamais s'éloigner du programme principal. Si je prévoyais que mon héros voyage dans un lieu précis, je développerais ce lieu dans un document à part, mais je ne décrirais pas le voisinage. Je créerais les fiches de mes personnages principaux et secondaires, en délaissant les tertiaires (pour eux, j'utiliserais la technique de la **distribution de personnages** que vous verrez plus tard). Et si un personnage devait gagner de l'importance en cours de route, je créerais sa fiche *pendant le premier jet*.

Aujourd'hui, la majorité de ma trame de fond est développée en parallèle avec la phase d'écriture. Me concentrer sur le strict nécessaire me permet d'économiser un temps fou… et de garder le pied sur la pédale d'accélération. C'est pourquoi je suis un ardent défenseur de la **technique du cahier Canada**, que vous avez vue plus tôt. Elle m'évite un égarement dans les méandres de l'idéation. Après 32 pages, c'est fini. On passe à autre chose.

Surdévelopper ma trame de fond m'a toujours causé du tort. Ce pourrait être différent pour vous. Vous pourriez être capable de pondre 800 pages de textes préparatoires avant d'entamer votre premier jet et, en même temps, avoir la discipline requise pour éviter de bourrer votre histoire de paragraphes explicatifs sur votre univers génial. Peut-être que 50 pages auraient suffi, cependant. Peut-être auriez-vous pu, vous aussi, développer votre univers en parallèle avec votre écriture. Et l'improvisation, dans tout ça ? Plein d'auteurs comme R. J. Ellory, Stephen King et François Barcelo écrivent au pif et ça fonctionne pour eux. Pourquoi pas pour vous ?

Interprétez ce chapitre comme une mise en garde et une invitation à la réflexion.

La vraie matière, c'est le premier jet. Pas la trame de fond.

---

[4] http://www.theonion.com/article/novelist-has-whole-shitty-world-plotted-out-21193 (Site consulté le 9 mars 2018.)

À retenir

- Créer une trame de fond étoffée pour votre projet peut être nécessaire, mais pas toujours.
- Si vous travaillez avec une trame de fond étoffée, évitez de succomber à la tentation d'exposer le fruit de votre recherche dans la mouture finale de votre livre.
- Considérez la possibilité de développer la trame de fond de votre projet en parallèle avec la phase d'écriture, lorsque certains éléments demandent des précisions.
- Si vous craignez de vous emporter durant l'élaboration de votre trame de fond, utilisez la **technique du cahier Canada** et limitez-vous aux 32 pages offertes par ce type de document.
- Plusieurs auteurs travaillent sans trame de fond et s'en tirent merveilleusement bien.

CONSEILS UTILES À L'ÉTAPE DU
PLAN

TRUC 15
DÉCORTIQUER LES TÂCHES À RÉALISER

Votre idéation est complétée, il est temps d'entrer dans le concret. Vous avez erré — tant mieux. Vos idées sont étalées devant vous. La création commencera bientôt, et c'est franchement excitant.

Dansez un peu. Mais pas trop.

Vous voulez écrire un roman de 600 pages, mais dois-je vous rappeler que sur cette projection phénoménale, vous n'avez encore tapé aucun « vrai » mot. Et avant que vous puissiez écrire le premier, il vous reste d'importantes étapes à franchir comme réaliser les fiches de personnages, définir votre histoire, monter le squelette de votre narration…

Si vous êtes comme moi, vous trouverez que cette « zone plan » fait chier : c'est un mur, une nuisance qui nous empêche de nous lancer au cœur du projet et de produire du vrai matériel.

C'est une tonne de travail, surtout, à partir de laquelle émerge la diabolique procrastination.

Bûcher sur un plan est une phase longue et complexe. Et j'ai appris au fil des années qu'une tâche longue et complexe est infiniment plus réalisable si on la casse en plusieurs petits morceaux.

Que veux-je dire par « casser » une tâche ?

Admettons que vous souhaitiez redécorer le salon. Vous pourriez vous lever un matin et annoncer à votre douce moitié qu'aujourd'hui est le grand jour. L'autre vous dirait : « D'accord ? Par quoi on commence ? » À ça, vous ne sauriez quoi répondre. Ce projet est flou. Mais après réflexion, vous comprendriez que « redécorer le salon » est un ensemble d'actions que l'on peut décortiquer en plusieurs étapes comme consulter des revues déco, choisir ses couleurs, visiter des magasins d'ameublement pour trouver de l'inspiration, définir son budget, etc.

C'est pareil pour le plan. C'est une phase intimidante à première vue, mais que l'on peut aborder à petites bouchées grâce à la fragmentation.

Assoyez-vous et pensez aux étapes qui vous attendent. Que devez-vous accomplir avant de commencer votre écriture ?

(Évidemment, le reste de la partie « Conseils utiles à l'étape du plan » vous aidera dans vos préparatifs, alors ne perdez pas espoir si peu d'idées vous viennent à l'esprit.)

Ces tâches que vous avez trouvées, insérez-les dans Toodledo ou dans un logiciel similaire. N'hésitez jamais à les morceler. Par exemple, au lieu d'ajouter : « Lire tous mes ouvrages de recherche » à Toodledo, créez des tâches séparées pour chacun de vos livres. De la même manière, n'écrivez pas : « Faire un plan », mais plutôt : « Déterminer les grandes lignes de l'histoire », « Estimer le nombre de chapitres », « Planifier le chapitre 1 », « Planifier le chapitre 2 », etc.

Fragmenter votre travail vous permettra de prendre de petites bouchées chaque jour, tout en vous donnant le plaisir de biffer des tâches plus souvent dans votre logiciel. (Qui n'aime pas cocher des tâches, sérieusement ?)

Voici des exemples de ce que vous pourriez noter :

Apprivoiser Scrivener, Toodledo ou Antidote : Le début d'un projet est l'occasion idéale pour tester les fonctions d'un nouveau logiciel.

Transférer votre cahier Canada : Si vous avez utilisé la technique du cahier Canada mentionnée plus tôt, vous devrez transférer les informations qu'il contient dans votre ordinateur. Prévoyez-vous du temps pour ça.

Lire vos livres de recherche : Une tâche par livre. Et si nécessaire, une tâche pour déterminer quels livres seront au programme.

Créer vos fiches de personnages : Vous voudrez sûrement dresser le portrait des personnages qui peupleront votre histoire. Prévoyez une tâche pour établir la liste des principaux protagonistes, puis une tâche distincte pour chaque fiche à créer. (Nous en reparlerons bientôt.)

Dresser le plan : Décortiquez ce gros morceau en sous-tâches facilement digestibles. Une tâche pour estimer le nombre de chapitres, une autre pour anticiper l'action dans le premier chapitre, une autre pour le deuxième, etc.

Lorsque votre liste sera terminée, choisissez une première tâche (une seule) et complétez-la. Puis, passez à la suivante. Complétez-la. Et ainsi de suite.

Gardez l'œil sur les étapes, pas sur la montagne.

À retenir

- Une fois votre idéation complétée, déterminez les tâches que vous devrez entreprendre pour préparer l'écriture de votre premier jet.
- Entrez ces tâches dans Toodledo ou un logiciel similaire.
- Décortiquez les grandes tâches en petites tâches concrètes, facilement réalisables.
- Au moment de l'exécution, concentrez-vous sur une seule tâche à la fois. Évitez de regarder la montagne.

TRUC 16
FAIRE UN PLAN

Attention, la cote de trois étoiles que vous voyez ci-dessus ne s'applique pas à l'ensemble des projets littéraires qui existent sur Terre. Ce sont loin d'être tous les romans qui demandent un plan ni tous les écrivains qui aiment cette approche.

En fait, vous êtes-vous déjà posé la question ? Avez-vous besoin de ça, un plan ?

Ma propre opinion à ce sujet n'est pas tranchée. Je me considère comme un hybride. Quelques-uns de mes projets ont été aussi prémédités qu'un cambriolage à la *Ocean's Eleven*. Je pense entre autres à mes deux romans de science-fiction, soit *Les limbes des immortels* et *La patience des immortels*. Le premier des deux livres avait une structure narrative inhabituelle — incluant des voyages dans le temps — qui demandait une précision chirurgicale dans les préparatifs. Le deuxième se construisait autour d'un *punch* final dont l'impact devait être maximal. Planifier méticuleusement ces romans m'a évité plusieurs crises de panique durant la phase d'écriture.

Mes livres dans la série *Le silence des sept nuits* ont eux aussi été planifiés dès le début, avec plus de souplesse. Je voulais produire des *page turners* : mes plans m'ont aidé à maintenir un rythme fidèle à ce style et à orchestrer mes chutes. J'ai modifié ces plans à mi-chemin, au gré des idées qui me passaient par la tête. Ça n'a eu aucune conséquence fâcheuse.

À l'inverse, certains de mes romans ont été improvisés du début à la fin, c'est-à-dire que j'ai commencé à écrire avec une idée de base (et un cahier Canada bien rempli), et puis je me suis lancé, sans filet, dans le premier jet. Ça a notamment été le cas pour *Toi et moi, it's complicated*, *Roman-réalité* et *Bienvenue à Spamville*. Je voulais découvrir ces livres à mesure que je les écrivais, sans me conformer à un plan castrateur.

Donc, doit-on faire un plan ? Il n'y a malheureusement pas de réponses claires à cette question. Doit-on *se demander* si on doit faire un plan ? Ça, oui, absolument.

Il existe mille millions de façons de faire un plan

Comme ce guide n'est pas un atelier d'écriture, il ne vous montrera pas comment faire un plan détaillé pour un roman. Ce sujet à lui seul pourrait couvrir un livre entier — et de nombreux ouvrages le font —, alors je vais me contenter de vous présenter ma méthode personnelle.

Je veux surtout vous inviter à réfléchir à ce sujet. Faire un plan ou pas ? Plusieurs des auteurs ne jurent que par ça, alors que d'autres prétendent que les plans tuent la créativité et qu'écrire en sachant le chemin à l'avance rend insensé tout travail artistique. Vision extrême, s'il en est une.

Pour ma part, je vais aborder la chose sous l'angle du pragmatisme. (Vous deviez vous y attendre, rendu à ce point dans mon guide.)

D'abord, qu'est-ce qu'un plan ? Je dirais assez simplement que c'est la structure de l'histoire que vous allez écrire — ses grandes lignes directrices —, rédigée de façon plus ou moins précise.

(« Plus ou moins précise »... ça pourrait aussi s'appliquer à ce que je viens de vous dire.)

Le plan peut contenir une trame de fond, des fiches de personnages, une description des lieux où se déroulera l'action, des illustrations, des photos. Vraiment, ça peut être n'importe quoi. Mais il contiendra surtout un résumé de votre histoire, décortiqué en chapitres et en unités narratives.

Un plan sert surtout à tracer votre itinéraire : après avoir terminé le premier chapitre, vous n'aurez pas besoin de vous demander ce qui se passera dans le deuxième. Vous le saurez, et vous pourrez continuer le travail sans devoir vous arrêter.

Avantages et inconvénients des plans

Lorsque j'ai terminé ma phase d'idéation et que mon cahier Canada est plein (voir **Truc 13 : Remplir un cahier Canada**), je prends un moment pour déterminer si mon projet, par sa nature, demande un plan.

Comme dans bien des choses, on peut peser le pour et le contre. Personnellement, travailler avec un plan m'amène beaucoup d'avantages :

- **Un plan accélère drastiquement mon processus d'écriture :** Et c'est pourquoi j'aborde le sujet dans ce livre : travailler avec un plan me permet d'économiser du temps. Beaucoup de temps. Avec une structure solide entre les mains, je risque moins d'errer durant mon premier jet.
- **Il facilite l'écriture de romans complexes :** Si je prévois d'écrire un roman avec de nombreux fils d'intrigue, je choisis généralement de travailler avec un plan. Ça réduit le risque d'erreur.
- **Il simplifie mon travail de réécriture :** Quand les scènes de mon histoire sont préméditées, j'ai moins besoin de revenir

en arrière, durant ma réécriture, pour ajuster la cohérence entre le commencement de mon livre et sa conclusion. Dès le départ, j'ai mes chapitres finaux à l'œil.

Il me motive : Lorsque j'écris avec un plan, je sais exactement quand mon roman finira. Je suis donc capable de mesurer ma progression jour après jour. Sans cette feuille de route, j'ignore parfois quand m'arrêter ; il y a des jours où mon roman me semble interminable.

Il me permet d'écrire dans le désordre : Un éclair de génie me traverse pour une scène prévue au chapitre vingt-cinq, alors que j'en suis au cinquième ? Pas de problème : je peux bondir dans le temps et ajouter ce passage immédiatement.

Comme n'importe quoi, un plan ne vient pas qu'avec des clowns et des ballons. Cet outil s'accompagne d'inconvénients qu'il vaut mieux ne pas ignorer :

Un plan fige la structure de mes récits : Bon, pas « totalement », mais un peu. Si, durant mon premier jet, j'ai une nouvelle idée qui m'oblige à reconsidérer mon itinéraire en entier, je me retrouve devant un dilemme. Je peux ignorer cette idée (l'option paresseuse) ou l'intégrer. Sans plan, on ne se pose jamais la question.

Il s'impose devant ma folie créative : Quand j'avance au gré du vent, mes personnages font absolument ce qu'ils veulent, tout le temps. Avec un plan, ils sont libres, certes, mais je dois toujours les faire agir dans un cadre préétabli. Ça ne donne pas les mêmes résultats.

Aucun de ces inconvénients n'est insurmontable. Quand je dois dévier de mon plan initial, je dois prévoir du temps pour m'ajuster. Rien de sorcier. Parfois, ça demande quelques heures de travail. D'autres fois, je fais carrément exploser mon plan d'origine et tout doit être recommencé. Mais, eh. Ça fait partie des tâches de l'écrivain. Malgré ces phases de déconstruction/reconstruction, je sais qu'au final, mon plan m'aura fait économiser plus de temps qu'il m'en aura fait perdre.

Comment je fais mes plans

Bien que j'accepte de vous montrer ma méthode de travail, retenez qu'il ne s'agit pas d'une formule magique qui fonctionnera avec tout le monde. En premier, parce qu'elle exige l'utilisation de Scrivener, et que ce logiciel ne se retrouve pas sur tous les ordinateurs...

Avant d'entamer mon plan, je commence toujours par remplir un cahier Canada (voir **Truc 13 : Remplir un cahier Canada**) avec une pelletée d'idées pour mon intrigue, mes lieux et mes personnages. Je réfléchis quelques semaines à la structure narrative de mon roman. Dois-je l'écrire à la 1re ou à la 3e personne ? Est-ce que je souhaite raconter les évènements dans l'ordre ou dans le désordre ? Quels sont mes thèmes dominants ? Veux-je suivre le point de vue d'un seul ou de plusieurs personnages à la fois ?

J'essaie de clarifier le tout. Assez pour que je puisse résumer mon idée à quelqu'un dans un ascenseur, si on me le demandait.

Quand j'atteins ce point, j'ouvre un nouveau projet Scrivener, et dans le Classeur (la colonne de gauche), je crée une série de dossiers qui porteront le nom des grandes unités narratives de mon histoire. Ce seront mes chapitres.

Un exemple bidon :

📁 Justine se fait renvoyer de son emploi au gouvernement
📁 Justine rentre pour découvrir que sa maison est en feu

📁 Justine rencontre une enseignante d'arts martiaux au bar
📁 Justine devient une ninja
…

Après cela, j'ouvre mes dossiers et j'y insère autant de documents textes (vides) que nécessaire. Chacun doit contenir une unité d'action qui aura lieu au sein du chapitre.

📁 Justine se fait renvoyer de son emploi au gouvernement
　📄 Justine travaille sur un dossier important
　📄 Son gestionnaire lui demande de venir dans son bureau
　📄 Son gestionnaire lui annonce qu'il doit la « laisser partir »
　📄 En furie, Justine quitte les lieux
📁 Justine rentre pour découvrir que sa maison est en feu
　📄 Début du chapitre : description du feu
　📄 Justine s'avance vers le feu et pense à ses possessions
　📄 Réflexion : on apprend que Justine vivait seule
　📄 Justine tourne le dos à son ancienne vie
📁 Justine rencontre une enseignante d'arts martiaux au bar
　📄 Juste, au bar, boit une sangria
　📄 Une vieille dame vient lui parler
　📄 La vieille dame a l'air d'être très sage
　📄 La vieille dame lui révèle être une experte en arts martiaux
　📄 Justine décide de suivre la vieille dame
📁 Justine devient une ninja
…

Avec ça, j'ai déjà un bel aperçu de ce qui va se dérouler dans mon histoire.

Je peux bien sûr décrire mes unités narratives avec un niveau de précision supplémentaire. Il me suffit d'ouvrir mes documents texte et de remplir la case « Notes » avec un amalgame de détails.

Par exemple, pour le texte intitulé « Son gestionnaire lui demande de venir dans son bureau », je pourrais rédiger ceci dans les Notes :

21 novembre 2017 à 14:59
Justine entend un petit « ding ! » et réalise que son boss lui a écrit. Elle est surprise ; habituellement, il ne lui envoie jamais de courriels. Il est extrêmement poli dans son message. Ça sent mauvais. Bien montrer l'angoisse de Justine pendant qu'elle marche vers le bureau de son supérieur.

Scrivener, c'est vraiment génial pour ça. Mon plan n'est pas un document séparé de mon livre ; mon plan, *c'est* mon roman. C'est sa structure de base. Tout est intégré ensemble. Quand je suis prêt à commencer mon premier jet, j'ouvre simplement le premier document texte vide et je le remplis. Dans mon exemple, je débuterais avec le segment intitulé « Justine travaille sur un dossier important » et j'écrirais cette scène dans les détails, en montrant l'environnement de mon héroïne et en insistant sur le fait que son emploi ne la satisfait pas pleinement, et qu'un feu intérieur brûle en elle (OK, mauvais jeu de mots).

Une fois ce texte terminé, je pourrais ajouter de nouveaux commentaires dans les Notes pour me donner des pistes d'amélioration qui me seront utiles à la réécriture. Je passerais ensuite au document « Son gestionnaire lui demande de venir dans son bureau » et je reprendrais le processus.

Cette méthode respecte le principe des « petites bouchées » évoqué au chapitre précédent.

Trouver votre propre méthode pour vos plans

Comme je l'ai dit, cette approche est la mienne. Il existe de nombreuses méthodes pour dresser des plans, et je ne possède pas la vérité absolue. Chaque auteur travaille à sa manière. Pour découvrir *votre* zone de confort, il n'y a pas trente-six solutions : vous devrez faire des essais.

Plusieurs livres sur le marché s'intéressent aux plans de romans. J'aimerais bien vous en conseiller quelques-uns... sauf que je n'en ai lu aucun. Ahem. J'ai développé ma formule en discutant avec des collègues et en faisant des expérimentations. Mais ça, c'est moi.

Si vous lisez en anglais, cherchez sur des sites de librairie les termes tels que « *outline novel* » ou « *outline story* » et vous trouverez des dizaines de livres sur le sujet. Les ouvrages en français sont plus rares, malheureusement. Je suis convaincu qu'avec un peu d'efforts — ou avec l'aide de votre libraire — vous arriverez à dénicher quelques titres intéressants.

À retenir

- Avant de commencer votre projet de roman, demandez-vous si un plan serait pertinent.
- Certains auteurs ne jurent que par le plan, tandis que d'autres préfèrent sauter dans le premier jet immédiatement, sans filet. Les deux méthodes sont valables. Tout dépend de la nature du projet.
- Un plan vous permettra d'accélérer votre écriture. Il vous indiquera où vous devez aller tout au long du premier jet.
- En contrepartie, un plan pourrait freiner votre créativité en vous imposant un cadre. Assurez-vous de contrôler votre plan, et non d'être contrôlé par ce dernier.
- Il est possible de créer un plan d'écriture directement dans le classeur de Scrivener, en utilisant les dossiers comme chapitres et les documents textes comme unités narratives.

TRUC 17
REMPLIR DES FICHES DE PERSONNAGES

Je vais le dire immédiatement, je ne suis pas un grand fan des fiches de personnages. Je prends la peine d'en parler parce que, dans la préparation de roman, ça semble être un incontournable ; et ça, même si je les contourne moi-même.

J'exagère. J'en crée, des fiches… Le hic, c'est que je ne les consulte jamais une fois qu'elles sont terminées. Mes personnages changent énormément à mesure que j'écris — autant au sein de l'histoire que dans mon esprit. Si je retourne consulter une fiche au milieu de mon premier jet, j'ai de bonnes chances d'arriver devant un pur inconnu. (Certains personnages étaient des femmes dans les fiches alors que durant l'écriture, j'en ai fait des hommes ; ça n'a rien à voir avec la transsexualité.) Au lieu rectifier ces documents pour qu'ils concordent avec les nouvelles moutures des protagonistes, je reviens à l'écriture immédiatement. Que voulez-vous… Modifier mon plan rétroactivement pour le réaligner au produit fini, je trouve ça con.

Pour donner vie à mes personnages, je préfère des méthodes plus ludiques comme les **montages photo** ou les **distributions de personnages**, qu'on verra plus tard dans cette partie.

Ah ! Ces fiches.

Si elles me sont peu utiles en cours d'écriture, j'admets qu'elles me permettent de mieux définir mes personnages *avant* de commencer mon livre. Ça fait partie du processus d'idéation, de recherche. J'y investis peu de temps, contrairement à d'autres qui vont développer ces fiches pour qu'elles soient aussi longues que le manuscrit de *On the Road*.

(Et qu'on me comprenne bien. Je ne dis pas que les fiches, c'est mal. Bien des auteurs en ont besoin. Je n'en fais pas une religion, voilà tout.)

Le niveau de détail dans une fiche de personnage

Quand je prends la peine de créer des fiches pour mes personnages, j'y vais avec une solution minimaliste que j'ai tirée du livre *2 000 to 10 000 : Writing Faster, Writing Better, and Writing More of What You Love*, de Rachel Aaron.

Rachel n'aime pas non plus les fiches de personnages, elle trouve que c'est un bouffe-temps inutile. Dans son guide bien intéressant (quoique tout aussi décourageant, sachant que je n'arriverai jamais à écrire DIX MILLE PUTAINS DE MOTS PAR JOUR), elle suggère de répondre à une demi-douzaine de questions dans ces fiches et de s'en tenir à ça.

J'ai essayé son modèle et il convient à mes besoins. Je l'ai adapté un tantinet.

En gros, ses fiches ne sont pas centrées sur les personnages en tant que tels, mais davantage sur les *rapports entre le personnage et l'histoire*. Ça permet d'aller chercher un niveau de concision intéressant.

Voici donc ce que j'inclus dans les miennes :

Nom : C'est la base.

Âge : Ça aussi, c'est un élément assez pertinent.

Description physique : Je me limite à l'essentiel comme la taille, le poids, la couleur des cheveux, le style vestimentaire et les éléments visuels particuliers qu'un témoin mentionnerait sur une scène de crime (tatouage, grain de beauté au visage, piercing dans le nez, etc.).

Aime : Vers quoi le personnage ressentira un magnétisme irrésistible.

Déteste : Principales sources de dégoût qui provoqueront des réactions instantanées.

Désire plus que tout : Probablement le point le plus important de la fiche. On se l'est fait dire souvent : les personnages les plus attachants sont ceux qui ont un désir à combler et qui ont la volonté d'arriver à leurs fins.

Sait/croit : Informations dont dispose le personnage pour mener à bien sa quête.

Ignore : Informations dont *devrait* disposer le personnage pour éviter qu'il commette d'incroyables bêtises.

Autres renseignements : Fourre-tout et aide-mémoire. Normalement, je laisse cette partie vide avant de commencer mon roman. J'y ajoute des éléments à mesure que j'écris.

Avant d'adopter ce modèle, je rédigeais des fiches très élaborées comprenant 150 questions à répondre (taille, poids, teint, qualités, défauts, mets préférés, scolarité, pointure de chaussure, etc.). Ça m'apportait rarement quelque chose d'utile plus tard.

C'était juste une autre façon de procrastiner.

Comme je l'ai dit au début du chapitre, mes personnages ont tendance à se transformer fondamentalement au fur et à mesure que j'écris. De remplir une fiche de personnage comportant 2 000 mots me servirait à quoi ? Ces informations deviendraient désuètes après 50 pages.

Je me limite donc à l'essentiel. Et je m'arrange pour commencer le premier jet le plus tôt possible.

À quels personnages offre-t-on des fiches ?

En général, je crée des fiches complètes pour les personnages principaux et secondaires. Leur contenu diffère : moins l'individu est important, moins j'investis de temps là-dedans.

Les fiches de mes personnages secondaires sont très succinctes. J'insère quelques mots dans chaque case d'attribut pour donner le ton, et voilà.

Quant aux personnages tertiaires (ceux qui ont une poignée de répliques dans le livre), je crée des fiches vides à 95 % — je n'y inclus qu'un nom et une photo. Ces documents sont des réceptacles : si jamais je mentionnais au premier jet que tel personnage avait les yeux bleus, j'irai consigner l'information dans sa fiche pour m'assurer de rester cohérent. C'est tout.

Mais jamais, ô grand jamais, je ne vais décrire un personnage tertiaire en profondeur *avant* de commencer mon écriture.

À la fin du plan, je me retrouve avec 10, 15, 20 ou 30 fiches de personnages. Seulement la moitié d'entre elles sont complétées en entier.

À l'époque où je travaillais avec Word, je rangeais ces fiches dans un dossier séparé, à côté de mon fichier de roman. Je créais un document Word distinct pour chaque personnage. Ça m'obligeait à sortir de ma fenêtre d'écriture si je voulais les consulter.

Avec Scrivener, c'est plus simple : tous mes documents préparatoires sont organisés dans mon dossier de recherche *à l'intérieur* du logiciel. Quand j'ai besoin de voir une fiche, je n'ai qu'à faire défiler le contenu de mon Classeur.

Se barricader entre les quatre murs de son traitement de texte, c'est la meilleure façon d'éviter de se retrouver sur Facebook par mégarde.

À retenir

- Avant d'investir des heures dans la création de fiches de personnages, demandez-vous si ces documents vous seront réellement utiles durant le premier jet.
- La création de fiches de personnages excessivement détaillées peut être une forme de procrastination sous déguisement.
- Évitez de créer des fiches très élaborées pour les personnages qu'on verra peu dans votre histoire.
- Si vous ne deviez inclure qu'une seule information dans vos fiches de personnages, ce serait la réponse à cette question : « Que désire ce personnage plus que tout ? »

TRUC 18
FAIRE DES MONTAGES PHOTO

Pour insuffler la vie à mes personnages, il arrive que j'utilise une technique créative basée sur le visuel, en parallèle avec les fameuses fiches. Je l'ai apprise dans mes cours de design de sites Web (vous ne vous attendiez pas à ça, hein ?).

Durant ces cours, on devait concevoir une boutique en ligne offrant des sandales « biologiques » avec des semelles en liège, issues du marché équitable. Il fallait s'imaginer à qui on s'adressait. Le client type était-il un richissime banquier new-yorkais à la recherche des dernières tendances ? Ou plutôt un gars de 25 ans de style hippie qui écoutait du Jason Mraz à profusion ? (Réponse : c'était le fan de Jason Mraz.)

Pour nous aider à mieux visualiser cet individu, on a ratissé Google Images et on a déniché une photo qui représentait notre sujet à merveille (rastas inclus). On l'a insérée dans un document Photoshop vierge. On a ensuite placé, autour de sa tête, des dizaines d'images correspondant aux activités, aux objets et à la nourriture qu'il aimait. Ce collage tentait de répondre à des questions telles que :

- Dans quel restaurant ce monsieur préfère-t-il aller ?
- Quel ordinateur utilise-t-il ?
- À quoi ressemblent ses vêtements ?

- Où habite-t-il ?
- Etc.

On ajoutait des photos jusqu'à ce qu'une feuille de format lettre soit bien remplie. Ça donnait un montage assez compact.

Cet amalgame d'images me permettait de mieux connaître ce client imaginaire. La magie des associations faisait effet : il suffisait d'observer le collage pendant une minute, et je devinais aussitôt à quelle heure ce cher hippie sortait du lit, à quel genre de filles il s'intéressait et avec quelles sandales il souhaiterait marcher (pourtant, aucune des photos ne révélait directement ces informations).

Le montage m'a servi de guide. Il m'a permis de créer un site Web à l'image de cet individu — donc de la clientèle cible.

J'ai trouvé la technique si efficace que je l'ai adaptée pour l'écriture romanesque.

Les montages photo

La technique est simple, mais demande quand même une demi-journée de travail. (Le temps investi en vaut le coup, sinon je ne vous en parlerais pas.)

D'abord, je choisis un personnage principal de mon histoire qui demande à être enrichi. J'essaie de me l'imaginer physiquement. Est-il grand ou petit ? Quelle est sa couleur de cheveux ? A-t-il l'air d'un abruti ou d'un professeur d'université ? Quand ma pensée se clarifie, je navigue sur des sites d'images comme Flickr ou Google Images et je cherche la photo d'un individu qui lui ressemblerait. J'attends d'obtenir entière satisfaction, même si je dois passer à travers 100 photos. Je *dois* reconnaître mon personnage dans l'image choisie.

Avec un logiciel comme Photoshop, j'ouvre un document vierge au format lettre et j'insère cette photo droit au milieu.

Je retourne ensuite sur les sites d'images et je sélectionne une vingtaine de nouvelles photos que je disposerai autour de mon sujet. Elles peuvent représenter :

- ses mets favoris ;
- ses activités ;
- des membres de sa famille ;
- les lieux qu'il préfère ou voudrait visiter ;
- etc.

Ça fonctionne comme lorsque je créais des clients imaginaires pour mes sites Web. Je mets de la viande autour de l'os, j'ajoute des détails qui feraient sortir mon personnage de la masse. Je crée des associations. Je le rends unique.

Les images peuvent être concrètes ou abstraites. Pour un de mes personnages, j'ai déjà placé une illustration de labyrinthe pour représenter un sentiment d'égarement. On peut déposer n'importe quoi là-dedans, tant que ça parle.

Le simple fait de chercher un lot d'images appropriées m'oblige à réfléchir à mon protagoniste. Si je voulais insérer une photo de voiture, laquelle choisirais-je ? Mon personnage s'intéresse-t-il aux bagnoles, pour commencer ? Préfère-t-il les chiens ou les chats ? A-t-il des amis âgés de plus de soixante ans ?

Après avoir arrêté mes choix, je dispose mes images dans le document Photoshop en considérant :

- la grosseur (l'importance) des photos ;
- la proximité des images avec celle du personnage ;
- la juxtaposition des photos (leur relation entre elles).

Comme touche finale, j'écris le nom du personnage quelque part. Encore une fois, je tiens compte de :

- la taille du texte ;
- sa position ;
- la police de caractère utilisée (Comic Sans ne donnera pas le même effet que Helvetica).

Quand c'est terminé, j'imprime le montage et le colle sur le mur près de mon écran d'ordinateur. Je m'arrange pour le voir chaque jour.

Avec le temps, cette mosaïque finit par me parler. Des liens supplémentaires se tissent entre les éléments ; ces associations me fournissent des informations surprenantes, autant sur le protagoniste que sur son environnement. Plus tard durant l'écriture, quand je m'arrêterai pour me questionner sur mon personnage, ce montage me soufflera des réponses. Ça s'apparentera à de la triche. Jamais une fiche traditionnelle n'aura cet effet.

Exemple de disposition pour un montage photo

J'aurais bien aimé vous montrer les montages photo que j'ai réalisés pour les personnages de *Roman-réalité* et de *Bienvenue à Spamville*, mais pour des raisons de droits d'auteur, c'est impossible. Les diffuser à l'intérieur de ce livre m'obligerait à payer les photographes qui les ont produites, et je n'ai aucune façon de retrouver ces professionnels pour leur tendre un chèque.

Au lieu de ça, dans le schéma ci-dessous, imaginez que les espaces blancs sont des images se rapportant à une certaine « Julie ».

Ça vous donne un aperçu du montage qu'on peut réaliser sur une feuille au format lettre.

Vous n'avez pas Photoshop ?

Ne vous en faites pas.

Il existe de nombreuses applications en ligne qui vous permettent de créer des mosaïques de photo similaires. La plupart sont gratuites (et surtout plus faciles à utiliser que Photoshop), mais offrent des fonctionnalités limitées.

Une de mes applications favorites est Pixlr, que vous trouverez au http://pixlr.com/express/. Sur le site, choisissez « Collage ». Au bas de l'écran suivant, cliquez sur le bouton « Layout » et sélectionnez une grille 5 x 5. Ajoutez vos photos dans les cases en commençant par celle de votre personnage, au milieu. Le processus sera beaucoup plus rapide qu'avec Photoshop, cependant vous n'aurez aucun contrôle sur la grosseur des images.

Comme on dit en bon français, « ça fait la job ».

Si vous n'êtes pas à l'aise avec l'informatique, vous pouvez sortir vos ciseaux et votre bâton de colle. Vos magazines n'auront qu'à bien se tenir.

À retenir

- Les montages photo peuvent vous aider à construire vos personnages, parfois mieux que le feraient des fiches traditionnelles.
- Pour commencer votre montage, trouvez la photo d'un individu qui ressemble à votre personnage et placez-la au centre d'un document Photoshop vierge.
- Autour de votre personnage, disposez des photos représentant ses possessions, ses intérêts, ses amis, etc.
- Ajoutez le nom de votre personnage quelque part.
- Imprimez le montage et collez-le au mur, près de votre écran.
- Concentrez-vous sur ce montage aussi souvent que nécessaire. Il vous inspirera et apportera des réponses à vos questions durant le premier jet.

TRUC 19
PASSER SES PERSONNAGES EN ENTREVUE

Ce truc va peut-être sembler ésotérique pour les plus terre-à-terre d'entre vous. Quand je dis : « Passer ses personnages en entrevue », ça veut dire ça. S'imaginer que vous êtes devant les protagonistes de votre futur roman et qu'ils espèrent obtenir le « poste », c'est-à-dire avoir une place dans votre histoire.

Vous, vous êtes l'auteur. Vous voulez seulement engager les meilleurs personnages, les plus riches, ceux qui susciteront des émotions chez les lecteurs et qui pousseront votre intrigue vers l'avant. C'est capital, ce sont les personnages qui *font* le récit. Si vous accueillez un seul protagoniste insipide, tout risque de s'écrouler. Il n'en faut pas beaucoup pour qu'un livre glisse d'entre les doigts d'un lecteur. Assurez-vous d'avoir une équipe du tonnerre.

Je vous invite à faire l'exercice. Choisissez un de vos personnages et imaginez que vous êtes assis en face. Interrogez cet individu comme si vous étiez le gardien de votre histoire, un être impitoyable déterminé à n'admettre, sur votre territoire, que la crème de la crème. Et par là, je ne parle pas des plus talentueux ou des prodiges de l'épée. Non, je parle des meilleurs *pour votre récit*.

Vous avez la liberté de mener cette entrevue dans votre imagination ou de la coucher sur papier. Dans les deux cas, essayer d'aller chercher la véritable voix de votre personnage pour formuler des réponses.

L'entrevue se passera généralement de trois façons différentes :

Votre personnage vous en mettra plein la vue : Dans le monde de l'emploi, il arrive que les employeurs se retrouvent devant une superstar et qu'ils soient charmés dès les premiers échanges. Ça vous arrivera peut-être. Si votre personnage est bien défini, coloré et outillé pour faire avancer l'histoire, ce sera dans la poche.

Votre personnage se définira durant l'entrevue : Si ce protagoniste est encore flou, il est possible que vos questions facilitent son éclosion. Notez vos découvertes dans votre fiche de personnage.

Votre personnage n'aura aucun potentiel : Cette entrevue peut mener à un triste constat : ce personnage est faible et sans intérêt. Dans ce cas, pas de pitié. Passez-le à la déchiqueteuse.

C'est trop bizarre pour vous ? Vous voulez un exemple ? Allons-y.

Imaginons que vous écriviez un roman de suspense et que vous vouliez inclure un personnage, un secondaire dénommé Sébastein, le meilleur ami d'une jeune femme d'affaires dont le mari vient d'être kidnappé.

Vous : Salut Sébastein. Merci d'être venu. Assoyez-vous.
Sébastein : Merci.
Vous : D'abord, on va régler quelque chose. Tu t'appelles « Sébastein ». Euh… C'est une faute de frappe ?

Sébastein : Non. Mon père est d'origine allemande, et il tenait vraiment à ce que son fils ait la couleur du pays dans son nom. Incroyable, hein ? Ça se prononce « Séba-ch-taînne ». Comme Frankenstein.

Vous : T'as pas peur que les lecteurs voient ça comme une faute de frappe ?

Sébastein : Eh bien, pas s'ils voient le nom tout le temps écrit comme ça.

Vous : Ça m'inquiète pareil. Ça me semble un détail inutile. Je change ton nom.

Sébastien : Good pour moi.

Vous : Donc, *Sébastien*, t'es le meilleur ami de Marie, qui vient de perdre son mari.

Sébastien : Ha ! Ha !

Vous : Qu'est-ce qu'il y a de drôle ?

Sébastien : « Marie » qui perd son « mari ».

Vous : Ça t'inquiète pas que ta meilleure amie sache pas si son époux est toujours en vie ? Ça fait deux semaines qu'elle a pas eu de nouvelles de lui.

Sébastien : Bien sûr que ça me rend triste. Comprends-moi, mec. Ça fait, quoi, cinq ans que j'ai Marie dans l'œil sans que je puisse rien faire ? C'est une femme mariée !

Vous : Donc, tu veux en profiter pour lui sauter dessus durant son drame ? Tu trouves pas ça un peu cliché ?

Sébastien : Je dirais pas que je veux lui sauter dessus. Sauf que c'est ma chance. Ma seule. Comprends-tu c'est quoi, le « désir » ? C'est pas comme si j'étais en total contrôle de mes émotions. Son époux n'est plus dans le décor, ça fait mon affaire. Oui, ça me rend triste que Marie soit atterrée. Je suis pas un animal, c'est ma meilleure amie. Mais si quelqu'un est bien placé pour la consoler, c'est moi. Et je vais le faire.

Vous : OK, OK... Pas besoin de te fâcher. T'es intéressant, Sébastien, je vais sûrement t'engager, mais je veux juste pas que tu sois cliché. Comment on pourrait s'arranger pour que tu sortes des normes ?

L'entrevue continuerait sur cette lancée. Vous pourriez demander à Sébastien s'il croit en la possibilité d'une amitié platonique entre un homme et une femme et si Marie est sur la même longueur d'onde que lui. Vous pourriez aussi lui demander comment il réagirait si l'époux de Marie resurgissait. Se retrancherait-il gentiment ou s'arrangerait-il pour faire disparaître ce compétiteur à nouveau ? (Méfiez-vous : Sébastien est peut-être à l'origine du premier kidnapping.)

Au terme de cette rencontre, évaluez la pertinence de ce personnage. Rendra-t-il l'histoire trop clichée ? Aidera-t-il à faire avancer le récit ? Suscitera-t-il des émotions fortes chez le lecteur ?

N'acceptez aucun compromis. Les candidats ne manquent pas.

Exemples de questions à poser à ses personnages

Je vous donne ici des exemples de questions que vous pourriez poser à vos personnages. Ne vous limitez pas à cette liste : assurez-vous de suivre le fil de la discussion comme s'il s'agissait d'une entrevue réelle.

Qu'est-ce que tu *veux*? : Les meilleurs personnages font bouger l'histoire. Et pour qu'un personnage pousse l'intrigue, il doit avoir des désirs. Assurez-vous que vos protagonistes VEULENT quelque chose. Je mets ce mot en majuscule. Je ne me souviens plus du nombre de fois où j'ai lu des manuscrits d'apprentis auteurs où les personnages principaux n'avaient aucun désir (et cette absence de désir n'était en aucun cas le thème du livre). Un roman rempli de poteaux de clôture, c'est un roman plate.

Comment vas-tu aider le héros du livre ? Comment vas-tu lui nuire ? : Si vous avez décidé que votre personnage sera un adjuvant ou un opposant, il pourrait être utile de préciser ses plans.

***Pourquoi* veux-tu aider ou nuire ?** : C'est bien beau le « comment », mais encore faut-il savoir le « pourquoi ». À clarifier, sinon vos personnages auront l'air d'agir au gré du hasard.

As-tu un secret ? : Les gens en ont tous. Surtout les personnages de roman. Si votre protagoniste vous répond qu'il n'a aucun secret, c'est probablement parce qu'il vous cache quelque chose d'IMMENSE. Arrangez-vous pour lui faire cracher le morceau.

Quelles sont tes plus grandes faiblesses ? : C'est facile de trouver les qualités de nos personnages. Pourtant, leurs traits les plus intéressants sont souvent leurs faiblesses. Posez la question et observez les réactions. Votre protagoniste vous dira-t-il la vérité ? Vous mentira-t-il ?

Dans l'histoire qui s'amène, qu'est-ce que tu sais ? Qu'est-ce que tu ignores ? : Sous-entendez que votre personnage a lu votre plan et vos documents préparatoires, et qu'il peut les commenter.

Autres questions en vrac :

- T'es-tu déjà cassé un os ?
- Comment t'exprimerais-tu devant le premier ministre ?
- As-tu peur de la mort ?
- As-tu déjà commis des actes racistes ?
- Aimerais-tu vomir en apesanteur ?

Posez n'importe quoi, sans gêne. Le but est de faire ressurgir la personnalité du protagoniste et de trouver sa place au sein de l'histoire.

Si ce personnage n'est pas qualifié, bien sûr, vous pouvez conclure l'entrevue avec un bon vieux : « Ne nous rappelez pas. *On* va vous rappeler. »

À retenir

- Pour évaluer la pertinence de vos personnages, passez-les en entrevue comme si vous leur offriez un emploi dans votre histoire.
- Vous pouvez réaliser cette entrevue dans votre imagination ou sur papier.
- N'hésitez jamais à poser des questions qui mettront vos personnages dans l'embarras.
- Vos protagonistes se définiront davantage durant ces entrevues. Notez vos découvertes.
- À la suite de vos entrevues, éliminez ou remplacez les personnages inadéquats.

TRUC 20
CRÉER UNE DISTRIBUTION POUR LES PERSONNAGES

Ce truc est un raccourci intellectuel. Ça sonne délinquant, je sais. « Raccourci intellectuel »… Tant pis. C'est l'une des astuces les plus utiles que je connaisse, alors je vais vous la donner. Vous en ferez ce que vous en voudrez.

Au début de mon premier jet, je me bute toujours au même problème : mes protagonistes sentent l'usine. Leur personnalité n'est pas développée, ils sont comme des figurines grises qu'on n'a pas encore peintes. J'ai déterminé sur papier la manière dont ils *doivent* s'exprimer, mais quand je les insère dans une situation concrète, j'ignore quels mots leur mettre en bouche, et au final, ils parlent comme des présentateurs de nouvelles avec un français « standard », et ça, peu importe le nombre d'heures que j'investis dans leurs satanées fiches.

C'est le syndrome du bonhomme en carton. Je le subis à chaque projet. Et ça m'énerve.

Naturellement, ce problème disparaît à mesure que j'avance dans le récit : je côtoie mes personnages chaque jour, j'apprends à les connaître, et au bout de quelques semaines, je finis même par les considérer comme de « vieux chums ». Alors là, leurs répliques me viennent spontanément.

Mais quand même…

Cette façon — très progressive — d'apprivoiser mes personnages laisse une traînée de cendres derrière elle. À cause de ça, mes débuts de livres sont toujours des gâchis : je dois revenir en arrière, tôt ou tard, pour améliorer ces foutus dialogues sans couleur.

Je me suis longtemps demandé s'il n'existait pas un truc pour m'éviter cette corvée.

Établir une distribution

Désormais, afin que mes personnages aient une saveur unique dès le commencement, je les associe à des « acteurs », soit des figures fortes dont les comportements s'apparenteraient à celui de mes protagonistes. Prenons un nouveau personnage — appelons-le Hubert Delacroix — qui serait un policier dans un roman noir. Je pourrais dire qu'il agirait comme mon ancien professeur de mathématiques au secondaire, un homme échevelé, mal rasé, dans la cinquantaine, du genre à se présenter à l'école avec une flasque de rhum dans la poche de son veston. Mon policier *ne serait pas* ce professeur, évidemment, mais il pourrait réagir et, surtout, parler comme lui. Avec cette référence, aucune chance qu'il n'ait le syndrome du « présentateur de nouvelles ».

C'est un raccourci, comme je l'ai dit. Hubert Delacroix développerait éventuellement son propre caractère, et je n'aurai plus besoin de ramener le souvenir de mon ancien prof pour le mettre en scène.

Le lecteur, lui, n'y verrait que du feu. Rien ne m'obligerait à mentionner que je me suis inspiré d'une personne réelle pour animer Hubert. Ce serait mon petit secret — et dans l'exemple ci-dessus, mieux vaudrait que ça le reste.

Mais nul besoin de se limiter aux humains qu'on connaît : pour cette stratégie, on peut très bien recourir aux vedettes ou à d'autres personnages fictifs.

Dans mes projets littéraires, je choisis parfois des acteurs d'Hollywood et je leur confie des rôles dans mon roman. Si, par exemple, je disais que Hubert Delacroix était joué par Harrison Ford, ça ne donnerait pas le même résultat qu'avec Nicolas Cage. (Il froncerait moins les sourcils, en tout cas.)

Quand je prends un acteur, je lui associe aussi un film. Mon personnage serait joué par « Harrison Ford dans Star Wars », ou bien « Harrison Ford dans Cowboys & Aliens ». Pas la même chose.

Tout est permis.

Dans ma série *Le silence des sept nuits*, un de mes personnages, Saya Castel, était une magicienne peu bavarde, disciplinée et avec un grand sens du sacrifice. Je trouvais que Yuna dans *Final Fantasy X* était son modèle idéal. C'est un jeu vidéo… Mais quelle importance ? Baser son comportement sur celui de Yuna m'a aidé énormément. Au début du manuscrit, son caractère était calqué à 100 % sur celui de Yuna. Puis, c'est descendu à 90 %. Et à un certain moment, les réponses de Saya tranchaient totalement avec celles de Yuna. Un fossé s'est créé. Et en relisant mon histoire à la phase de réécriture, j'ai pu ajuster les premières répliques pour les frapper du sceau de Saya, m'éloignant encore davantage de ma référence originale. (C'était beaucoup plus facile de transformer une Yuna en Saya que d'avoir un personnage en carton comme base de travail.)

Aujourd'hui, je n'ai plus besoin de penser à Yuna pour faire réagir Saya. Elle est devenue indépendante, et c'est presque toujours ce qui arrive lorsque j'utilise ce truc. Ça donne une poussée pour démarrer. Le personnage finit par avancer seul, sans se faire tenir la main.

À retenir

- Pour vous aider à donner de la couleur à vos personnages, au début de vos projets, associez-les à des gens que vous connaissez et faites-les agir comme eux.
- Vous pouvez aussi imaginer que des vedettes incarnent vos personnages.
- Au bout d'un temps, vos personnages deviendront autonomes et s'affranchiront de leurs référents.

CONSEILS UTILES À L'ÉTAPE DU
PREMIER JET

TRUC 21
SE RÉSERVER DU TEMPS D'ÉCRITURE

Ce truc est particulièrement important pour les auteurs avec un horaire chargé, notamment ceux qui traversent leurs semaines avec des gants de boxe pour éviter de se faire piétiner par le boulot, les repas, l'aspirateur, la famille et les enfants.

Je ne vous apprendrai rien : quand on passe ses journées à jongler avec les aléas de la vie, avoir du temps d'écriture relève du miracle.

« J'écrirai pendant mes vacances ! », que certains diraient, tandis que d'autres attendent ce fameux « moment parfait » pour ouvrir leur portable et ajouter quelques mots à leur roman.

On ne se contera aucun mensonge : ces stratégies ne marchent jamais. La vie finit toujours par nous rattraper. Les vacances sont déjà *bookées* à 100 % et les moments parfaits n'arrivent jamais (c'est comme ça).

Pour obtenir du temps de création, la clé, c'est la proactivité. Prendre son agenda par les cornes, dégainer un stylo et poignarder la bête avec. Et surtout, *surtout*, s'arranger pour que l'écriture ait préséance sur tout le reste.

Trouver du temps

Malheureusement, ce présent guide vous enseignera peu de stratégies pour trouver du temps d'écriture additionnel. Il parle plutôt « d'optimiser le temps d'écriture qu'on a déjà ». Pour acquérir des minutes flambant neuves, on peut se tourner vers de nombreux ouvrages déjà publiés sur la gestion du temps (sans que ceux-ci traitent nécessairement de création littéraire).

Un de mes livres favoris sur le sujet s'intitule *168 Hours: You Have More Time Than You Think*, de Laura Vanderkam. Achetez-le, lisez-le. Ce sera un très bon investissement pour votre carrière d'écrivain.

Ce livre s'attaque à une croyance populaire disant que nos journées sont remplies à 110 %, qu'il est impossible d'y ajouter quelconque activité et qu'on se trouve à deux doigts d'un burn-out, en permanence. La réalité peut différer de cette perception : si on prend la peine de mesurer au compte-gouttes le poids de nos habitudes — bonnes ou mauvaises —, on constate souvent qu'on a amplement de temps libre éparpillé dans les 168 heures de nos semaines, et que ce temps libre, on le flambe comme des imbéciles sans même le réaliser. La solution ? Une réorganisation musclée (et quelques petits sacrifices).

Un autre bon ouvrage sur le sujet est *Les 7 habitudes de ceux qui réalisent tout ce qu'ils entreprennent*, de Stephen R. Covey. Là-dedans, l'auteur nous propose de classer nos activités quotidiennes dans un tableau comportant 4 quadrants :

	Urgent	Non urgent
Important	1	2
Non important	3	4

- Quadrant 1 : les activités **importantes** et **urgentes**
- Quadrant 2 : les activités **importantes** et **non urgentes**
- Quadrant 3 : les activités **non importantes** et **urgentes**
- Quadrant 4 : les activités **non importantes** et **non urgentes**

Écrire un roman est sans contredit une activité du quadrant 2 (importante et non urgente). Malheureusement, les activités de ce quadrant sont souvent supplantées par celles des quadrants 1 et 3 — de là notre impression constante « qu'on n'a jamais de temps pour écrire ».

Covey soutient que notre quotidien devrait être rempli d'activités s'insérant dans le quadrant 2. Parce qu'en négligeant ces dernières, elles deviennent urgentes (quadrant 1) et se transforment en source de stress, ou bien elles disparaissent au profit des activités non importantes (que l'on devrait éliminer de notre vie autant que possible).

Il faut mettre ses priorités à l'agenda, et non prioriser son agenda.

Et vous, à quoi ressemble votre situation ? Les quadrants 3 et 4 engorgent-ils vos journées ? À quelles activités accordez-vous une proportion démesurée de votre temps ? Sont-elles importantes ? Y aurait-il moyen d'abandonner certains poids morts au profit d'occupations plus enrichissantes comme l'écriture ?

Autant Vanderkam que Covey racontent l'histoire du « pot de roches » pour montrer qu'il est toujours possible de trouver du temps supplémentaire dans sa semaine si l'on déploie son esprit d'analyse.

Je vais vous la redire ici — même si vous l'avez déjà entendue des dizaines de fois.

Un beau matin, un prof montre un pot en verre plein de grosses roches à ses élèves et leur dit : « Heille, ma gang de mômes, est-ce que ce pot est plein ? »

Les élèves répondent : « Oui, évidemment, cher prof. Ce pot est *fucking* plein. »

(Pardonnez leur langage. Ces élèves ont 14 ans.)

Alors, le prof prend un verre de petites roches et le verse dans le pot. Les minuscules cailloux se glissent entre les grosses roches, remplissant l'espace libre.

« Maintenant, c'est plein ? » demande le prof.

« Ben oui, *man* ! »

Peu impressionné, le prof verse un verre de sable dans le grand pot. Il le secoue légèrement : le sable descend jusqu'au fond.

« Et maintenant ? »

« Yo, le vieux, c'est tellement trop plein ! »

Le professeur, tout sourire, vide un grand verre d'eau dans son pot. Rien ne déborde. Insultés, les élèves font une émeute et incendient l'école. Fin de l'histoire.

Réservez des plages horaires pour l'écrivain

Tôt ou tard, il vous faudra dégainer votre katana et décapiter vos activités non importantes. À ce moment, soyez sans pitié. Il faudra que ça saigne.

Quand vous aurez dégagé assez de temps libre pour satisfaire l'auteur en vous, considérez trois choses.

Premièrement, offrez-vous des plages d'écriture fixes et récurrentes. Par exemple, les lundis et mercredis, de 19 h à 22 h. Ces moments devraient être sacrés pour vous et votre famille : pas question qu'un de vos gamins vienne vous déranger durant ces périodes. Parlez-en à votre douce moitié et arrangez-vous pour qu'elle s'occupe des enfants (en échange, préparez-lui un souper romantique aux chandelles le lendemain).

Deuxièmement, assurez-vous de ne pas manquer ce rendez-vous d'écriture. Ça pourrait facilement vous sortir de la tête si quelque chose d'important (en apparence) se pointait à la dernière minute. Vous voulez devenir auteur ? Ayez de l'engagement. Ce ne sera pas facile. L'appel du monde extérieur se fera insistant : juste avant votre séance, vous croirez — probablement à tort — qu'il vaudrait mieux faire le ménage, que vous devriez sortir dans les bars avec vos amis, ou que vous exclure de la société, en vous enfermant avec des personnages imaginaires, est irresponsable et indigne de vous. La vie est une série de choix. Vous désirez *écrire plus*, c'est pourquoi vous avez acheté ce livre. Souvenez-vous-en.

Troisièmement, pour rester fidèle à vos rendez-vous d'écriture, programmez-vous une alerte sonore sur votre téléphone. Ça ne peut pas nuire.

À retenir

- Si vous avez un horaire chargé, entreprenez les démarches nécessaires pour trouver du temps libre et vous réserver des moments d'écriture.
- Les livres sur la gestion du temps peuvent vous aider à réorganiser votre horaire. Deux bons ouvrages sur la question sont *168 Hours: You Have More Time Than You Think* de Laura Vanderkam et *Les 7 habitudes de ceux qui réalisent tout ce qu'ils entreprennent* de Stephen R. Covey. Il en existe bien d'autres.
- Une fois que vous aurez trouvé du temps, ouvrez votre agenda et réservez des plages horaires pour l'écriture.
- Ces périodes devraient être sacrées pour vous et votre famille : personne ne devrait venir vous déranger durant ce temps. Discutez-en avec vos proches et cherchez des solutions si des conflits surgissent.

TRUC 22
ÉCRIRE CHAQUE JOUR

Saviez-vous qu'une voiture brûle beaucoup plus d'essence en ville que sur l'autoroute ? Vous connaissez le principe : à chaque feu rouge, à chaque panneau d'arrêt, le véhicule s'immobilise et repart. Ces accélérations répétées à partir de la vitesse zéro demandent énormément d'énergie (donc de carburant) au moteur, qui doit, chaque fois, combattre l'inertie des kilos de carrosserie.

Sur l'autoroute, la même voiture va consommer à moitié moins d'essence sur une distance équivalente. L'avantage de continuer sur une lancée à 100 km/h.

La création littéraire, ça fonctionne de la même manière. On écrit mieux et plus rapidement si on parvient à maintenir une vitesse de croisière — c'est-à-dire en donnant rendez-vous à son clavier chaque jour, sans exception.

Prendre des journées de pause, c'est comme écraser la pédale de frein devant un feu de circulation.

Écrire chaque jour, peu importe le nombre de mots

J'essaie de m'asseoir à mon bureau d'écriture chaque matin. Week-end inclus.

Si je délaisse mon texte ne serait-ce qu'une journée, j'ai du mal à m'y replonger le lendemain. C'est toujours la même rengaine : je m'installe devant mon ordinateur, j'ouvre Scrivener, je relis une demi-douzaine de pages pour me remettre en contexte, j'erre pendant plusieurs minutes et, quand j'arrive *enfin* à me lancer, je tape des paragraphes qui s'accordent mal avec les précédents (et le résultat risque d'aboutir au dépotoir à la réécriture).

Côté productivité, j'ai vu mieux.

Si, à l'inverse, j'écris quotidiennement sans interruption, ces problèmes s'envolent. Mon histoire demeure fraîche dans mon esprit. Après mon premier café, j'enchaîne naturellement avec le travail accompli la veille, et me voilà parti. Pas de recommencement, pas de remise en contexte, pas d'errance. Je reste dans la zone et j'avance comme une voiture sur l'autoroute.

La bonne nouvelle pour vous, c'est qu'écrire chaque jour est un objectif à portée de main.

Je ne dis pas : « écrire trois heures chaque jour », mais bien : « écrire chaque jour ». Un paragraphe pourrait suffire. Ou une ligne. Tant qu'on touche à son document pour le garder chaud.

Les effets d'une telle assiduité sont formidables.

Sur une base hebdomadaire, je pense qu'écrire une heure chaque jour (pour un total de sept heures) est plus rentable, sur le plan de la productivité, que plancher sur votre livre pendant dix heures uniquement le week-end. Redémarrer après cinq jours de pause vous demandera énormément d'énergie cognitive, et en plus, vous risquez d'atteindre votre vitesse de croisière le dimanche soir avant d'aller vous coucher. *Ça*, c'est frustrant.

À la place, étalez-vous.

Si l'idée d'écrire chaque jour vous séduit, ouvrez votre agenda (papier ou virtuel) et créez-vous un horaire en vous basant sur ces trois questions :

1) À quel moment êtes-vous le plus productif ? Le matin ? Le soir ? En plein milieu de la nuit ?
2) Pourriez-vous travailler à ce moment tout au long de la semaine, ou êtes-vous dans l'obligation de faire varier votre période d'écriture ?
3) Combien de temps seriez-vous en mesure d'accorder à chaque séance ?

Personnellement, quand je suis au cœur d'un projet, je préfère — et de loin — écrire à la même heure. C'est aussi ce que disent la plupart de mes collègues. Je plonge dans mon roman en avant-midi, mais je suis chanceux : je suis travailleur autonome et je peux façonner mon horaire selon mes désirs. Chaque jour, je me lève aux alentours de 7 h du matin. Je déjeune, je conduis ma fille à l'école, je prends ma douche, j'ouvre mon roman et j'écris pendant au moins une heure. Davantage si l'inspiration me fait un *high five*. J'essaie de garder cet horaire durant le week-end, mais c'est moins évident. Parfois, je travaille cinq minutes pour déposer une phrase ou deux à la suite de mon livre. Ça suffit pour bien recommencer le lundi.

J'ai toujours trouvé qu'il était plus facile d'insérer sa période d'écriture quotidienne dans les extrémités de la journée : soit très tôt le matin (c'est mon cas), soit tard le soir avant d'aller au lit.

Encore une fois, pas besoin d'écrire longtemps. Juste quelques lignes, et tout peut changer.

À retenir

- Écrire chaque jour entraîne une nette croissance en productivité.
- Les pauses d'écriture vous obligeront à faire des remises en contextes qui vous demanderont beaucoup de temps et d'énergie cognitive.
- Pour garder le *momentum*, une seule phrase quotidienne peut suffire.

TRUC 23
SE DÉFINIR UN OBJECTIF QUOTIDIEN

Si vous êtes capable de **vous réserver du temps d'écriture (Truc 21)** et **d'écrire chaque jour (Truc 22)**, vous pouvez passer à l'étape suivante : vous définir un objectif quotidien.

Avoir un objectif, c'est accepter de se mettre un peu de pression sur les épaules. Du genre : « J'arrête pas d'écrire tant que j'ai pas craché 2 000 mots » ou bien « J'écris peu, mais j'avance chaque jour ; je veux taper au moins 200 mots tous les matins ».

Cette pression est saine, même si j'admets qu'elle nourrit le conflit entre « l'écrivain sprinteur » (celui qui désire franchir la ligne d'arrivée à tout prix) et « l'écrivain perfectionniste » (celui qui espère créer la meilleure œuvre possible, du premier coup).

Cette dualité se bat constamment en moi. J'aimerais cesser d'y penser. Le tintement des épées me réveille la nuit.

Mais peu importe qui a raison, j'ai fait mon choix. J'embrasse les objectifs. Ça m'amène plus d'avantages que d'inconvénients. À l'étape du premier jet, je n'ai pas *besoin* de produire une œuvre parfaite : il suffit de cracher le morceau, de livrer la marchandise. La vraie qualité, je la crée durant la phase de la réécriture, car si je peux améliorer du texte pourri, je ne peux remanier une page blanche — notez que j'apporte un bémol à ces affirmations au chapitre suivant (**Truc 24 : Écrire très rapidement, sans réfléchir**), mais je crois quand même que le premier jet est un territoire où le perfectionnisme est un immigrant clandestin méritant une expulsion musclée.

Carburer aux objectifs, c'est ma manière de fonctionner. Si ma cible du jour n'est pas atteinte, hors de question de m'arrêter. Peu importe si ce que j'écris est bon ou mauvais.

Cette approche horripilerait certains écrivains. Je pense aux romanciers à foulard qui prennent des heures à choisir le bon mot, les yeux tournés au plafond, cigarette au bec, et qui parviennent à rédiger des manuscrits publiables au premier coup de crayon. Je les envie, ceux-là. J'ai essayé de les imiter. Plusieurs fois. Ça n'a jamais fonctionné. Je suis comme le sculpteur qui dégrossit un bloc, étape par étape, et dont les premières moutures du travail n'évoquent rien de reconnaissable. Cette méthode est valable. Elle me convient — et j'en ai testé un tas.

Pour cette raison, je préfère les stratégies visant la productivité, quitte à ce que mes mots arrivent pêle-mêle dans les coins. Un premier jet mal foutu n'a jamais tué personne, tant et aussi longtemps qu'on prend le temps nécessaire pour l'améliorer plus tard.

Déterminer son objectif

Vous pouvez être un écrivain qui tapez 5 000 mots par jour. Des fous furieux comme ça, il en existe. Certains font des torchons, d'autres font des putains de bons romans. Sans blague, il faut arrêter de juger les gens uniquement par le nombre de mots qu'ils produisent au quotidien. Des auteurs qui publient deux livres par année qu'on adore, il en existe des tas. Et c'est pareil pour les écrivailleurs qui répandent leur « caca littéraire » aux quatre points cardinaux chaque saison. *#bitchin'Time*

Ne vous sentez pas mal si vous avez cette énergie en vous. La qualité et la quantité n'ont pas toujours une corrélation inverse.

(Souvenez-vous que je parle du premier jet, hein. Si on précipite la réécriture, ça ne donnera rien de bon, ça, c'est certain.)

Et surtout, ne vous apitoyez pas sur votre sort si vous livrez 250 mots par jour, et pas un de plus.

Quel genre d'auteur êtes-vous ? Un écrivain de 500 mots ? De 1 000 mots ? De 2 000 ?

Qu'êtes-vous en mesure d'écrire durant une *bonne* journée de travail ?

Le but de se définir un objectif est de dépasser ses limites pour pousser sa productivité un peu plus loin (je sais que les artistes ont des frissons de dégoût en entendant le mot *productivité* en contexte culturel — je ressens parfois la même chose —, mais ici, on va appeler un chat un chat).

Si vous ignorez comment définir votre objectif, essayez un nombre approximatif, choisi au hasard. Par exemple, 1000 mots par jour. Installez-vous devant votre ordinateur et écrivez. À la fin de votre session, demandez-vous : « Ai-je atteint mon objectif facilement ? » Si oui, votre objectif n'est pas convenable : haussez-le un peu et recommencez. Si au contraire vous ne l'avez pas dépassé, examinez votre approche. Avez-vous perdu du temps sur Internet ? Avez-vous hésité durant l'écriture d'un dialogue, alors que vous auriez pu y aller d'instinct, quitte à devoir remanier cet échange à la réécriture ?

Si vous avez échoué lamentablement à l'atteinte de votre objectif, diminuez-le et recommencez. Mais si vous avez manqué la cible de quelques centaines de mots, essayez encore le lendemain. Demandez-vous pourquoi vous avez cru être en mesure de produire autant. Avez-vous surestimé vos capacités ? Ou peut-être n'avez-vous pas réussi à travailler à la hauteur de celles-ci ?

À la fin, trouvez un objectif qui représente un défi pour vous. Imaginez un auteur capable de produire 2 000 mots par jour, mais qui se définit un objectif de 1 000 mots. Lorsqu'il vérifiera son total au bout de deux heures et qu'il verra qu'il aura couché 1 250 mots dans son traitement de texte, que fera-t-il ?

Il voudra « fermer la shop » et aller faire un tour dans la piscine pour se détendre.

Aucun gain, ici.

Un objectif doit être difficile à franchir, sans quoi ce conseil pourrait vous exploser au visage.

Pour ma part, je me considère comme un écrivain capable de produire 2 000 mots par jour, *avec efforts*. Mon seuil minimum est 1 000 mots. Avant d'atteindre ce nombre, pas question d'arrêter. Mais je ne suis pleinement satisfait que quand je dépasse le chiffre magique de 2 000.

De grâce, ne vous comparez pas à moi. Vous pourriez écrire deux fois plus ou deux fois moins et ce serait amplement valable. Je le répète : nous sommes tous différents. On écrit dans des genres différents, des styles différents. Et notre débit l'est tout autant.

Configurer les objectifs dans Scrivener

Il n'existe aucune fonction pour suivre ses objectifs quotidiens dans Word. La seule manière d'avoir l'heure juste consiste à générer (via les menus) le nombre total de mots de votre roman, et de compter manuellement la différence entre ce chiffre et le résultat de la veille.

Dans Scrivener, la mesure de la performance est intégrée au logiciel. Pour définir vos objectifs, allez dans **Menu > Projet > Afficher les objectifs du projet**. Une fenêtre comme celle-ci apparaîtra :

```
comment-ecrire-plus

Objectif de Comment écrire plus

79 608            sur         80 000        mots

Objectif de session                    Réinitialiser

0                 sur         1 000         mots

                                        Options...
```

Cliquez sur le chiffre représentant le nombre total de mots du projet ou celui de votre session et modifiez-le. Vos objectifs seront alors configurés. Pour vérifier votre performance en cours d'écriture, retournez dans **Menu > Projet > Afficher les objectifs du projet**.

Vous pouvez même garder cette fenêtre ouverte en travaillant ; vous verrez le chiffre gonfler à mesure que vous progressez. Cependant, faites-le pour vous amuser quelques instants, pas plus, sinon vous aurez là une distraction supplémentaire dans votre champ de vision. On se concentre sur le texte, pas vrai ?

Réajuster son objectif

Lorsqu'on pratique une discipline pendant plusieurs centaines d'heures, il arrive une chose extraordinaire.

On s'améliore.

C'est donc possible que votre objectif de 1 000 mots par jour devienne assez aisément réalisable dans 2 ou 3 ans. Votre cadence augmentera et, en même temps, la qualité de votre premier jet, tout cela grâce à l'acquisition de nouveau vocabulaire et un gain d'assurance. Vous aurez alors un choix à faire : soit vous complaire dans la facilité (la loi du moindre effort) ou continuer à repousser vos limites.

Si vous atteignez vos 500 mots au milieu de votre séance d'écriture, pourquoi ne pas essayer d'augmenter votre objectif à 750 mots ? Ou même à 1 000 ?

Tout dépend de la manière dont vous percevez cet objectif. Est-ce un minimum absolu ou un chiffre que vous aimeriez atteindre ? Les deux approches sont valables.

Souvenez-vous que le nombre de mots que vous avez choisi n'est pas coulé dans le béton. Il peut suivre l'inflation, ou même gonfler proportionnellement au prix de l'essence. C'est comme au gym. En général, on n'espère pas soulever 150 livres aux haltères toute sa vie durant. On cherche à s'améliorer au fil des mois.

La talent créatif aussi, ça se muscle.

À retenir

- Pour pousser votre écriture un peu plus loin, définissez-vous un objectif de mots à atteindre quotidiennement.
- Cet objectif devrait représenter un défi pour vous. Visez un gain de productivité.
- Attention aux objectifs trop faciles : ils pourraient vous inciter à interrompre vos séances d'écriture prématurément.
- Il est possible de configurer votre objectif quotidien dans Scrivener sous **Menu > Projet > Afficher les objectifs du projet**.
- Vous pouvez réajuster votre objectif au fil du temps, pour suivre votre évolution en tant qu'écrivain.

TRUC 24
ÉCRIRE TRÈS RAPIDEMENT, SANS RÉFLÉCHIR

Plutôt que d'expliquer où je m'en vais avec ce conseil, permettez-moi de vous montrer un billet que j'ai écrit pour mon blogue, mais que j'ai oublié de publier par simple stupidité de ma part. (Le jour où je me suis rendu compte que ce texte traînait dans mes brouillons de Wordpress, il était trop tard pour le mettre en ligne.)

Alors, le voici. Bonne lecture.

———

Premier jet du roman *Les vieilles rancunes*[5] : ça achève
Rédigé le 12 avril 2016

Ces temps-ci, j'écris comme un fou.

Alors qu'auparavant, j'avais de la difficulté à boucler 1 000 mots dans une journée, durant les dernières semaines, je suis arrivé à injecter 3 000, 4 000 et parfois même 5 000 mots quotidiens dans mon roman.

Parce que je m'en suis *enfin* donné la permission.

———

[5] À l'époque, *Les vieilles rancunes* était le titre de travail d'un des tomes de la série *Le silence des sept nuits*.

Quand je commence un nouveau livre, je me questionne toujours sur la vitesse d'écriture à adopter. Au début, j'essaie de produire un premier jet parfait ... et ça ne dure qu'un chapitre. Dès le deuxième, j'en ai marre et j'accélère. Impossible de me dompter.

Je me suis toujours senti mal de procéder ainsi, jalousant les auteurs qui arrivent à pondre des textes impeccables du premier coup.

Plus tôt cette année, j'ai entendu une entrevue en balladodiffusion où des auteurs ont validé ma façon de travailler. Ils ont dit qu'écrire très vite permettait d'écrire mieux. Dans le sens où, quand on évite de s'arrêter pour réfléchir et qu'on décuple son débit de mot à l'heure (deux ou trois fois plus), on se rapproche de sa vraie voix.

Leur idée a résonné chez moi. J'avais déjà fait une réflexion identique. Pas pour l'écriture littéraire, mais pour l'écriture de mon blogue.

Accélérer mon débit sur mon site Web a été bénéfique. Par le passé, je surveillais beaucoup mes arrières durant ma rédaction et passais les trois quarts de mon temps à remanier mon texte. Le résultat ? Je produisais des textes aseptisés, sans couleurs. On me lisait avec peu d'intérêt. J'ai changé mon approche par la suite. Maintenant, j'y vais à l'instinct : je tape ce qui me passe par la tête, je me relis une fois, et j'appuie sur « Publier ». Ça donne un résultat un peu croche et vulgaire, mais c'est authentique.

Et voilà que, sur ma ballado, des auteurs ont suggéré de faire la même chose... dans un livre ?

J'y ai réfléchi.

En temps normal, mes premiers jets de roman sont toujours extrêmement sales, peu importe combien de temps j'y investis. Pour moi, le véritable travail se passe à la réécriture. Ça a été ainsi pour tous de mes projets.

Si je me donnais la permission de multiplier ma vitesse d'écriture par deux ou trois, de taper sans m'arrêter pour réfléchir en me fiant uniquement à mon instinct, est-ce que ça donnerait un meilleur résultat ? Allais-je trouver ma « vraie voix » ?

J'ai suivi ces conseils. J'ai écrit en m'accordant avec mon flot de pensées, le but de l'exercice étant de jeter dans le traitement de texte tout ce qui me passait par la tête, sans retenue ni censure. Vous savez quoi ? Avec cette méthode, j'ai souvent franchi la barre des 3 000 ou 4 000 mots quotidiens. Ça a donné un résultat authentique. Du texte brut, cabossé et dynamique, avec de nettes améliorations dans les personnages et les dialogues. L'action s'enchaînait bien. J'ai amplement divergé de mon plan initial (c'est bon signe), et j'ai souvent atteint cet état de transe où l'on perd la notion du temps.

Ça va demander un sale travail à la réécriture. Le texte est plein de trous. Il y a des incohérences. Certaines descriptions sont abrégées. Mais quelle importance ? Réécrire, c'est mon petit plaisir.

Aujourd'hui, j'ai atteint 33 000 mots sur un objectif de 40 000. Il me reste un chapitre final à produire. Je crois sincèrement que je suis en train de vous écrire un putain de bon livre.

Voilà qui complète l'article « Premier jet du roman *Les vieilles rancunes* : ça achève », qui n'a jamais été publié sur mon blogue.

Wow.

Je vous le jure, j'ai eu un gros malaise en relisant ce billet, surtout en sachant ce qui s'est passé par la suite.

Le bilan de cette expérience

Je ne sais même pas par où commencer.

J'ai l'impression qu'une autre personne a écrit ce billet. Parce que j'ai tellement bûché sur *Les vieilles rancunes* par la suite ! Ça a été un de mes projets les plus décourageants en presque 15 ans de carrière.

Le manuscrit était un foutoir total.

« Du texte brut, cabossé et dynamique, avec de nettes améliorations dans les personnages et les dialogues. L'action s'enchaîne bien. »

Heille, on peut-tu se calmer les nerfs deux secondes ? Quand j'ai lu mon roman après le premier jet, je n'ai vu aucun point positif dans mes personnages et mes dialogues. Aucun. Et pour le dynamisme, on repassera : il n'y avait là-dedans qu'un grossier enchaînement de phrases pêle-mêle. C'était aussi beau qu'un bâtiment effondré. Ce texte ne dégageait aucune tension.

Ce n'était pas une histoire. C'était juste une énumération de faits.

Un gâchis.

J'ai réalisé l'absurdité de la situation : en testant l'écriture ultra rapide et instinctive, je voulais améliorer mon style et gagner du temps. En fin de compte, j'ai produit un dépotoir. La démotivation était au rendez-vous. Je réécrivais à la sueur de mon front. J'errais sans savoir comment reformuler mes phrases-catastrophes, ça avançait à pas de tortue. À plusieurs reprises, j'ai voulu tout abandonner.

Mon premier jet avait 35 000 mots (sur un objectif de 40 000). Au départ, je m'étais dit qu'une marge de 5 000 mots suffirait pour ajouter les descriptions qui manquaient.

Après la réécriture, mon manuscrit comportait 51 000 mots. J'avais presque tout refait. Les descriptions, les dialogues et presque le quart de l'histoire.

Produire ce livre m'a pris deux fois plus de temps que prévu.

Mon 2ᵉ mauvais conseil

Comme cette expérience a failli me convaincre de retourner travailler dans l'usine à cochons où j'ai passé une partie de ma jeunesse, « Écrire très rapidement, sans réfléchir » est officiellement le deuxième mauvais conseil de ce guide.

Qu'on se comprenne : au chapitre précédent (**Truc 23 : Se définir un objectif quotidien**), je vous ai suggéré de vous définir un objectif pour dépasser vos limites. Ici, je parle de vous obliger à écrire en continu, sans *jamais* vous donner la permission d'arrêter pour prévoir vos scènes, comme si vous fonciez sur l'autoroute en patins à roues alignées, tête baissée, avec un *jetpack* dans le dos (on pansera les blessures après). C'est correct d'atteindre ses objectifs. C'est une autre histoire de vouloir faire fondre les touches de son clavier par effet de friction.

Cherchez un juste équilibre.

Bien sûr, « Écrire très rapidement, sans réfléchir » n'est pas un conseil universellement mauvais. Pour certains auteurs, accélérer la cadence a été une révélation : en mettant le paquet, ils ont fait passer leur production quotidienne à 5 000, à 8 000 ou même à 10 000 mots sans sacrifier une once de qualité. Certains ont même amélioré leur style avec la vitesse — car l'histoire de « trouver sa vraie voix », ça doit avoir fonctionné pour certains. J'aurais pu faire partie de ces chanceux. En voulant écrire *Les vieilles rancunes* à la vitesse de l'éclair, j'aurais pu découvrir que 5 000 mots par jour, c'est mon *sweet spot*. Imaginez toute la productivité gagnée pour les années à venir ! Ça aurait été génial.

Mais, non. Cette vitesse ne me convenait pas. Moi, j'écris entre 1 000 et 3 000 mots par jour, et si j'essaie d'aller au-delà de ce chiffre, je répands du vomi dans mon document — et après, je dois passer la moppe pendant des heures.

À chacun son rythme. Pour le connaître, il faut expérimenter.

Il y a des auteurs qui tapent 1 000 mots par jour et qui en produiraient trois fois plus avec le même niveau de qualité s'ils muselaient leur insécurité. D'autres écrivains tapent frénétiquement 8 000 mots par jour et font paraître flops après flops, alors qu'ils publieraient leur premier best-seller s'ils se disciplinaient à rédiger seulement 500 mots par jour.

Qu'en est-il de vous ? Avez-vous déjà quitté votre zone de confort ? Avez-vous testé plusieurs vitesses ?

Expérimentez et mesurez. Écrivez rapidement pendant quelques semaines et examinez la qualité du résultat, avec objectivité. Est-ce mieux ? Est-ce pareil ? Si oui, l'écriture rapide pourrait vous convenir.

Si au contraire vous avez déjà l'empressement d'un coureur automobile, appuyez sur les freins. Qui sait ? Peut-être qu'avec un peu de lenteur, des perles insoupçonnées jailliraient de votre esprit.

À retenir

- Écrire très rapidement et sans réfléchir peut vous rapprocher de votre vraie voix, mais cette technique peut également détruire votre style — ou même votre projet au complet. La vigilance est de mise.
- Pour savoir si l'écriture rapide vous convient, il faut l'essayer. Évaluez objectivement les résultats de cette technique avant de l'adopter.
- L'écriture lente pourrait aussi influencer votre création de façon positive.

TRUC 25
LAISSER DES TROUS

Vous écrivez un thriller international et une bombe nucléaire menace d'anéantir la ville de Londres. Le héros du roman, un agent secret qui se parfume avec de la testostérone, se rue dans le bureau du premier ministre et lui annonce que la population de la ville va périr s'il ne faisait rien.

Votre passage ressemble à ceci :

— *Calmez-vous, agent Steiner.*
Steiner recharge son pistolet en se peignant. Il dévisage cet enculé de premier ministre, dont les accoudoirs du siège peinaient à retenir la graisse d'un aussi gros tas de merde.
— *Savez-vous combien de personnes vont mourir ? crache Steiner. Cinq millions ! CINQ MILLIONS, BORDEL !*

OK, là, vous avez sorti un chiffre au hasard. En vérité, vous n'avez aucune idée du nombre de personnes qui habitent à Londres. Y a-t-il plus de gens là-bas qu'à Paris ? Qu'à New York ?

Pour en avoir le cœur net, vous décidez d'aller vérifier l'information sur Wikipédia.

Le risque d'aller sur Internet

À cette étape dans votre carrière, vous savez qu'Internet est un monstre tentaculaire appelé « Procrastination ».

Aller sur Wikipédia, c'est vous exposer au démon. Vous y verrez bien plus qu'une encyclopédie en ligne : il y aura vos menus de favoris, vos notifications et vos onglets déjà ouverts. « Tant qu'à être là, aussi bien aller regarder mes courriels. » Trois nouveaux messages. Vous répondrez à deux d'entre eux. Vous irez faire votre tour sur Facebook, et enfin, vous reviendrez à votre roman.

Dix minutes se seront écoulées, et ce, pour consulter une information qui aurait dû vous demander 30 secondes.

C'est ça, l'Internet. C'est un environnement conçu pour attirer les malheureux voyageurs dans un trou noir de procrastination, avec ses milliers d'articles, ses réseaux sociaux, ses *fake news*, ses commentaires auxquels on veut donner des répliques enflammées et ses hyperliens qui partent dans toutes les directions — tout ça servi dans une interface accessible à tout moment.

Je l'ai déjà dit et je le répéterai plusieurs fois : Internet est votre ennemi. C'est un monstre. Même si vous recherchez une petite-information-de-rien-du-tout, dès que vous consultez cet oracle de malheur, il vous mordra et refusera de lâcher prise.

N'allez pas le réveiller pour rien.

Laisser des trous

Quoi faire alors pour trouver les informations qui nous manquent ?

Rien du tout.

La population de Londres, au fond, on s'en balance. Ça ne changera rien à votre scène ni à votre roman que Londres comporte 1 million ou 10 millions de personnes.

Au moment d'écrire le passage, laissez un trou comme ceci :

— *Savez-vous combien de personnes vont mourir ? crache Steiner. [Cinq millions ? Vérifier l'info. Le dire une fois en minuscule, puis une autre fois en majuscules.]*

Le segment [entre crochets] est un commentaire que vous allez éventuellement remplacer par la vraie information, une fois votre premier jet terminé. Ça vous évitera d'aller rôder sur Internet, et en plus, vous garderez votre *momentum*. Car à l'écriture de cette scène, vous étiez possédé par votre histoire : ressentiez de l'énergie dans vos doigts, vous étiez en colère contre ce premier ministre qui ne foutait rien, vous lui auriez balancé votre poing au visage ; c'était justement ce que Steiner s'apprêtait à faire.

Ça coulait.

Si vous vous étiez arrêté pour chercher la population de Londres ne serait-ce que 15 secondes, l'éloignement aurait anéanti cette belle énergie créative. Vous étiez concentré au maximum, et voilà qu'en abandonnant votre texte, le monde réel vous aurait aspiré.

Ne quittez votre univers fictif qu'en absolue nécessité.

Cette mise en garde ne s'applique pas qu'à la recherche d'informations, mais aussi aux moments où vous devez briser votre concentration pour ajouter un détail qui refuse de venir naturellement, et qui pourrait être trouvé à la fin de votre journée. Ce peut être une description, une réplique, la présence d'un objet, une action, bref, n'importe quoi.

Revenons à Steiner :

— *Savez-vous combien de personnes vont mourir ? crache Steiner. Huit millions ! HUIT MILLIONS, BORDEL !*

— *Ça suffit, Steiner ! Reprenez-vous.*

— *[Réplique cinglante de Steiner.]*
— *Pardon ?*
— *[Steiner en rajoute.]*

Le premier ministre se rassoit. Il se passe un mouchoir sur le front et, contre toute attente, se met à pleurer.

Vous ignorez ce que Steiner va dire, mais ça va frapper dur. Les idées ne sont pas venues sur le coup. Peu importe : vous avez continué à jeter des mots dans votre roman, l'inspiration était au rendez-vous. Ne restera qu'à trouver ces paroles cinglantes à tête reposée, à la fin de votre journée.

Le *momentum*, c'est précieux. Si vous l'avez, gardez-le.

Les annotations dans Scrivener

Pour indiquer que vous avez laissé un trou dans votre texte, vous pouvez utiliser les [crochets] comme je l'ai fait, mais je suggère également de mettre ces passages en couleur, pour vous assurer de bien les distinguer.

Ça, c'est si vous travaillez avec Word.

Dans Scrivener, il existe une fonction pour insérer des annotations à même le texte. Elles apparaîtront en rouge avec un petit encadré. Pour les ajouter sur Mac, appuyez sur Cmd + Shift + A ou allez dans **Menu > Insertion > Annotation sur la ligne**.

Utilisez cette fonction comme un bouton d'urgence, quand vous ressentez le besoin de vous éloigner de votre roman, même pour une courte période.

À retenir

- Pendant que vous écrivez, évitez d'aller chercher sur Internet des informations ayant peu d'impact sur votre histoire.
- Si vous choisissez de laisser une information en suspens, ajoutez un commentaire [entre crochets] à même votre texte. Indiquez-y les éléments devant faire l'objet d'une recherche.
- Utilisez aussi les commentaires [entre crochets] pour garder votre *momentum* lorsqu'une réplique, une action ou une description ne vient pas naturellement.
- Remplacez les segments [entre crochets] à la fin de votre séance d'écriture ou beaucoup plus tard, à la fin de votre premier jet.

TRUC 26
REGARDER SES MAINS

Voici un autre petit truc lié à la vitesse.

« Regarder ses mains », il faut prendre ça au sens littéral. L'expression ne signifie pas : « hisser ses mains au niveau de son visage pour contempler les saillies de ses veines ». Vous ferez ça ce soir dans votre bain. Non, je parle de baisser votre regard vers votre clavier, *pendant* que vous écrivez.

Incliner la tête peut avoir des effets bénéfiques insoupçonnés.

Quand son propre texte est une source de distraction

Parfois, je porte trop d'attention aux mots qui apparaissent à l'écran. Je tape une phrase et j'analyse comment cette phrase s'insère dans le paragraphe, puis comment le paragraphe s'intègre dans la page. J'en écris une autre. Je recommence le processus. J'ajuste quelques détails — ajustements qui seront probablement balancés par la fenêtre à l'étape de la réécriture, quand je prendrai ma microstructure d'assaut avec une mitraillette rotative. De ces petits ajustements, il ne restera rien. C'est facile de l'oublier. En concentrant mon travail au niveau de la phrase, mon premier jet ralentit et se range sur l'accotement.

Oui, mesdames, oui, messieurs. Il arrive que mon texte à l'écran devienne lui-même une source de distraction.

Pour moi, l'étape du premier jet est un long accouchement, c'est le moment où je pousse mon histoire à l'intérieur des limites virtuelles du traitement de texte.

Créer la phrase parfaite, c'est une tâche que je peux confier dès maintenant à ce pauvre diable (futur moi) qui bossera à la phase de réécriture. Mieux vaut pelleter le travail dans sa direction. Ce sera son problème. Pour l'instant, je dois me concentrer sur une seule chose : l'accouchement.

Quand je remanie un passage à outrance (appliquer une modification, l'annuler, la refaire, tasser un mot à droite, me gratter le menton), je dois d'abord ouvrir les yeux et m'en rendre compte. Vu de l'intérieur, c'est difficile. Si, par miracle, je réalise que mon véhicule n'est plus sur l'autoroute, j'ai une tactique : je cesse d'observer mon écran. Je baisse le regard vers mon clavier, vers mes mains. Instantanément, mes idées s'éclaircissent. Fini le remaniement de phrases, fini la microstructure. Je reviens en mode intuitif, et les valves s'ouvrent.

L'histoire avance.

Je tiens à faire une distinction entre le **Truc 24 : Écrire très rapidement, sans réfléchir** et celui-ci. Dans **Écrire très rapidement, sans réfléchir**, je proposais une solution extrême, soit rédiger *tout son premier jet* d'une seule lancée, sans jamais s'arrêter une seconde pour réfléchir. Ici, c'est autre chose. Regarder ses mains, c'est utile quand nos idées se bousculent à la sortie, mais que notre fâcheuse tendance à la suranalyse nous empêche d'atteindre notre vitesse de croisière. C'est une réponse ponctuelle à un problème qui peut survenir quelques fois durant une journée. Ce n'est pas une méthode de travail absolue.

C'est comme une tasse de café : on la prend lorsqu'on a besoin d'un *boost*.

Quand je regarde mes mains en écrivant, mon imagination a plus de facilité à se laisser emporter. Je vois moins les mots et davantage les personnages, l'action. Déplacement du focus au bon endroit. En plus, ça me permet d'entrer dans une transe créative où je perds la notion du temps et où les mots coulent sans effort. C'est le fameux *flow* dont parle l'auteur Mihaly Csikszentmihalyi dans son livre *Flow: The Psychology of Optimal Experience*. Il s'agit d'un état mental qu'on atteint lorsqu'on entreprend une tâche assez difficile, mais à la hauteur de nos capacités, dans un environnement exempt de distraction. Pour que ça fonctionne, rien ne doit venir « péter notre bulle ».

Lorsque je ressens le besoin de remanier des phrases, c'est une sortie de piste instantanée.

Si je réussis à avoir mon *flow*, c'est le bonheur. J'écris des centaines de mots — et parfois des milliers — sans avoir conscience du temps qui passe. C'est *ça* que je veux au premier jet. Je veux que ça avance. Je veux me retrouver dans cet état merveilleux où les engrenages de la créativité tournent sans résistance. Si regarder mes mains me permet d'aller dans cette zone, je peux bien oublier mon écran un moment.

À retenir

- Votre document texte peut être une source de distraction en lui-même.
- Si votre écriture ralentissait durant une séance, essayez de regarder vos mains pendant que vous tapez.
- Regarder vos mains réduira votre envie de remanier vos phrases. En revanche, vous aurez plus de facilité à vous concentrer sur les personnages et l'action de votre récit.

TRUC 27
PRENDRE DES PAUSES RÉGULIÈRES

J'ai longtemps détesté les pauses — comme c'est le cas pour bien des professionnels. Dans mon jeune temps, je m'assoyais devant mon ordinateur à 9 h du matin et m'obligeais à rester collé à ma chaise jusqu'à midi. La productivité était phénoménale : après 15 minutes, je me sentais hyper concentré, les mots sortaient sans effort. L'arrivée imminente de l'heure du dîner me contrariait : je songeais souvent à sauter le repas pour continuer à surfer sur mes vagues d'inspiration.

J'avais 20 ans. J'étais fringant. Je ne faisais aucun sport et j'étais en santé.

Quinze ans plus tard, j'ai dû changer ma routine. Écrire 3 heures de façon ininterrompue comme ça me cuirait les neurones. Je me transformerais en loque humaine jusqu'au lendemain. Si je maintenais ce rythme toute la semaine, j'en subirais les conséquences : blessures physiques, mauvaise humeur, écœurement total et veines rouges saillantes dans les yeux.

On n'a pas 20 ans toute notre vie. Prendre des pauses, c'est penser « long terme ».

Les conséquences de ne PAS prendre de pauses

Travailler de façon ininterrompue pendant de longues périodes peut être catastrophique. J'en sais quelque chose. Quand j'abuse de mon clavier, une douleur lancinante naît dans mon poignet et envahit lentement mon bras. Si je m'obstine à continuer, j'obtiens un torticolis en récompense.

J'ai développé ce problème à l'époque où je gagnais mon pain dans une usine de découpe de porcs, en maniant le couteau avec des gestes ultra répétitifs. Rien de mieux pour anéantir une santé. Je m'étais blessé au poignet. Une tendinite, comme on en voit si souvent dans ce milieu.

Aujourd'hui, mon bras est demeuré sensible. Si je me surmène, il va me le faire savoir.

Mais il n'y a pas que ça.

À 36 ans, je suis beaucoup plus sensible à la fatigue qu'autrefois. Dans ma vingtaine, j'enchaînais les heures d'écriture tant que j'avais un café à portée de main. C'est différent de nos jours. Je suis à moitié mort après 13 h si je maintiens ce rythme d'enfer. Je suis têtu. Ça ne m'aide pas. Après le repas du midi, je devrais me dire : « Bon, je suis mieux d'arrêter, je suis trop crevé ». Ha ! Ha. Bien sûr que je continue. Je me *force* à écrire même si le résultat est très quelconque — et ça, c'est quand je réussis à produire quelque chose de viable. Bravo pour le temps bien investi.

J'ajouterais que la sédentarité extrême n'est pas un problème sans conséquence. Si je reste immobile toute la journée durant, mon corps accélère sa course vers le cercueil. J'exagère à peine. Une étude suédoise a démontré que le risque de mortalité lié à la sédentarité n'est devancé que par le tabagisme[6]. Demeurer collé à ma chaise pendant des heures me permet d'injecter quelques mots supplémentaires à mon manuscrit, certes, mais ça contribue surtout à raccourcir ma vie de façon catastrophique, surtout si je maintiens ce rythme pendant des mois.

Mourir prématurément, est-ce une manière d'écrire plus ?

En prenant des pauses régulières, j'investis dans ma santé et me redonne de l'énergie. Au bout du compte, j'en sors gagnant. Tant pis pour les quelques mots « perdus » à cause des temps d'arrêt. La vision à long terme est plus importante.

Quand devrait-on prendre des pauses ?

La réponse simple : régulièrement.

Imposez-vous une routine. Vous dire : « Bah ! Je prendrais une pause quand ça adonnera » est une recette qui conduit au surmenage. Vous ne vous arrêterez pas, et vous le savez.

Pour s'autodiscipliner, certaines personnes adoptent la technique Pomodoro qui se résume comme suit :

1) Travailler pendant 25 minutes
2) Prendre une pause de 5 minutes
3) Répéter les étapes 1) et 2) trois autres fois
4) Prendre une pause de 20 minutes

Pour du travail artistique, je trouve ça court. En 25 minutes, on trempe à peine le petit orteil dans son univers. C'est contre-productif. J'utiliserais la technique Pomodoro si j'effectuais des tâches plus pragmatiques comme de la programmation ou de la comptabilité. Lorsqu'on joue avec l'imaginaire, faire des sauts en

---

[6] http://www.lapresse.ca/vivre/sante/nouvelles/201607/27/01-5004948-la-sedentarite-presque-aussi-dangereuse-que-le-tabagisme.php

avant et en arrière plusieurs fois par heure peut seulement obstruer les valves créatives.

La routine suivante est déjà mieux adaptée à la réalité des écrivains :

1) Travailler pendant 50 minutes
2) Prendre une pause de 10 minutes

Il s'agit là des recommandations générales en matière de santé au bureau. Je le répète : la sédentarité prolongée, c'est sérieux : garder son cul vissé sur une chaise toute la journée augmente les risques de maladies cardiovasculaires, de diabète, d'obésité, de cancer, de dépression et de problèmes musculaires[7]. Pour contrer ces effets négatifs, il suffit de bouger un peu chaque heure. Dix minutes seraient amplement suffisantes[8].

Qu'on se comprenne bien : prendre une pause ne signifie pas « ouvrir son navigateur et consulter Facebook pendant 10 minutes ». Pour que ce soit efficace, il faut bouger. Moi-même, durant mes pauses, je sors marcher dans mon quartier. Si c'est l'hiver, je fais le tour du rez-de-chaussée en grignotant une collation. (Je n'ai pas la force d'affronter le froid, c'est mon point faible, et l'histoire ne dit pas si ma collation est bonne pour la santé, c'est mon jardin secret, OK ?)

Outils pour prendre les pauses par les cornes

Ces trois outils vous aideront à vous discipliner. Considérez-les si vous avez du mal à quitter le champ gravitationnel de votre chaise.

---

[7] http://www.ll.dlpa.bru.nihr.ac.uk/Sedentary_Behaviour__New_Study-4347.html

[8] https://www.ncbi.nlm.nih.gov/pubmed/25931456

Une minuterie

Pour vous assurer de prendre vos pauses au bon moment, optez pour la simplicité : achetez une minuterie de cuisine mécanique. Vous en trouverez facilement au Wal-Mart, au Dollarama ou dans n'importe quel magasin généraliste. Installez-vous à votre bureau, faites pivoter la tête de la minuterie à la marque désirée (25 minutes si vous faites la technique Pomodoro, ou 50 minutes si vous prenez vos pauses aux heures), puis commencez à travailler. Lorsque ça sonnera, levez-vous.

Assurez-vous de choisir une minuterie qui ne fera pas « tic-tac-tic-tac ». Ça pourrait vous rendre fou.

Pourquoi je ne suggère pas d'utiliser votre téléphone pour programmer une alarme ? Parce que moins vous serez en contact avec cet appareil, moins vous serez tenté d'aller consulter vos notifications.

S'éloigner du téléphone, il n'y a rien de mieux pour la productivité. Oubliez-le dans la pièce voisine. Optez pour la bébelle de cuisine à 3 $.

Un logiciel

Chez moi, j'utilise une application Mac qui m'oblige à prendre des pauses au bout de 50 minutes. Je n'ai pas le choix d'obtempérer : le logiciel bloque mon système d'exploitation et affiche une fenêtre me disant de revenir dans 10 minutes.

Peu importe où je clique, rien ne se passe. Pas tant que les 10 minutes ne sont pas écoulées.

Cette application se nomme AntiRSI (pour *anti repetitive strain injury*). Elle est disponible sur le Mac App Store pour moins de 10 $. Un autre produit du même type s'appelle Time Out et se télécharge sur dejal.com/timeout. Ces deux-là ne sont malheureusement pas offerts sur PC, mais il existe des équivalences, comme Workrave, qu'on peut obtenir au www.workrave.org. (Je ne l'ai pas testé, essayez-le à vos risques et périls.)

Ces logiciels ont l'avantage d'enlever de vos épaules le fardeau de l'autodiscipline. Après un temps déterminé, votre ordinateur est bloqué et vous n'avez *pas le choix* d'aller voir ailleurs.

Note : Cette stratégie peut effectivement être emmerdante quand vous avez un travail *rush* à livrer.

Une montre intelligente

Comme option supplémentaire, vous pouvez utiliser une montre intelligente. La Fitbit Charge 2, par exemple, émet de gentilles vibrations pour nous rappeler de faire de 250 pas chaque heure. D'autres montres offrent des fonctionnalités similaires, dont l'Apple Watch. Mais attention, ce gadget ultra dispendieux pose les mêmes problèmes que les téléphones : si vous le consultez, évitez de succomber à l'envie d'aller voir vos 57 notifications en attente.

À retenir

- Prendre des pauses régulières vous aidera à maintenir un bon niveau d'énergie tout au long de la journée.
- Les pauses régulières peuvent contribuer à prévenir des problèmes de santé liés à la sédentarité.
- Déterminez à l'avance la fréquence de vos pauses. Pour les écrivains, 10 minutes d'arrêt chaque heure semble raisonnable.
- Durant votre pause, ne restez pas devant votre ordinateur. Levez-vous et bougez.
- Utilisez des outils tels qu'une minuterie, un logiciel ou une montre intelligente pour vous rappeler de prendre des pauses.

TRUC 28
UTILISER UNE BANQUE DE SYNONYMES POUR LE VERBE DIRE

Dans *Écriture, mémoires d'un métier* de Stephen King, l'auteur s'attarde à l'utilisation des verbes d'incise dans les dialogues.

Il suggère qu'on cesse de se casser le coco pour rien et insiste qu'on devrait employer le verbe *dire* en toute circonstance. Par exemple : « Hé, salut ! », *dit* Jean (et non « *crie* Jean »). King affirme que d'utiliser d'autres verbes que *dire*, ça fait pompeux, et qu'en temps normal, il faudrait deviner comment le personnage s'exprime sans qu'on ait besoin d'un verbe cravaté. (Dans le cas précédent, on se doute bien que Jean ne murmure pas, étant donné le point d'exclamation.)

King prétend en outre que le verbe *dire* est invisible.

Quand c'est Stephen King qui donne un conseil, on l'écoute, pas vrai ?

Après avoir lu son essai — qui m'est apparu comme une révélation —, j'ai appliqué à la lettre sa philosophie. C'était avant la publication d'*Alégracia et le Dernier Assaut*. J'ai ratissé mon manuscrit et changé tous les verbes d'incise pour les remplacer par *dire*, parce que, eh !, c'était la recommandation de Stephen King et il fallait obéir au roi du suspense.

J'ai soumis mon manuscrit. Quand on me l'a renvoyé, la réviseuse qui s'occupait du projet avait dû faire une syncope en voyant la quantité de répétitions du verbe *dire* dans mon histoire : elle s'est efforcée de me trouver des synonymes pour chacun d'eux. On revenait donc à l'état initial. Je ne comprenais pas ce qui se passait. Stephen King venait de me donner un conseil, et voilà qu'on le contredisait sans nuance. Qui avait raison ?

Bien sûr, les goûts personnels entraient en ligne de compte, mais j'ai compris quelle était ma méprise quand j'ai étudié en révision linguistique à l'Université Laval, quelques années plus tard.

On comparait le fonctionnement de l'anglais et du français.

Ma professeure nous a présenté deux articles sur le même sujet (en l'occurrence, les bateaux). L'un était rédigé en français, l'autre, en anglais. Les deux textes regorgeaient de répétitions de vocabulaire. Pourtant, celui en français semblait avoir été écrit par un enfant de 3e année, et pas l'autre.

La professeure nous a expliqué que « le français n'aime pas les répétitions, contrairement à l'anglais ». C'était, selon elle, une caractéristique intrinsèque de la langue.

Je l'ai crue, notamment à cause de mon expérience avec *Alégracia*.

L'essai *Écriture, mémoires d'un métier* est une traduction de l'œuvre *On Writing: A Memoir of the Craft*. Vous voyez le piège ? Le conseil de King avait du sens... pour l'anglais. Avez-vous déjà remarqué l'abondance du verbe *to say* à l'intérieur des livres écrits dans la langue de Shakespeare ? C'est l'un des seuls verbes qu'on admet pour les incises.

'Off with her head', said the Queen of Hearts.

On lirait trente fois le mot *said* dans une page en anglais et on ne se rendrait compte de rien. En français, c'est différent : les répétitions nous mordent la cornée. J'ignore si c'est un phénomène purement linguistique ou culturel (sûrement une combinaison des deux), mais d'utiliser *dire* partout n'aura pas le même effet qu'en anglais. On va le percevoir comme une faiblesse.

Depuis la fin de mes cours, j'ai laissé tomber le conseil de King. J'ai recommencé à employer des synonymes. Encore mieux : j'évite les incises quand c'est possible. Je m'arrange pour qu'on devine facilement qui parle à travers le vocabulaire des personnages. J'intègre des indices au sein du texte (par exemple, si Justine et Hubert discutent, une réplique comme : « Tu vas le regretter, Hubert ! » indique clairement que Justine parle).

Il n'en demeure pas moins que les incises sont parfois nécessaires, et qu'il faut des verbes pour les introduire. *Dire* demeure une option passe-partout, mais en français, on est difficiles : mieux vaut avoir de la variété dans l'assiette.

Garder une liste de synonymes à portée de main

Des synonymes pour le verbe *dire*, je suis obligé d'en trouver plusieurs fois par jour. Mes personnages s'expriment abondamment, et les incises sont inévitables, même quand je privilégie les stratégies pour les contourner.

Étant donné qu'il s'agit d'un cas très récurrent, je me suis armé pour m'attaquer au problème de front. Je me suis imprimé une liste exhaustive de synonymes pour ce mot. Je la garde près de moi en permanence.

En fait, ce ne sont pas nécessairement des « synonymes » véritables qui se retrouvent là-dessus, mais des verbes qui peuvent remplacer *dire* selon les contextes. Il faut distinguer les nuances. *Gueuler* et *dire* ne sont pas synonymes, mais ils sont interchangeables lorsque mes personnages se crient des insultes, par exemple.

Quand je suis tenté d'utiliser *dire*, je peux jeter un coup d'œil à une multitude d'options en quelques secondes grâce à cette liste.

Je cherche le mot approprié, je l'inscris dans mon roman, et hop ! Je retourne à l'écriture. Même pas cinq secondes de perdues.

Je garde cette référence à portée de main, en tout temps. Je vous conseille fortement d'en avoir une. Un dictionnaire des synonymes n'est pas suffisant : l'éventail de mots fourni par de tels ouvrages est trop restreint. (Pensez à l'exemple de *gueuler*, qui ne se retrouvera pas nécessairement sous *dire* — et ce n'est là qu'un exemple parmi tant d'autres.) Cherchez plutôt des listes conçues par autrui sur Internet. Il en foisonne.

Dans Google, tapez « synonymes verbe dire dialogues » ou une expression similaire. Consultez les pages dans les résultats de recherche et recopiez vos verbes préférés dans un traitement de texte. Classez votre collection par ordre alphabétique, par thème ou par émotion, et voilà le travail !

Quelques listes intéressantes sur lesquelles vous baser :

- lesdivagationsdezeline.eklablog.com/trucs-et-astuces-dialogue-a113274746 (elle inclut un tableau thématique au format Excel !)
- www.ecrire-un-roman.com/verbes-de-dialogue/
- www.espacefrancais.com/les-verbes-de-parole/
- ien34.11.free.fr/circons/ressources/prodecri/verbes.htm

Attention, toutefois : quand vous aurez une liste bien fournie devant vous, résistez à la tentation de transformer votre texte en une fricassée de synonymes juste parce que vous le pouvez. C'est une maladresse fréquente chez les débutants, qui s'obstinent à présenter ce genre de dialogue :

— *Je m'en vais acheter du pain*, **maugréa** Pierrot.
— *Ramasse du lait en passant*, **glapit** Madeleine.
— *Et des biscuits au chocolat !* **formula** Hubert.

Ça fait dur. Pourtant, ce problème revient toujours dans les cours de création littéraire (et les étudiants sont prêts à nous griffer quand on souligne ces maladresses dans leurs textes).

Employez les incises avec parcimonie, et même si vous utilisez une banque de synonymes, arrangez-vous pour consulter les définitions des mots que vous choisissez. Ça vous évitera de produire des phrases risibles qui feront « glapir » vos lecteurs.

À retenir

- La langue française n'aime pas les répétitions, contrairement à la langue anglaise qui les tolère un peu plus.
- En français, vous pourriez vouloir trouver des synonymes pour le verbe *dire* au moment d'introduire vos incises de dialogues.
- Pour accélérer votre recherche de synonymes, imprimez-vous une liste de mots pour remplacer le verbe *dire*. Vous trouverez de nombreux exemples sur le Web. Gardez ce document à portée de main.
- Utilisez vos synonymes judicieusement et lisez leurs définitions au moindre doute.
- Il vaut mieux éviter les incises quand c'est possible.

TRUC 29
TERMINER SA SÉANCE AU MILIEU D'UNE PHRASE

Le moment où je ressens le plus de la résistance pour écrire, c'est lorsque je m'assois devant mon ordinateur le matin. Quand je n'ai pas encore tapé un seul mot. Quand j'ai des toiles d'araignées dans les yeux.

Le premier mot, le premier paragraphe. Ceux-là, je les déteste. Je rôde autour comme un prédateur qui ignore comment aborder sa proie. Bien souvent, la peur me bouffe les tripes, et je me retranche sur les réseaux sociaux ou dans ma boîte de courriels au lieu de m'y attaquer. Ils ont sur moi un effet de répulsion magnétique.

Commencer à écrire le matin, c'est un peu comme se tremper le pied dans une piscine froide. On n'a pas envie de sentir la morsure glaciale de l'eau sur notre peau, alors on mouille un orteil, puis le pied, les jambes et le reste.

Devant Scrivener, c'est pareil. Je tape quelques mots. Une première phrase. Un paragraphe. Quelques répliques de dialogues. Après un moment, je me retrouve à nouveau dans mon univers, l'action déboule et je souris.

Mais ce commencement... Ce foutu commencement !

N'existerait-il pas une manière de « sauter à l'eau » plus rapidement ?

J'ai fouillé l'Internet. Apparemment, je ne suis pas le seul avec ce problème.

S'envoyer une tasse de café dans le gosier était le truc qui revenait le plus souvent dans les articles consultés. Mais comme j'ai cessé de boire ce délicieux nectar mordoré — la consommation de caféine m'empêche de dormir. Pour mieux démarrer mes journées, j'ai dû me rabattre sur le deuxième truc le plus populaire.

Terminer au milieu d'une phrase

Une tactique simple et efficace.

À la fin d'une journée, il faut terminer sa séance d'écriture en plein milieu d'une phrase. Littéralement.

Et c'est encore mieux si la suite nous apparaît évidente.

Un exemple de texte-de-fin-de-journée potentiel :

Lori se retourne et crie :

— Rends-moi cette bague, Charleen ! C'est moi qui vais épouser Richard, pas toi !

— Si tu y tiens tant, viens le chercher, ton caillou à cinq mille dollars.

— Ne me provoque pas ou tu vas le regretter.

Furieuse, Lori allonge le bras et

Voilà. C'est tout. On peut très bien s'imaginer que Lori va essayer d'arracher la bague de fiançailles des mains de Charleen.

En vérité, il peut arriver n'importe quoi à ce moment. C'est un passage intense que l'on aurait voulu écrire tout de suite.

Mais au lieu de continuer, on s'arrête et on ferme la *shop*.

Avec cette interruption, recommencer le lendemain sera

beaucoup plus facile. Une phrase inachevée comme celle-là blesse les yeux : nos instincts primaires nous obligeront à déposer nos mains sur le clavier pour rectifier l'anomalie. On n'aurait pas besoin de surréfléchir à la suite des évènements, il suffira de se laisser emporter par l'histoire : Lori va reprendre sa bague et administrer une bonne gifle à la salope qui veut son homme.

Comme le montre cet exemple, pour que ce truc fonctionne, mieux vaut s'arrêter à un endroit où la suite vient naturellement. En interrompant son écriture au milieu d'une phrase, on se trompe rarement. Et si c'est durant une scène intense, c'est l'idéal.

La pire erreur serait de terminer sa séance après le point final qui conclut un chapitre. C'est pourtant l'habitude de nombreux auteurs : se rendre jusqu'au bout d'un chapitre, regarder leur traitement de texte d'un œil satisfait, mettre l'ordinateur en veille et retourner dans le monde des vivants.

Évitez de clore vos journées ainsi ! Pour commencer un chapitre, il faut relancer l'action en s'assurant de capter l'attention du lecteur, en plus d'introduire une nouvelle situation. L'équivalent de jeter une cargaison de glace dans la piscine avant de sauter dedans. Ne vous imposez pas ce handicap. Cessez d'écrire quelques paragraphes avant la fin du chapitre, ou bien tapez les premières phrases du suivant. Ce sera une façon d'amoindrir la résistance le lendemain.

À retenir

- On peut ressentir de la résistance au début de sa journée d'écriture. Les premiers mots ne viennent pas facilement.
- Terminer sa séance d'écriture en plein milieu d'une phrase facilite la reprise du travail le lendemain.
- Mieux vaut ne pas conclure sa séance d'écriture à la fin d'un chapitre.

TRUC 30
TRAVAILLER AILLEURS

Un beau jour, pendant que j'agissais comme mentor pour le programme Première Ovation en arts littéraires de la ville de Québec, un apprenti m'a écrit via la messagerie de Facebook. Il disait que depuis un certain temps, il s'assoyait devant son roman et ne savait plus comment le faire avancer. Son calvaire durait depuis deux jours. Nous avions pourtant dressé un plan d'écriture dans ses plus fins détails : mon élève savait *exactement* dans quelle direction aller. Ça m'étonnait qu'il soit bloqué comme ça.

« Manque d'inspiration », qu'il m'a révélé — un problème saisonnier qui frappe les artistes sans prévenir, et qui donne l'impression qu'on est bon pour la casse.

Je lui ai dit de garder son calme, que c'était sûrement temporaire. Et je lui ai donné un conseil. Le même que je donne à la plupart des gens qui m'avouent tomber dans une panne créative momentanée.

« Va travailler ailleurs. »

Traduction : ramasse ton ordinateur portable, va prendre une marche et dépose tes affaires dans une brûlerie ; installe-toi là pendant quelques heures et fait avancer ton premier jet du mieux que tu le peux.

Mes apprentis sont toujours étonnés quand j'évoque cette solution, eux qui croient qu'une panne de créativité est un évènement ésotérique qui demande de rétablir une connexion avec « la muse », et que pour recréer ce lien, on doit impérativement méditer, voyager sur un autre continent, rencontrer des inconnus et manger à leur table, philosopher pendant des heures ou embrasser le danger en escaladant un édifice de 50 étages sans harnais.

La réalité n'est pas si compliquée. Une panne créative est, la plupart du temps, un phénomène platement physique dû à la fatigue ou à une forme de *cabin fever*.

Ma prescription fait des merveilles. Il n'y a rien de sorcier là-dedans, ce ne sont que 5 étapes faciles à suivre :

1) Prendre une marche ;
2) S'installer dans une brûlerie ;
3) S'acheter un café ;
4) Le boire ;
5) Travailler au milieu des gens.

Cette thérapie pourrait régler bien des maux.

Changer d'air

Pourquoi est-ce que je conseille à mes apprentis écrivains de prendre leurs cliques et leurs claques ?

Pour plusieurs raisons.

De un, le simple fait de prendre une marche envoie un chargement d'oxygène au cerveau. L'exercice donne une bonne poussée d'énergie, et de voir la lumière du jour pour quelques minutes peut faire des merveilles sur l'humeur et la motivation.

De deux, lorsqu'on s'installe dans une brûlerie, il faut payer pour être là. Parce qu'on ne peut pas se choisir une table et s'y asseoir sans rien consommer. Quand je me déplace, j'essaie de me commander une boisson chaude (souvent un allongé décaféiné) chaque heure pour ne pas froisser mes hôtes. En sachant que mes petites économies s'envolent graduellement, je ressens une pression pour rentabiliser mon investissement. Dans un café, je perds beaucoup moins de temps sur Internet. Je me concentre sur le texte. C'est là que j'ai réussi mes meilleurs blitz d'écriture à vie.

De trois, le simple fait de se retrouver dans le public contribue à améliorer notre performance derrière le clavier. Une étude de l'Université de Chicago[9] conclut que les bruits ambiants légers, comme ceux que l'on entend à l'intérieur d'une brûlerie, suffisent à stimuler la créativité. Ça pourrait expliquer pourquoi bien des auteurs aiment se déplacer dans ces lieux. En plus, les cafés nous protègent des distractions habituelles que l'on retrouve à la maison, comme les tâches ménagères, le téléphone — si vous êtes un homme des cavernes comme moi qui possédez une ligne terrestre —, les colporteurs ou même Netflix. Il n'y a rien d'autre à faire que boire et travailler. C'est parfait comme ça.

Il y a quelques années, j'aurais ajouté que les cafés ont l'avantage de nous couper d'Internet. Mais avec le foisonnement des réseaux wifi gratuits, il devient de plus en plus difficile de fuir ce satané Web…

S'équiper pour la mobilité

Pour être en mesure de travailler ailleurs, il faut avoir un ordinateur portable. C'est le minimum.

Ce problème pourrait être réglé chez vous : votre outil principal est peut-être être un MacBook ou tout autre appareil qui pèse moins de 5 livres et dont la batterie dure de 8 à 12 heures.

C'est votre cas ? Tant mieux.

Si au contraire vous possédez uniquement un ordinateur de bureau, vous serez enchaîné chez vous — à l'étape du premier jet,

---

[9] http://www.jstor.org/stable/10.1086/665048

du moins. À la révision, vous aurez l'option d'imprimer votre manuscrit et de le corriger au stylo (on verra ça au **Truc 43 : Imprimer une copie papier**).

Si vous n'avez pas de portable, considérez-en l'achat. Pensez au gain en productivité : non seulement cet appareil vous permettra de sortir, mais il vous donnera la possibilité d'écrire à des endroits insoupçonnés (dans l'autobus, dans l'avion, au chalet, etc.). Une bonne manière de terminer ses romans quelques semaines à l'avance !

Veillez toutefois à ce qu'un tel ordinateur ne se transforme pas en source de burn-out… Il y a des moments pour travailler, et d'autres pour décrocher. Les propriétaires de MacBook ignorent parfois où tracer la ligne.

Simuler l'extérieur chez soi

Si vous n'avez pas d'ordinateur portable et que vous souhaitez recréer chez vous l'ambiance d'une brûlerie, il existe une solution à portée de main. Rendez-vous simplement sur le site Coffitivity (https://coffitivity.com). Sur la page d'accueil, vous pourrez choisir le type d'ambiance sonore que vous désirez obtenir. Trois choix seront à votre disposition (*Morning Murmur*, *Lunchtime Lounge* et *University Undertones*), mais si vous déboursez quelques dollars, vous aurez accès à une poignée d'ambiances supplémentaires. Sélectionnez votre préférée et appuyez sur « Play ». Le site Web jouera alors en boucle des bruits de lieux publics qui stimuleront votre créativité.

Il m'arrive d'utiliser Coffitivity quand j'ai l'impression que ma musique devient elle-même une source de distraction (vous savez, lorsqu'on n'arrive pas à trouver LA chanson idéale pour écrire, et qu'on passe 10 minutes à la chercher). Si je n'opte pas pour le bruit blanc qu'on retrouve sur SimplyNoise (https://simplynoise.com), je choisis *la piste Morning Murmur* de Coffitivity.

Quand j'active ce service, j'oublie rapidement que je travaille dans une ambiance artificielle. Chaque fois qu'une personne entre dans mon bureau sans m'avertir, immanquablement, elle me regarde avec un drôle d'air...

À retenir

- Lorsque vous êtes en panne créative, allez travailler ailleurs. Ce simple bris de routine pourrait régler votre problème.
- Travailler dans une brûlerie vous oblige à prendre une marche, ce qui est bénéfique à votre corps et votre esprit.
- Vous asseoir dans un café vous met une saine pression pour écrire efficacement, puisque vous devez, en quelque sorte, payer pour garder votre siège.
- Les bruits ambiants d'une brûlerie stimulent la créativité, et ces lieux sont exempts des distractions habituelles que l'on retrouve à la maison.
- Pour travailler ailleurs, vous devez posséder un ordinateur portable. Si vous n'en avez pas, vous pourrez quand même vous déplacer lorsque vous corrigerez vos manuscrits papier à l'étape de la révision.
- Vous pouvez simuler le bruit ambiant d'un café en vous rendant sur Coffitivity (https://coffitivity.com).

TRUC 31
FAIRE DE L'EXERCICE
★★★

À notre époque, il est inutile de vanter les bienfaits de l'activité physique. Vous êtes assez mature pour le savoir : un programme d'exercice régulier vous donnera de l'énergie à revendre et vous aidera à maintenir une bonne santé.

Pour écrire davantage, c'est l'idéal. Je crois que l'analogie du cuisinier qui aiguise ses couteaux, que j'avais mise dans l'introduction, s'applique parfaitement ici. Au matin, le cuistot prend quelques minutes pour affûter ses lames (durant lesquelles il ne tranche pas d'aliments), et après ça, il peut travailler plus vite et jouit d'une meilleure précision de coupe. De plus, il réduit les risques de blessures professionnelles.

L'analogie s'applique aux écrivains. Entreprendre un court programme d'exercice demande de sacrifier une demi-heure de sa journée, mais en revanche, l'effort donne exactement ce dont les auteurs ont besoin : du tonus et des pensées claires.

Je ne m'étendrai pas là-dessus. Sérieusement, des centaines de livres et d'articles ont été publiés sur le sujet. Vos parents vous ont répété qu'il fallait bouger. Vos profs « d'éduc » aussi. Écoutez-les donc.

Mon effort de guerre : 30 minutes de vélo stationnaire le matin. Durant les jours où je suis trop lâche pour monter sur la machine, je me sens moins présent devant mon ordinateur. J'ai plus de difficultés à réfléchir et à choisir mes mots. J'estime que ma fainéantise entraîne une perte de productivité qui varie entre 10 et 20 %.

En sautant ma séance d'exercice d'une demi-heure, je sacrifierais l'équivalent d'une heure de travail. C'est énorme.

En sachant ça, pourquoi ne suis-je pas 100 % assidu au vélo ?

La réponse : mon cerveau est con.

Certains matins, quand je suis frappé par l'inspiration, je me dis : « Pas le temps de faire mon vélo, je dois taper cette scène *immédiatement*. » Je saute sur mon ordinateur sans sortir de mon pyjama.

Une heure plus tard, je ressens les effets de mon inertie. Mon livre avance à pas de tortue. Les phrases sont écrites n'importe comment. Ma scène est à recommencer.

Bravo, champion.

Mon paradoxe personnel avec l'exercice

L'exercice me fait gagner du temps et de la productivité. Le hic, c'est que je suis incapable de retenir cette évidence quand je me trouve devant mon vélo stationnaire et que mon cerveau me crie : « Ça te tente pas ! Va écrire ! »

Parfois, je l'écoute. Je quitte la pièce, je descends dans mon bureau. Je suis un esclave.

Quand je réussis à monter sur cette machine, ce cerveau imbécile résiste encore. Il touche mes cordes sensibles : « Tes idées, mec, tu vas les perdre. Arrête et va commencer ton chapitre. »

À ça, on ajoute l'ennui. Parce que je me morfonds quand je suis installé sur cet appareil.

Vous pourriez répondre : « Si tu t'ennuies, Bellavance, c'est probablement parce que tu forces pas assez ! »

Bon point. Pourtant, mon cœur bat assez fort pour atteindre le niveau « cardio », selon ma montre FitBit. Là n'est pas la question.

Mon vélo stationnaire, avec ses mouvements ultra répétitifs, ne m'apporte pas beaucoup de stimulation intellectuelle.

J'ai eu cette relation amour-haine avec l'exercice (et mon cerveau) durant une bonne partie de mon existence.

Avant que mon corps ne se cristallise sous l'effet de la sédentarité, je suis parti en quête de solutions.

Faire deux choses en même temps

Récemment, j'ai lu le livre *168 Hours: You Have More Time Than You Think*, de Laura Vanderkam. Un bouquin sur la gestion du temps. J'avais besoin de ça.

L'auteure nous dit là-dedans qu'une semaine comprend beaucoup de temps. Cent-soixante-huit heures, pour être exact. Et que ces heures, on ne les utilise pas adéquatement. On a toujours l'impression d'être coincé dans notre horaire, alors qu'avec un minimum de réorganisation, on peut ajouter bien des activités dans notre quotidien sans subir de revers.

Un des trucs qu'elle donne : s'adonner à deux ou trois activités en même temps, quand les occasions s'y prêtent.

C'est l'une des raisons qui expliquent pourquoi je suggère aux hommes d'acheter un sac à main au commencement de ce guide : l'accessoire leur permettrait d'apporter une liseuse numérique partout où ils vont. S'ils avaient 15 minutes devant eux avant l'arrivée d'un autobus, ils pourraient lire un chapitre de leur thriller au lieu de se tourner les pouces.

C'est ça, fusionner des activités. Écouter un livre audio en conduisant pour aller travailler. Ou enregistrer des idées pour un prochain roman sur son iPhone en marchant vers l'épicerie.

Vanderkam m'a obligé à reconsidérer tout ce que j'accomplis dans une journée. Désormais, peu importe ce que j'entreprends, j'essaie de combiner mes activités — en n'admettant que les pertinentes, bien entendu. Du genre, je ne voudrais pas insérer plus de Twitter ou de Facebook dans mon horaire : j'essaie au contraire d'y aller le moins possible. Pour les podcasts, c'est différent.

J'adore les podcasts. Je n'avais jamais osé en écouter avant 2016. C'est une découverte récente pour moi.

Vous ignorez ce que sont les podcasts ? Ce sont des émissions audio préenregistrées auxquelles on doit s'abonner, généralement avec un téléphone intelligent. Chaque fois qu'un nouvel épisode paraît, il est automatiquement téléchargé sur notre appareil via une application (sur iOS, l'app officielle d'Apple s'appelle *Balados*). Il existe des podcasts sur à peu près tous les sujets qu'on peut imaginer : marketing, écriture, rénovation, finances personnelles, jardinage, etc. C'est infini. Et c'est gratuit la plupart du temps.

J'ai un tas d'abonnement sur mon iPod et je ne les écoute jamais de façon passive : je fais toujours une autre activité simultanément, comme préparer les repas, marcher dehors ou… faire mon vélo stationnaire.

C'est ça, mon truc. Pour me désennuyer en faisant mes exercices, j'écoute désormais des podcasts. Je pédale et j'apprends.

Si, comme moi, vous avez aussi besoin de stimulation, optez pour cette activité, ou visionnez des séries télé, écoutez des livres audio, lisez un roman pendant que vous forcez… tant que le sport permet ce genre de distraction. Ça vous motivera à fouetter vos muscles, et ça rendra le moment infiniment plus agréable.

À retenir

- Les bienfaits de l'activité physique ne sont plus à prouver.
- Faire vos 30 minutes d'exercices quotidiens vous donnera plus d'énergie et augmentera votre productivité.
- Il peut être tentant de troquer votre exercice pour quelques minutes d'écriture supplémentaire. Ne tombez pas dans ce piège.
- Si vous avez de la difficulté à trouver de la motivation pour faire vos exercices, fusionnez cette activité avec une autre plus stimulante. Considérez les podcasts.

TRUC 32
BLOQUER INTERNET

Il est 9 h 30. La journée vous appartient : les enfants sont à l'école, vous êtes en congé et votre douce moitié est en voyage d'affaires jusqu'à demain.

La cafetière répand son arôme corsé dans la cuisine. Vous vous préparez une tasse, un peu de sucre, une touche de lait, puis vous vous enfermez dans votre bureau pour cet avant-midi d'écriture que vous espériez depuis toujours.

Vous ouvrez votre projet. « Chapitre 9 ». Votre personnage était dans de beaux draps, son heure de gloire est arrivée.

Vous écrivez un premier paragraphe, puis vous allez consulter vos courriels. Trente-six nouveaux messages, dont trois de vos collègues qui semblent incapables de se passer de vous. Quelques feux à éteindre, comme d'habitude. Vous leur répondez promptement. Vous revenez à votre texte. Deux paragraphes plus tard, vous ouvrez Safari et faites un tour sur Facebook pour vous changer les idées. Puis sur Twitter, tant qu'à y être. L'actualité est déprimante. De retour à votre roman, vous écrivez le début d'un dialogue entre votre héroïne et son acolyte. Puis vous retournez consulter vos courriels, juste une minute, pour voir si on vous a répondu…

Les crocs d'Internet

S'il m'arrive d'être plongé à 100 % dans mon écriture avec une concentration quasi parfaite, en général, mon esprit vagabonde. Je pense à mon histoire, mais aussi à mon blogue, aux messages qui m'attendent, à mes contrats en négociation et à ce qui se passe sur Facebook.

De fait, j'interromps souvent mon écriture pour ouvrir mon navigateur Internet.

Cette habitude de faire du va-et-vient entre le traitement de texte et une panoplie de sites Web est une catastrophe pour la productivité. Et ce n'est pas moi qui le dis : c'est Nicholas Carr, dans son livre *The Shallows: What the Internet is Doing to Our Brains*. Lire ce bouquin nous oblige à voir l'Internet d'un autre œil. Selon des études scientifiques citées dans ce livre, le travail multitâche est un mythe des temps modernes, du moins pour le cerveau humain ; dans les faits, nous ne pouvons nous concentrer que sur une seule tâche à la fois. En sautant d'une application à l'autre sur l'ordinateur, on n'accomplit pas deux choses simultanément, on interrompt plutôt notre premier travail pour en commencer un autre, successivement. Chaque fois, on doit briser notre concentration pour se réapproprier mentalement le nouveau projet. Le coût cognitif de ce perpétuel rebondissement est très élevé, il entraîne une baisse de productivité générale et une augmentation du nombre d'erreurs que l'on pourrait commettre.

Vous imaginez ?

Si vous gaspillez le quart de votre temps d'écriture en rôdant sur Gmail ou Facebook, vous ne perdez pas réellement 25 % de votre productivité, mais bien davantage.

Ça donne envie de changer ses habitudes, pas vrai ?

Malheureusement, renoncer à Internet est plus compliqué qu'il n'y paraît. Consulter vos courriels provoque les mêmes réactions dans votre cerveau que si vous consommiez de la cocaïne — c'est la science qui le dit (et Nicholas Carr aussi). Ça crée une dépendance. Une vraie. Chaque fois que vous entendez une alerte sur votre téléphone, votre cerveau reçoit une dose de dopamine, un neurotransmetteur ayant le rôle de renforcer certains comportements chez l'être humain. La dopamine, c'est en quelque sorte le principal ingrédient de votre système de récompense interne. Et de la dopamine, votre cerveau raffole.

Faites le test. À partir de demain matin, passez une journée complète « sans courriels ». Pas le droit de les consulter sur votre ordinateur ni sur votre téléphone.

Vous allez devenir fou. Vous vous sentirez en sevrage, comme si vous étiez un fumeur sans cigarettes.

Pourtant, limiter Internet pendant qu'on écrit, c'est le nerf de la guerre. Le Web peut être un bon allié lorsqu'on doit mener des recherches, mais la plupart du temps, c'est un sale gosse qui gueule pour monopoliser notre attention.

Un auteur que je connais a choisi de réduire son temps d'Internet en s'imposant des balises. Il se permet d'aller consulter ses courriels une demi-heure le matin et une autre le soir. Ça fonctionne pour lui. Respecter cet horaire lui a toutefois demandé beaucoup d'efforts : au départ, il a dû s'accorder 4 ou 5 périodes de courriels quotidiennement pour ensuite diminuer ce nombre au fil des semaines. D'autres auteurs, plus intenses, se limitent à une seule séance d'Internet par jour (tous sites confondus) entre 8 h 30 et 9 h le matin.

Seriez-vous capable d'adopter une telle routine ? Avez-vous la discipline requise ?

J'ai déjà essayé de m'imposer ce genre de balises durant mes journées ouvrables. Plusieurs fois. Ça n'a jamais fonctionné. Mon cerveau agit comme un diable avec des cornes, j'ai l'impression de passer à côté de messages importants et me répète qu'aller sur Internet serait beaucoup plus amusant que de remanier ma dernière figure de style. La tentation augmente à chaque minute qui passe. Conséquence : j'interromps mon travail 3 fois par heure pour aller consulter mes niaiseries. Ça m'enrage.

Si comme moi l'autodiscipline ne fonctionne pas chez vous, optez pour la solution drastique.

Bloquez votre connexion Internet quand vous écrivez.

Couper Internet

Il existe un logiciel formidable fonctionnant autant sur Windows que sur Mac qui permet de bloquer sa connexion Internet pendant une durée déterminée. Ça s'appelle Freedom, et vous pouvez le télécharger au www.freedom.to.

Avec Freedom, vous démarrez des sessions « sans distraction » où le Web devient inaccessible sur votre appareil. Vous choisissez vous-même la durée de cette période : 15 minutes, 30 minutes, 1 heure ou la journée entière, selon ce qui vous convient. Le logiciel s'occupe du reste. Si lors d'une session Freedom vous êtes pris d'une soudaine envie d'aller sur le Web et que vous entrez l'adresse de Twitter dans votre navigateur, au lieu de voir apparaître l'interface du réseau social, vous verrez un gros papillon vert accompagné du texte : *You are free from Twitter !*

Votre esprit rebelle pourrait être tenté de quitter Freedom au milieu d'une session pour assouvir un besoin de connectivité. Si vous croyez avoir cette faiblesse, cochez une option spéciale intitulée « *Disable Quit During Session* » dans les paramètres du logiciel, après quoi il deviendra impossible d'interrompre Freedom après sa mise en route. Vous n'aurez plus le choix de marcher au pas.

On peut également configurer Freedom pour qu'il s'active automatiquement à un horaire régulier, par exemple, tous les jours, de 9 h à 17 h. Préférez ce mode de fonctionnement si vous soupçonnez qu'un démarrage manuel vous demandera trop d'efforts mentaux. On ne se débarrasse jamais facilement de ses vieilles habitudes.

Freedom est un logiciel payant, mais vous pouvez télécharger une version d'essai qui vous offrira 7 sessions gratuites, peu importe leur durée. Vous aurez ensuite la possibilité de vous abonner au service en choisissant un forfait facturable au mois ou à l'année, ou en déboursant un montant unique qui débloquera le logiciel à vie.

À retenir

- Pour l'être humain, le travail multitâche est un mythe : notre cerveau ne peut se concentrer que sur une seule activité à la fois.
- À l'ordinateur, naviguer d'une application à l'autre entraîne une baisse de productivité générale et accroît le risque d'erreurs.
- Réduire sa connectivité pourrait apporter un gain exponentiel sur le plan du rendement créatif.
- Se sevrer d'Internet est difficile : mieux vaut y aller progressivement.
- Pour bloquer Internet complètement, utilisez un logiciel comme Freedom.

TRUC 33
PORTER UN CHAPEAU D'ÉCRITURE

Si couper l'internet est une solution trop intense pour vous, j'ai un deuxième truc.

Ça s'appelle le « chapeau d'écriture ».

C'est à votre portée. Vous prenez un chapeau. Vous le mettez sur votre tête. Et tant que ce chapeau reste en place, vous ne pouvez rien faire d'autre qu'écrire.

Pas le droit d'aller sur Facebook. Ni de visiter Wikipédia pour commencer des recherches.

R. I. E. N. Sauf écrire.

Ça fonctionne, imaginez-vous donc.

Le seul fait de devoir enlever le chapeau pour aller procrastiner en ligne vous fera prendre conscience de vos tics improductifs. Vous remarquerez exactement à quelle fréquence le Web vous extirpe de votre œuvre. Au fil du temps, vous allez gagner de la discipline sans même le réaliser.

Vous êtes sceptique ?

Pourquoi donc ? Ça ne coûte rien d'essayer. Vous avez sûrement une vieille casquette de station-service qui traîne quelque part dans votre garde-robe. Prenez-la, désignez-la comme votre chapeau d'écriture et mettez-la sur votre tête.

De mon côté, j'ai choisi une vieille casquette promotionnelle comme chapeau d'écriture. Quand je veux m'offrir une heure de travail ininterrompue, je place la casquette sur mon crâne et je m'attaque au texte.

Au fil du temps, cette technique m'a conditionné à l'autodiscipline. Avec le chapeau, non seulement je perds moins de temps sur Internet, mais il me semble que je me laisse absorber plus facilement par mon histoire, comme si le rituel me propulsait en mode « concentration ».

Des bénéfices immédiats, pour un investissement quasiment nul.

Faites le test. Choisissez n'importe quel type de couvre-chef : un béret, un haut-de-forme, un casque de hockey (sans grille) ou des écouteurs Bluetooth. Tenez-vous-en aux règles. Avec le chapeau, on écrit. Un point, c'est tout.

À retenir

- Choisissez un accessoire (comme une casquette) qui sera votre « chapeau d'écriture ».
- Lorsque vous porterez ce chapeau, vous ne pourriez rien faire d'autre qu'écrire.
- Dès que vous voudrez changer d'activité (comme aller sur Internet), vous devez impérativement enlever le chapeau. Ça vous fera prendre conscience de vos manies.
- Ce truc vous aidera à garder le focus sur votre texte, surtout si vous avez un penchant pour la procrastination.

TRUC 34
COUPER LES SOURCES DE DISTRACTION

Même si on s'acharne à vouloir rester concentré devant notre texte, parfois, ce sont les distractions qui viennent nous chercher de force.

Imaginez que vous suivez mes deux derniers conseils : vous coupez l'Internet et vous mettez votre chapeau d'écriture. Vous planchez sur votre roman et réussissez à compléter une page entière. Deux minutes plus tard, votre téléphone se met à jouer votre sonnerie des *Spice Girls* à tue-tête. Vous regardez l'appareil, du coin de l'œil. Devez-vous répondre ?

Le simple fait de vous poser cette question a tué votre concentration. Vous étiez plongé dans votre univers, et vous voilà de retour dans votre bureau exigu aux murs jaunes.

… and every girl, Spice up your life, People of the world, Spice up your life…

Vous grincez des dents. Le monde extérieur refuse de vous laisser tranquille.

Dix secondes plus tard, le téléphone s'arrête.

Vous revenez à votre texte. Vos doigts s'immobilisent sur le clavier. Les mots ne viennent plus. Votre esprit a dévié vers les angoisses banales du quotidien, et ça vous a mis en colère.

Tout ça à cause d'un pauvre téléphoniste philanthrope, qui souhaitait égayer votre journée avec une offre incroyable de carte de crédit à 0,99 % d'intérêts.

Couper les distractions à la source

Dès qu'une distraction extérieure nous effleure, on est cuit. On peut décider de ne pas répondre au téléphone pendant les huit prochaines heures, mais chaque fois que l'appareil va sonner, on va hésiter. *Est-ce important ? Devrais-je prendre l'appel, juste au cas ?*

Le *momentum* sera brisé. Bonne chance pour le récupérer.

Si on veut éviter ce genre de situation, mieux vaut couper les distractions à la source. Voyons comment on peut y arriver.

Les notifications

Pour « péter notre bulle », rien de mieux qu'une notification Facebook apparaissant sur le téléphone qu'on a déposé près du clavier.

Jane Doe *a laissé un message sur votre babillard. Glissez pour lire.*

C'est *sûrement pas* un mème de chat, pas vrai ?

Durant votre séance d'écriture, votre téléphone est votre pire ennemi. Même si vous bloquez l'Internet sur votre ordinateur avec un logiciel comme Freedom, votre portable, lui, demeure branché à la Toile pour le meilleur et — surtout — pour le pire. Il vous bombardera de messages du monde extérieur, vous enverra mille notifications de la part des réseaux sociaux qui *veulent* votre attention (c'est comme ça qu'ils génèrent du revenu).

Faites-vous un cadeau. Coupez ce cordon ombilical.

Sur la plupart des appareils, il existe une fonction magnifique appelée : « Ne pas déranger ». Assurez-vous de l'activer avant de commencer à travailler. Faites-le religieusement. N'attendez pas qu'une première notification vous perturbe avant d'agir, ce serait une distraction de trop. Avec ce livre, je veux que vous puissiez insérer « 90 minutes d'écriture dans 1 heure », pas « 89 minutes ».

Mieux encore : laissez donc votre appareil en dehors du bureau, si c'est possible. Vous n'en mourrez pas.

Et les appels téléphoniques, dans tout ça ?

Je peux comprendre que ce type de « notification » peut différer du reste. Moi-même, je n'envisagerais jamais d'éteindre complètement mon téléphone. Ma fille fréquente l'école primaire : si elle se cassait une jambe durant la récréation et que la secrétaire m'appelait d'urgence, je devrais être en mesure de répondre. C'est ma responsabilité de parent et ça passe avant l'écriture.

Votre relation avec le téléphone pourrait ressembler à la mienne. De nos jours, c'est encore le canal de communication par défaut de la plupart des institutions — même si on préférerait toujours qu'elles utilisent les textos et les courriels. Vous pourriez attendre des appels importants du médecin, de vos clients, de vos enfants ou de votre avocat. C'est tout à fait acceptable. Gardez les deux pieds sur terre et évitez de croire les gens qui prétendent que « tout peut attendre ». La planète ne cesse pas de tourner pendant que vous travaillez. Vous avez des responsabilités. On pourrait avoir besoin de vous.

Cela dit, je parle en tant qu'auteur qui écrit à temps plein. Disparaître 8 heures chaque jour, du lundi au vendredi, serait malavisé dans mon cas. Je dois exister. Sauf que votre situation pourrait différer de la mienne. Si, par exemple, la somme de vos séances d'écriture ne dépassait jamais deux ou trois heures par semaine, votre temps serait infiniment plus précieux que le mien. Dans ce cas, coupez-vous du monde extérieur, complètement.

Demandez-vous quelles sont vos limites. Pouvez-vous mettre la sonnerie en sourdine et rediriger les appels à la boîte vocale ? Si oui, faites-le. Les effets bénéfiques sur votre travail seront immédiats. Mais si comme moi vous devez demeurer accessible, essayez quand même de réduire le bruit généré par le téléphone. Surveillez votre afficheur : vous saurez qui vous appelle et pourrez ignorer les demandeurs inopportuns.

Les amis

Mercredi, 13 h. Vous achevez le huitième chapitre de votre roman. Une phrase vous donne du fil à retordre. Vous sortez le thésaurus en espérant y trouver un peu d'inspiration lorsque, soudain, on frappe à la porte.

Vous répondez. C'est Gaétan qui arrive comme un cheveu sur la soupe avec sa caisse de bière sous le bras. Il vous apprend qu'il est en congé. Comme vous étiez la seule personne « disponible » à ce moment-là, il a cru bon vous tenir compagnie.

Malaise.

Lorsqu'on devient auteur, il est assez rare que l'on soit pris au sérieux par son entourage. Vos proches vous considéreront comme un sans-emploi et s'imagineront qu'ils peuvent débarquer chez vous à tout moment pour vous changer les idées (et que c'est un acte de pure bonté de leur part).

Or, vous n'avez pas besoin qu'on vous les change, ces idées. Au contraire, la dernière chose que vous voulez, c'est qu'on vous les fasse perdre.

Ce genre de problème ne s'applique pas qu'aux écrivains. La plupart des travailleurs autonomes qui ont un bureau à domicile racontent qu'à leurs débuts, ils ont dû expliquer à leur entourage qu'ils travaillaient *pour de vrai* durant le jour, avec de vrais clients. Et donc qu'une visite surprise n'était pas appropriée.

Mettez des balises. Si une personne débarquait chez vous sans prévenir, dites-lui poliment que vous êtes « en service » et que vous le rappellerez ce soir ou durant le week-end. Elle-même n'aimerait pas se faire déranger chez son employeur, n'est-ce pas ? C'est pareil pour vous.

Vous pouvez être moins catégorique et accepter la bière une fois de temps en temps, en prenant la peine d'expliquer votre situation, clairement et fermement. Votre visiteur comprendra. (Dans le cas inverse, demandez-vous pourquoi vous fréquentez un tel *douchebag*.)

Ces situations sont délicates. Vous désirez garder votre concentration, mais également vos amis. Soyez diplomate. Et prenez garde à ne pas dépasser les bornes. Vous ne pouvez pas écrire tous les jours de semaine, de 8 h à 21 h, plus la journée complète du samedi, et pourquoi pas le dimanche. Les balises ne sont pas seulement pour vos proches : imposez-en à vous-même. Travailler en permanence ruinera non seulement votre vie sociale, mais aussi votre santé. Assurez-vous de sortir sous le soleil et de côtoyer des êtres humains une fois de temps en temps.

La famille

Si vous pouvez demander aux amis de reporter leurs visites, c'est moins évident pour la famille qui habite sous votre toit. Votre douce moitié voudra ouvrir la porte de votre bureau n'importe quand pour vous poser des questions hyper importantes, du genre, « qu'est-ce qu'on mange pour souper ? » Ou vos enfants feront du tapage dans la pièce voisine.

Encore ici, c'est à la fois une question de balises et de gros bon sens.

Si vous avez la chance d'avoir un bureau à domicile, faites-en un lieu sacré. Imposez des limites à votre famille : pas question de venir vous déranger durant les heures ouvrables sauf si un incendie se déclarait dans la cuisine. Et sommez les enfants d'aller jouer sur l'autre étage si, pour une raison ou pour une autre, vous devez déborder en dehors des heures scolaires.

Dans tous les cas, demeurez équitable avec les gens qui vous entourent. N'oubliez jamais que vous partagez votre domicile avec d'autres personnes : vous ne pouvez pas exiger le silence absolu à toute heure du jour. Si vous êtes dans l'obligation d'écrire le dimanche (pour un *rush*, par exemple) et que la paix est impossible à trouver chez vous, c'est votre problème. Soyez respectueux. Allez travailler dans un café.

Le bruit

Habitez-vous dans un quartier bruyant ? Peinez-vous à trouver de la quiétude dans votre maison ? Le son du robinet qui fuit dans la salle de bain vous énerve-t-il au point de vous donner envie d'arracher les tuyaux à mains nues ?

Si dans certaines situations l'on peut agir pour obtenir le silence, la plupart du temps, on doit endurer la pollution sonore qui nous entoure.

Heureusement, il existe des solutions pour nous aider à garder notre concentration — et notre calme.

Ça s'appelle du *bruit blanc*.

Ce type de bruit ressemble au son produit par votre télévision lorsqu'il diffuse un canal inactif avec de la fameuse « neige ». Ça rappelle vaguement le bruit d'une chute d'eau. Pas particulièrement agréable à l'oreille, mais à bas volume, on finit par l'oublier. Sans que vous vous en rendiez compte, le bruit blanc va étouffer graduellement les sons indésirables autour de vous. Après quelques minutes, vous retrouverez votre précieuse « bulle » de création.

Où ça se trouve, du bruit blanc ?

Une panoplie de sites et d'applications vous en offriront en version pure (bruit blanc comme à la télévision) ou avec des équivalences accordées sur le vrai monde (ambiances de pluie, de foule, de forêt, etc.). Voici mes favoris :

Simply Noise (simplynoise.com) : Offre plusieurs « couleurs » de bruit, dont du *Brown Noise*, qui me rappelle le bruit apaisant d'une grosse bouche d'aération. Gratuit sur le Web.

Simply Rain (rain.simplynoise.com) : Des mêmes créateurs que Simply Noise, cette application produit un bruit d'orage avec une intensité paramétrable, avec ou sans tonnerre. Ce système ne comporte aucune boucle sonore : tout est généré aléatoirement. Notez que cette ambiance peut vous donner envie de pipi. Gratuit également.

Coffitivity (coffitivity.com) : Cette application diffuse un bruit de foule qui vous donnera l'impression de travailler dans un café fréquenté. Solution idéale si vous commencez à vous sentir comme un ermite. Quelques boucles sonores sont gratuites, d'autres requièrent un abonnement payant.

Si vous n'aimez pas le bruit blanc et que vous avez quelques dollars à dépenser, vous pouvez investir dans un casque d'écoute avec annulation active du bruit. Plusieurs de mes collègues travailleurs autonomes ne jurent que par ça — et moi aussi, depuis que j'en ai acheté une paire. Le prix de ces appareils oscille entre 80 et 400 $. On m'a conseillé d'opter pour les écouteurs à prix exorbitants, cependant le modèle *COWIN E7 Active Noise Cancelling Headphones* que j'ai payé 79,99 $ sur Amazon fait le travail à merveille.

Quand on habite dans un appartement avec des murs en carton, un tel appareil est un *must*.

Bien sûr, vous pouvez camoufler les bruits indésirables avec de la bonne vieille musique. C'est la méthode prisée par Stephen King : dans *Écriture, mémoires d'un métier,* il avoue mettre du AC/DC à fond la caisse dès qu'il s'assoit devant son ordinateur. De mon côté, j'ai beaucoup de mal à travailler dans ce type d'ambiance. Les paroles des chansons ont tendance à me distraire, et quand un album se termine, je dois prendre le temps de choisir le suivant, ce qui me ramène au plancher des vaches. Je préfère les trames sonores de films ou la musique classique, surtout lorsque les albums sont très longs. Je les fais jouer en boucle.

Vous voulez vous blinder ? Faites passer votre musique par un casque Bluetooth muni de la fonction « atténuation active de bruit ». L'effet sera doublé. L'équivalent de prendre une Advil ET une Tylenol pour combattre un mal de tête.

Les autres sources de distraction

Je n'ai fait qu'énumérer une poignée de sources de distraction que vous rencontrerez durant votre carrière d'auteur. Vous n'aurez probablement jamais la « sainte paix » cinq jours par semaine comme vous en rêvez — désolé de vous l'apprendre. Ce sera un travail continu, tout au long de votre vie. Pour protéger votre productivité, vous devrez déraciner les distractions dès qu'elles sortiront de terre.

Un truc : pour donner un solide coup de hache à vos distractions, prenez un carnet et faites un suivi serré de vos dérangements. Chaque fois qu'on vous extirpera de votre roman, notez 1) l'heure, 2) l'activité que vous avez faite, 3) ce qui a causé ce dérangement et 4) une solution possible.

Quelques exemples :

Heure : 11 h 31
Activité : Aller sur Facebook.
Cause : Notification reçue sur téléphone.
Solution : Activer le mode « Ne pas déranger ».

Heure : 13 h 55
Activité : Aller me chercher un verre d'eau.
Cause : Soif.
Solution : Me garder une bouteille d'eau à proximité.

Heure : 15 h 1
Activité : Aller consulter mes courriels.
Cause : Besoin compulsif d'aller voir mes courriels aux 15 minutes.
Solution : M'imposer une limite pour consulter mes courriels, 1 fois par jour seulement, entre 8 h et 9 h du matin.

Certaines solutions seront plus faciles que d'autres à appliquer.

À retenir

- Pour garder votre concentration tout au long de la journée, tentez d'éliminer les sources de distraction qui vous entourent.
- Désactivez les notifications sur votre téléphone intelligent pendant que vous écrivez.
- Si ce n'est pas déjà fait, abonnez-vous à un service d'afficheur pour filtrer les appels entrants.
- Informez vos amis que vous souhaitez ne pas être dérangé durant les heures de bureau.
- Dites à votre famille de n'interrompre votre écriture qu'en cas d'urgence. Une *vraie* urgence.
- Si les sons extérieurs vous dérangent, utilisez du bruit blanc, écoutez de la musique ou achetez-vous un casque Bluetooth avec annulation active du bruit.
- Faites un suivi serré de vos distractions quotidiennes et tentez de trouver des solutions à chacune d'elles.

TRUC 35
CESSER SES ACTIVITÉS PROMOTIONNELLES

Pendant que vous écrivez, êtes-vous du genre à vous arrêter sporadiquement pour inonder Facebook de messages énergiques qui demandent aux gens d'acheter vos livres ?

La promotion active de vos œuvres prend-elle un temps considérable dans votre horaire professionnel ?

Avez-vous peur que vos lecteurs vous oublient si vous cessez de publier pendant une semaine sur les réseaux sociaux ?

Si vous avez répondu « oui » à l'une ou l'autre de ces questions, assoyez-vous. On va jaser.

Parce que je suis déjà passé par là.

Dans mes jeunes années d'écrivain, je promouvais énormément mon travail. Articles de blogue, Facebook, Twitter, *name it*. Tellement que je me réservais toujours une plage horaire dans ma journée pour réfléchir à mes prochaines actions sur le plan marketing.

Puis, j'ai décidé de me calmer les nerfs.

J'ai bien dit dans l'introduction de ce guide que je n'allais pas donner des trucs marketing ici. C'est faux. Je vais en donner un seul.

Croyez-moi, ça va changer votre façon de travailler.

La meilleure activité promotionnelle

Ça n'a rien à avoir avec Facebook. Ni avec Twitter. Et je ne parle pas non plus de votre blogue.

Non.

La meilleure façon de promouvoir votre travail, c'est de sortir un nouveau roman.

« *Man*, c'est pas de la promotion, publier un livre ! », répondriez-vous.

Erreur.

Avant de continuer, revenons à ce fameux battage publicitaire que les auteurs font (à tort) sur les réseaux sociaux, jour après jour.

Êtes-vous coupable d'une telle pratique, comme je l'ai déjà été ?

Quels résultats apportent ces interventions, vous pensez ?

Lorsque vous relâchez d'innombrables messages sur Twitter et Facebook chaque semaine, des mises à jour du type « achetez mes livres », arrivez-vous *vraiment* à générer des ventes concrètes ? Croyez-vous que les lecteurs se lancent sur leurs portefeuilles et brandissent leur carte de crédit, incapables de résister à l'appel ?

Si oui, permettez-moi de briser vos illusions.

Ces publications n'ont qu'un seul effet : énerver le monde. Observez votre comportement devant des interventions similaires issues de vos collègues. Avez-vous déjà acheté un roman parce que vous avez vu défiler un message tel que : « Heille ! Lisez mes livres ! Ce sont des histoires exceptionnelles ! »

Devant ces coups de trompette lancés dans le vide, vous avez sûrement eu l'une de ces réactions :

1) être ennuyé (ce qui a probablement été le cas) ; ou
2) cliquer sur « *unfollow* », « *unfriend* » ou un équivalent, parce que c'était la goutte d'eau qui a fait déborder le vase.

Qui a déjà été secoué positivement par ce genre d'appel ? Si on s'intéresse le moindrement au monde littéraire, on en voit passer des dizaines chaque jour sur nos fils d'actualité. De l'eau dans une rivière. Le flux est constant, il n'y a rien d'excitant là-dedans.

Selon moi, les auteurs qui publient ces messages *ad vitam æternam* vivent dans l'insécurité. Ils ressentent le besoin de donner un petit coup de bâton dans le flanc des internautes, une fois de temps en temps, espérant ne pas tomber dans l'oubli.

Ils se construisent ainsi une réputation d'énervants.

Ne soyez pas comme ça.

Si vous voulez avoir une chance de susciter un véritable intérêt chez votre public, cessez 95 % de vos activités promotionnelles sur Internet. Investissez plutôt ces heures dans votre prochain livre. Finissez-le, ce roman, et faites-le publier. Gardez le focus.

Publier un nouveau livre générera une tonne d'effets bénéfiques pour vous et votre carrière, sur le plan promotionnel :

- **Vous attirerez l'attention des médias :** Les médias adorent la nouveauté. En libérant un roman inédit sur le marché, vous augmentez considérablement vos chances d'apparaître dans des articles ou d'être invité pour des interviews. Sans nouveautés, avoir une visibilité médiatique est beaucoup plus compliqué.
- **Vous aurez une VRAIE raison de publier sur les réseaux sociaux :** Annoncer une nouveauté est une façon légitime d'utiliser Facebook ou Twitter (en restant dans les limites du gros bon sens). Vos fans adoreront apprendre qu'ils peuvent se mettre du matériel neuf sous la dent.

Vous stimulerez le bouche-à-oreille : Je ne le dirai jamais assez, le bouche-à-oreille, il n'y a que ça de vrai. Publiez un livre de grande qualité, et les lecteurs en parleront. Vous attirerez des curieux qui viendront rejoindre le rang de vos fans.

Vous augmenterez l'importance de votre catalogue : Un lecteur qui aimera votre nouveauté sera peut-être tenté d'aller essayer vos anciennes publications pour étancher sa soif. Un nouveau roman peut ainsi redonner de la vitalité à votre fond de catalogue.

En sachant cela, pourquoi vous entêteriez-vous à émettre des messages autopromotionnels de façon continuelle autour de vous, sans y inclure de contenu intéressant ? Cessez cette pratique — elle peut surtout vous nuire. À la place, redoublez d'ardeur et travaillez.

À retenir

- Inonder les réseaux sociaux de messages promotionnels ne sert qu'à ennuyer ou irriter vos lecteurs potentiels.
- Au lieu de faire de la promotion active, concentrez-vous sur l'écriture de votre roman.
- Publier un livre de qualité est probablement l'acte promotionnel qui aura le plus d'impact sur votre carrière.

TRUC 36
RÉDUIRE L'ENTRETIEN MÉNAGER

Ma maison est sale. À un certain point, on s'entend. Le plancher n'est pas recouvert de terre et de mouches mortes, et les murs ne dégoulinent pas de moisissures. C'est cependant possible que vous retrouviez un tas de cheveux noirs derrière la porte de ma chambre si vous examinez ce recoin. Ou que le comptoir ne soit pas entièrement impeccable entre les repas. Il doit y avoir deux ou trois gouttes de sauce séchées là-dessus.

Si j'attendais de la visite, je donnerais illico un coup de chiffon partout. Je ne veux pas passer pour un crotté. Mais je me suis imposé des limites. Je ne suis pas un maniaque de ménage.

Parce que des *maniaques*, des vrais, j'en connais.

Ceux-là font le ménage chaque jour. Ils ne sont pas capables d'endurer la moindre graine de poussière sur leurs étagères, ne tolèrent aucun pli sur leur lit. Ils se disent constamment épuisés parce qu'ils doivent passer l'aspirateur, laver les stores, tondre le gazon, nettoyer l'entrée d'asphalte au boyau d'arrosage (sérieusement), récurer le bain ou frotter les armoires.

Ça me dépasse.

On passe combien d'années sur Terre ? Quatre-vingts en moyenne ? Quatre-vingt-dix, si on est chanceux ?

C'est court.

Alors, dites-moi : pourquoi devrait-on passer le quart de son temps à torcher sa maison ?

Apprendre à endurer la saleté

Un peu de saleté n'a jamais tué personne. En réalité, c'est *l'absence* de saleté qui peut vous rendre malade. D'épuisement, de découragement.

Car le ménage, c'est toujours à refaire. On n'en viendra jamais à bout.

En apprenant à tolérer un peu de désordre dans votre maison, combien de minutes — ou d'heures — pourriez-vous récupérer chaque semaine ? Si vous aviez l'habitude d'épousseter une fois tous les deux jours, pourriez-vous essayer une fois tous les trois jours. Ou même tous les quatre jours ? Vous ne verrez peut-être aucune différence, et au final, vous aurez beaucoup plus de temps pour vous. (Traduction : vous aurez plus de temps pour écrire.)

Passez en revue la totalité de vos tâches ménagères. Que pourriez-vous éliminer ? Quelles activités entraînent les résultats les moins visibles ?

Pour vous aider, j'ai dressé une liste des tâches qui sont d'importants bouffe-temps et qui apportent le moins de bénéfices :

Rincer la vaisselle avant de la mettre dans le lave-vaisselle :
À moins que vos plats ne soient particulièrement croûtés et dégueulasses, il est généralement inutile de rincer et frotter vos assiettes et vos verres avant de les déposer dans le lave-vaisselle. En plus, ça gaspille l'eau. (Si vous n'avez pas de lave-vaisselle, je vous offre mes sympathies.)

Faire son lit : Quelle. Tâche. Inutile. J'ignore pourquoi les parents de ma génération ont répété à leurs enfants qu'il était *tellement* important de faire son lit. On se couche là-dedans chaque soir. Refaites-le seulement quand vos draps sont un réel foutoir. Et si vous craignez que vos invités voient vos couvertures empilées les unes sur les autres, j'ai une solution : fermez la porte de votre chambre.

Laver les murs de façon routinière : Une ancienne connaissance avait cette habitude. Je CA-PO-TAIS en la voyant. Ne faites pas la même chose. À la place, peinturez par-dessus votre crasse chaque 10 ans. Ou ne faites rien ; si les murs sont sales uniformément, personne ne s'en rendra compte. Vous fumez et les murs jaunissent à vue d'œil ? La propreté de votre maison, ici, on s'en moque. Si vous voulez écrire plus, commencez par vous offrir quelques années de vie supplémentaires. Il se vend des timbres de nicotine à deux pas de chez vous.

Passer l'aspirateur chaque jour : Si vous avez des animaux, des enfants qui rampent ou des allergies sévères liées à la poussière, je pourrais comprendre votre obsession pour la propreté de vos planchers. Autrement, est-ce vraiment utile de sortir l'aspirateur quotidiennement ? Le petit motton de cheveux qui repose au coin des murs va-t-il vous manger durant la nuit ? Cessez de vous énerver avec cette tâche. Au lieu d'aspirer, inspirez. L'aspirateur, ça peut se passer une fois par semaine. (Chez nous, on se rend parfois aux deux semaines, et devinez quoi ? Personne n'est mort.)

En échange de tout ce temps gagné, offrez-vous quelques heures supplémentaires d'écriture. Votre maison survivra. Vous aussi.

Déléguer le travail

On devrait tous accomplir des tâches dans lesquelles on excelle. Vous êtes un membre de la caste très sélecte des écrivains.

Quand on vous donne une demi-heure d'écriture, vous en tirez le maximum (surtout à l'aide de ce guide !) et vous ressortez de votre séance avec des petits bijoux littéraires.

Écrire, c'est votre spécialité.

Si, à l'inverse, je vous obligeais à prendre une demi-heure pour faire le ménage, vous aurez peut-être le temps de passer l'aspirateur et de laver le bain. Si vous vous dépêchez. Et vous l'aurez fait à contrecœur.

Ce temps, vous auriez préféré l'investir ailleurs, pas vrai ?

Alors, pourquoi ne pas déléguer les tâches qui vous puent au nez ?

Vous excellez en écriture. Vous faites probablement le ménage comme un pied, aussi. Quand j'ai engagé des professionnels pour nettoyer ma maison, j'ai constaté que ces personnes accomplissent en trois heures des tâches qui me demanderaient, à moi, une journée complète de labeur. Ces gens ont de l'expérience, ils savent utiliser les bons produits aux bons endroits et optimisent leur temps au maximum ; ils veulent visiter plusieurs clients le même jour. Ce sont des pros.

Dans son livre *Les 7 habitudes de ceux qui réalisent tout ce qu'ils entreprennent*, Stephen R. Covey insiste sur le fait que l'on devrait toujours effectuer des tâches « importantes et non urgentes ». Le ménage est exactement le contraire de ça. Pas important et urgent.

Vous souhaitez écrire plus. Vous lisez mon guide. C'en est la preuve. Cessez de vous demander si investir dans des professionnels de l'entretien ménager en vaut le coup. La réponse est évidente.

En engageant des pros, vous vous offrez la ressource la plus précieuse pour l'écrivain. Du temps.

« Oui, mais je serai pas un vrai père/une vraie mère si je ne sais pas m'occuper de ma maison moi-même ! »

Je me suis promis de ne pas sacrer dans mon livre, mais je ferai une exception ici.

ON S'EN CÂLISSE.

Vous ne serez pas une fausse mère si vous laissez quelqu'un d'autre passer l'aspirateur. Et vous ne serez pas plus un faux père si vous confiez votre jardin aux bons soins de Gazon & Pelouse inc.

Ça vous coûtera quelques dollars, certes, mais ce seront les billes les mieux investies de votre vie. Et ce n'est pas moi qui le dis : c'est Elizabeth Dunn et Michael Norton dans leur livre *Happy Money: The Science of Smarter Spending*. S'acheter du temps, c'est l'une des meilleures dépenses. Ça nous rend heureux. C'est scientifiquement prouvé et mesuré. Le bonheur qu'on tire d'acquisitions matérielles comme un comptoir en granite ou une télévision 4K se dissipe au fil des jours, puis disparaît complètement. On oublie qu'on possède ces choses. Ça devient la normalité. Après deux mois, le comptoir à 5 000 $, il n'est plus spécial.

En revanche, s'acheter du temps libre a un impact considérable sur notre niveau de bonheur. On utilise ce temps pour s'épanouir et pratiquer des activités qui nous réjouissent. Comme la création littéraire.

Si vous croyez ne pas avoir assez d'argent pour vous offrir ce luxe, on peut régler ça. Assoyez-vous et faites un budget. Les résultats pourraient vous surprendre. Passez vos comptes au peigne fin. Reconsidérez vos habitudes, vos dépenses. Que pourriez-vous éliminer pour couvrir l'entretien ménager ? Avez-vous vraiment besoin de votre forfait télé à 150 canaux ? D'une voiture en location à 450 $ par mois ? De rénover votre cuisine cet été ?

Il y a toujours un endroit où l'on peut couper. Il suffit de trouver où.

Déléguer aux machines

Nous vivons dans le futur. Comme dans les Jetson. Des robots peuvent faire le ménage à votre place.

Ce n'est pas comme engager un professionnel : les machines ont leurs limites. N'empêche. Vous avez quelques options.

Avez-vous déjà entendu parler des aspirateurs iRobots, aussi connues sous le nom de « Roomba » ? De petits bijoux. Vous les programmez à l'avance et elles peuvent ramasser la poussière sur votre plancher pendant que vous terminez un chapitre. Le plus merveilleux : une fois que ces machines ont fini leur travail, elles retournent à leurs bases et se rechargent d'elles-mêmes.

La compagnie Husqvarna offre aussi des tondeuses automatisées qui opèrent sensiblement de la même manière. Vous délimitez votre terrain avec un fil caché au ras du sol et la machine s'occupera de garder votre gazon à une hauteur respectable, jour et nuit. J'en ai vu une à l'œuvre. C'est silencieux. Et splendide.

Si engager des professionnels en chair et en os pour entretenir votre maison vous angoisse, commencez par les machines. Vous les payez une seule fois et vous les utilisez jusqu'à ce qu'elles brisent. Ou jusqu'à ce qu'elles développent des émotions et se retournent contre vous.

À retenir

- Réduisez la fréquence de vos tâches ménagères. Vous aurez en revanche plus de temps pour écrire.
- Apprenez à endurer la saleté. Un peu de poussière sur les étagères et quelques cheveux sur le plancher ne tueront personne.
- Convertissez votre temps de ménage en séances d'écriture en engageant des professionnels.
- Des machines automatisées peuvent faire une partie de votre entretien ménager.

TRUC 37
ACHETER DE GROS CHAUDRONS

Avez-vous la responsabilité de préparer les repas à la maison ? En étant écrivain — donc travailleur autonome —, vous bossez sans doute dans le confort de votre foyer. Ainsi, il y a de fortes chances qu'on vous ait confié le tablier.

Ça a longtemps été mon cas.

Je vous l'ai appris : j'essaie de diminuer au maximum ma charge de tâches domestiques pour augmenter mes heures consacrées à l'écriture (voir **Truc 36 : Réduire l'entretien ménager**). Pour le ménage, c'est facile. J'engage des professionnels en plus de baisser mes standards. Ça me libère d'un fardeau important. Pour la bouffe, c'est une autre histoire. Je ne suis pas assez riche pour m'entourer d'une équipe de cuisiniers à domicile. Et sortir au restaurant 7 jours sur 7 massacrerait mon compte en banque à grands coups de fourchette.

Quand vous avez lu « Acheter de gros chaudrons » un peu plus haut, avez-vous cru que j'étais hors sujet ? C'est pourtant loin d'être le cas. Je *dois* parler de trucs ménagers, c'est le nerf de la guerre. C'est là-dedans qu'on trouve le maximum de jus d'écriture à presser.

Cuisiner en gros

Le spaghetti, j'aime ça. J'en mangerais à chaque repas. C'est bon, c'est nutritif, surtout avec ma recette végétalienne qui substitue le bœuf haché pour du tofu.

Plusieurs fois par année, je me prépare une grosse marmite de sauce qui me permet d'avoir des réserves pendant longtemps. Ce genre de recette demande une demi-journée de travail : il faut couper les ingrédients, faire le mélange et, une fois que la sauce mijote, brasser aux 15 minutes pendant 3 heures, sans quoi ça risque de coller dans le fond du chaudron.

Peu importe.

Je sais que cette recette va me donner au moins 8 pots de sauce qui me permettront de concocter autant de repas pour ma famille.

Faire un souper de spaghettis quand la sauce est déjà prête, ça prend quoi, 15 minutes ? Y'a rien là.

J'ai fait ma recette avec un bon vieux chaudron de 5 litres pendant des années, sans trop me poser de questions.

Puis un jour, j'ai vu dans la circulaire du Canadian Tire qu'un chaudron en aluminium de 15 litres était vendu à 75 % de rabais (valeur originale de 150 $). J'avais assez de place dans mes armoires pour ranger un tel mastodonte, alors je l'ai acheté.

Quinze litres.

Avec cet outil, je peux maintenant doubler ma recette. Si cuisiner la quantité originale exigeait 4 heures (1 heure pour couper les légumes et 3 heures de cuisson), celle-ci requiert 5 heures et 30 minutes (1 heure et demie de découpe et 4 heures de cuisson). Comme doubler la recette me donne 16 pots au lieu de 8, si on répartit le temps de préparation total entre chaque portion, chaque pot me demande désormais 20 minutes de travail au lieu de 30.

Combien de mots pouvez-vous écrire en 10 minutes ?

C'est du gain à l'état brut, mes amis.

Évidemment, il n'y a pas que de la sauce à spaghettis qu'on peut cuisiner avec un tel monstre. On peut préparer des potages, de la soupe, des ragoûts et j'en passe. *Sky is the limit.* Tant que ça se congèle.

Autres achats pertinents

L'idée avec « Acheter de gros chaudrons », c'est de préparer plusieurs repas d'un seul coup, de sorte qu'on puisse passer plus de temps dans son bureau (à écrire) que dans la cuisine (à couper des oignons).

Que pouvez-vous acheter pour devenir un chef encore plus efficace ?

Des bocaux à conserves

Pour faire de multiples repas durant un seul après-midi, ça vous prend des bocaux à conserves (mieux connus au Canada sous le nom de « pots Mason »). Vous devez en avoir une armada : si vous en manquez, vos gros chaudrons ne serviront à rien. Vous ne rangerez quand même pas 15 litres de sauce dans des Tupperware, dans le frigo…

Procurez-vous 24 pots de 500 ml. Davantage si vous avez assez d'espace dans vos armoires.

Quand vous aurez terminé vos recettes, remplissez ces bocaux aux trois quarts et placez-les dans le congélateur. Ou faites-les stériliser si vous en avez la patience (ça n'a jamais été mon cas) pour ensuite les empiler dans le garde-manger.

Une mijoteuse

Au début de ce chapitre, j'aurais pu substituer les termes *de gros chaudrons* pour *une mijoteuse*. Mais c'est mieux d'avoir les deux. Les recettes à la mijoteuse sont souvent simples et cuisent toute la journée durant, sans surveillance, pendant que vous travaillez. En prime : la bouffe qui mitonne là-dedans sent drôlement bon. Après une journée d'écriture, réintégrer une maison embaumée par une douçâtre odeur de rôti de bœuf est une récompense en soi.

Achetez une mijoteuse d'au moins 7 pintes, programmable, qui se met automatiquement sur le réchaud après la cuisson. Vous ne le regretterez pas.

Un gros congélateur

Comme je l'ai mentionné, je préfère déposer mes bocaux à conserves au congélateur plutôt que de les stériliser pour les entreposer au garde-manger. Si vous êtes un paresseux culinaire comme moi, il faudra vous procurer un congélateur capable d'accueillir vos réserves. Qu'il soit vertical ou horizontal n'a pas d'importance : choisissez surtout un modèle spacieux et écoénergétique.

Avoir un gros congélateur vous permet également de faire des économies considérables à l'épicerie. Le poulet est à moitié prix cette semaine ? Achetez-en 10 kilos et entreposez-les au froid. Quand on est un écrivain avec un salaire d'écrivain, ces détails font la différence.

Continuer la chasse aux tâches ménagères

J'ai parlé d'entretien ménager dans le chapitre précédent, j'ai parlé de cuisine maintenant. Je vais me limiter à ça : vous préférez m'entendre parler d'écriture, j'en suis convaincu. Tout de même, ne prenez pas ces derniers trucs à la légère. Je connais plein de gens qui « rêvent d'avoir le temps d'écrire ». Ces mêmes personnes sont des bourreaux de ménage et s'obligent à cuisiner des repas élaborés chaque soir...

Come on.

Ce n'est pas parce qu'une sauce à spaghettis est dégelée qu'elle est moins nutritive qu'une autre préparée avec des ingrédients frais, juste avant le souper.

Si vous voulez écrire plus, établissez vos priorités.

À retenir

- Cuisiner plusieurs repas d'un seul coup vous permettra de gagner du temps qui pourra être réinvesti en écriture.
- Pour préparer des repas comportant un grand nombre de portions, procurez-vous de très gros chaudrons et une mijoteuse.
- Pour entreposer votre nourriture, achetez une bonne quantité de bocaux à conserves, de même qu'un congélateur indépendant.

TRUC 38
TRAVAILLER SUR DEUX PROJETS EN MÊME TEMPS

Quand je commence un nouveau projet d'écriture, je suis hyper emballé : j'ai la tête pleine d'idées, j'ai des fourmis dans les doigts. Je ressens le besoin de travailler là-dessus *tout de suite*.

À la moitié de mon roman, ça se corse. Je montre des signes d'épuisement. Rien de grave. J'ai passé beaucoup de temps avec mes personnages, je les aime profondément, mais à ce point-là, je tergiverse : j'ai envie de prendre une bouffée d'air frais et d'aller voir ailleurs. Pas longtemps. Juste quelques semaines. (On dirait vraiment que je parle de sauter la clôture, là.)

Quand je vacille de la sorte, j'ouvre un nouveau document et j'entame un deuxième livre.

Bien quoi ?

J'ai toujours plus d'une idée dans ma tête. Elles sont en compétition. Quand je choisis d'entreprendre le projet X, c'est au détriment des projets Y et Z — qui existent dans mon imagination uniquement. Même si je ne leur donne pas de forme concrète, je continue à les faire mûrir, ces idées-là. Le livre que vous tenez entre les mains est justement un de ces « projets Y » qui a fini par aboutir : pendant que j'écrivais le premier tome de ma série *Le silence des sept nuits*, je voulais produire un guide pour les auteurs en me basant sur certains articles publiés sur mon blogue. Lorsque l'inspiration m'a fait défaut pour *Le silence des sept nuits*, je n'ai pas attendu qu'elle revienne magiquement. J'ai créé un nouveau projet Scrivener et j'ai commencé *Comment écrire plus*. En l'espace de quelques jours, j'ai rédigé une dizaine de chapitres pour ce guide et je me suis arrêté quand l'envie de revenir à la fantasy me brûlait les doigts.

Dès le moment où j'ai rouvert *Le silence des sept nuits*, je débordais d'énergie. Je m'étais ennuyé de mes personnages (et eux m'ont pardonné mes galipettes avec le guide pratique). L'inspiration était au rendez-vous.

C'était exactement l'effet recherché.

Est-ce pareil pour vous ? Avez-vous toujours l'impression d'être ballotté entre plusieurs projets ? Combien d'idées germent simultanément dans votre esprit ?

Si comme moi vous êtes tiraillé entre ces sirènes irrésistibles, ayez un projet principal, oui, mais gardez-en un deuxième en réserve. Donnez-lui une existence concrète : offrez-lui un document vide, titrez-le et mettez-le de côté. Ajoutez des idées là-dedans lorsqu'elles passent, mais sans plus. Ce projet fantôme sera là, en attente, prêt à recevoir votre attention.

Si jamais vous ressentiez un épuisement créatif durant l'écriture votre premier livre, vous pourriez faire le saut vers l'autre. La transition sera facile.

Eh oui. Je suis effectivement en train de vous conseiller de quitter le bateau lorsque vous serez en manque d'inspiration, plutôt que de garder le cap.

Vous pourriez attendre que cette inspiration revienne pendant deux semaines en ne faisant rien d'autre que boire du thé et observer le paysage. De bonnes idées peuvent vous éblouir durant ces vacances et votre œuvre serait relancée. Tant mieux ! Mais rien n'empêche la Muse de vous rendre visite si vous travaillez sur un deuxième projet pendant cette même période. En réalité, vous n'avez pas besoin de « prendre des vacances ». Vous avez besoin de « prendre des vacances de votre roman ». Faire un saut durant un creux de motivation peut déboucher vos tuyaux créatifs comme si le plombier venait de passer.

Alterner entre deux livres permet en outre de mener deux projets de front, ce qui respecte la philosophie d'un guide intitulé *Comment écrire plus*. Une fois la première œuvre terminée, vous serez peut-être aux trois quarts de la deuxième. Il ne restera qu'un petit effort à fournir pour achever une seconde publication en peu de temps.

Bien sûr, pour que cette méthode fonctionne au maximum, il est primordial d'avoir un **canal d'idées** (truc 6) bien en place. L'idéal est de continuer à faire mûrir le projet Y — sur papier ou dans votre esprit — pendant que vous travaillez sur le projet X. Ainsi, vous aurez toujours un fruit frais à croquer.

Je n'irais pas jusqu'à recommander de commencer un troisième roman. L'humain a ses limites. En vous éparpillant de la sorte, vous risquez de vous faire engloutir dans un maelström de livres inachevés. Laissons ce problème aux amateurs.

Nos livres, il faut les finir.

Les risques de travailler sur deux projets

Malheureusement, travailler simultanément sur deux projets ne vient pas sans risques, en particulier si vos romans sont des monstres de complexité. Écrivez-vous des briques de plus de 1000 pages avec des centaines de personnages et de revirements comme dans les livres de Georges R. R. Martin ? Si c'est le cas, vous auriez intérêt à rester fidèle à cet unique livre. Quitter un roman de cette envergure pourrait nuire à votre démarche : au moment de revenir à celui-ci, vous devrez passer des jours à relire votre texte pour vous rafraîchir la mémoire. Pour le gain en productivité, on repassera. Sans compter que ça augmenterait le risque d'erreurs.

D'autres personnes pourraient carrément être allergiques à l'éparpillement. Quand j'écrivais *Toi et moi, it's complicated*, je révisais *Alégracia et le Dernier Assaut* et je commençais mon remue-méninges pour *Roman-réalité*. Le truc de mener plusieurs projets simultanément, pour moi, c'est de la bombe. Mais ce pourrait être différent pour vous. En quittant votre manuscrit ne serait-ce qu'un mois, vous pourriez perdre l'envie d'y revenir.

Si vous soupçonnez que ce soit votre cas, de grâce, ne vous aventurez pas sur ce terrain miné. Amener vos œuvres à la ligne d'arrivée doit demeurer votre priorité absolue.

À retenir

- Écrire un roman est une entreprise de longue haleine. Si votre enthousiasme venait à diminuer au fil du temps, essayez de démarrer un deuxième projet en parallèle. Votre flamme pourrait se rallumer.
- Pendant que vous travaillez sur votre deuxième projet, accumulez activement des idées pour le premier. Quand vous y reviendrez, vous aurez du matériel frais devant vous.
- Il pourrait être malavisé d'interrompre l'écriture d'un roman très long et complexe pour entamer une deuxième œuvre.
- Assurez-vous de finir les projets que vous commencez.

CONSEILS UTILES À L'ÉTAPE DE LA
RÉÉCRITURE

TRUC 39
CHANGER LA POLICE DE CARACTÈRE

La majorité des auteurs de mon entourage écrivent leur premier jet en Times New Roman, taille 12, double interligne. Ils le font parce que c'est la norme dans le milieu littéraire : lorsqu'on soumet un manuscrit à un éditeur, on doit suivre ces règles de mise en page. Pour en savoir davantage à ce sujet, je vous invite à lire mon guide *Présentez votre manuscrit littéraire comme un pro en 5 étapes*, qui vous accompagnera tout au long du processus de soumission.

Sauf qu'ici, nous n'en sommes pas là. Vous venez de commencer une section qui s'appelle « Réécriture », pas « Soumission à l'éditeur ».

À cette étape-ci, vous n'avez aucune raison de travailler en Times New Roman, taille 12, double interligne.

Cette mise en forme pourrait même vous nuire.

Les polices de caractère et la friction oculaire

Pour que vous compreniez de quoi je parle, faisons une analogie avec le monde des automobiles.

Imaginez que vous venez d'acheter une voiture sport flambant neuve avec un gros moteur, une transmission manuelle et un réservoir rempli de suprême. Vous la testez sur la route : elle file à la vitesse de l'éclair.

Maintenant, enlevez 20 livres de pression (psi) dans les pneus de cette voiture. Que va-t-il arriver ?

Ses performances vont diminuer. Drastiquement. Les roues vont s'affaisser sur l'asphalte et, conséquemment, le moteur va consommer plus d'énergie pour faire avancer le bolide sur la même distance. On dit en général que pour chaque 5 livres de pression (psi) sous la mesure recommandée dans les pneus, une voiture va flamber 2 % plus d'essence qu'à la normale[10].

En révision littéraire, un phénomène similaire va s'appliquer si vous utilisez la mauvaise police de caractère. Ça suit la même logique. Les pneus sont les seuls points de contact entre une voiture et la route. En écriture, les lettres qui apparaissent à l'écran jouent un rôle identique : elles sont le point de contact entre vous et votre histoire.

Vous entamez l'étape de la révision. Vous allez « relire », beaucoup. Assurez-vous donc d'employer une police de caractère qui soit lisible au maximum pour ménager vos précieuses ressources cognitives.

Vous ne voudriez pas, vous aussi, brûler votre essence pour rien.

Commençons par le double interligne. Lorsque vous révisez à l'écran, vous n'avez aucune raison de travailler dans ce format. C'est une norme pour les manuscrits papier : l'interligne double permet normalement aux évaluateurs des maisons d'édition d'annoter votre texte au stylo. Ce problème, vous l'aurez dans quelques mois. Aujourd'hui, tout se passe à l'ordinateur. Plutôt qu'employer ce format par défaut, choisissez un espacement qui

---

[10] http://www.cbc.ca/news/technology/6-myths-about-saving-on-gas-1.1180928

facilitera vos tâches (par exemple, pour voir un maximum de texte à l'écran ou pour optimiser votre confort oculaire).

Et Times New Roman n'est peut-être pas la police de caractère idéale pour travailler à l'ordinateur. Ça convient pour les manuscrits papier, mais lorsqu'on se retrouve dans un environnement lumineux composé de pixels noirs et blancs, cette fonte est loin d'être la plus lisible. Il en existe de meilleures.

La même chose s'applique pour la taille de la police. Nul besoin de rester en taille 12 si cette grosseur vous force à plisser des yeux en permanence.

Oubliez tout ce que vous avez appris. Choisissez une police de caractère qui éliminera toute friction entre vous et votre texte.

Quelle police choisir ?

Ça, c'est la grande question.

On pourrait en discuter pendant des heures et on ne trouverait aucune réponse définitive. De nombreux ouvrages s'intéressent aux polices et à leur lisibilité. Grâce aux recherches que j'ai effectuées pour *Présentez votre manuscrit littéraire comme un pro en 5 étapes*, j'ai découvert qu'une recommandation revenait un peu partout.

Pour qu'une fonte soit bien visible à l'écran, elle doit avoir une bonne hauteur d'x. Une « hauteur d'x » est la hauteur du caractère « x » minuscule par rapport aux lettres plus grandes, comme le « h » minuscule ou le « p » minuscule[11].

---

[11] Source de l'image en exemple :
https://fr.wikipedia.org/wiki/Hauteur_d'x, site consulté le 12 septembre 2014

hxp hxp

American Typewriter   Nicolas Cochin

Des polices comme Verdana et Tahoma sont généralement considérées comme ayant une bonne hauteur d'x. Times New Roman se situe dans la moyenne.

Quand j'ai appris ça, j'ai essayé de travailler avec Verdana et Tahoma pendant une semaine. J'ai détesté ça. J'ai aussi détesté revenir à Times New Roman — même si, comme la plupart des auteurs, j'ai utilisé cette fonte pendant des années.

Il a fallu que je fasse une panoplie de tests. Je suppose que c'est l'unique manière de savoir quelle est *notre* police de caractère idéale : je ne crois pas qu'une fonte soit universellement meilleure que les autres pour l'écriture littéraire (certains diraient qu'Helvetica est la seule qui mérite d'exister[12], mais on va essayer d'aller un peu plus loin que ça).

Pour trouver votre typographie idéale, amusez-vous avec :

- la police de caractère ;
- l'interligne ;
- le crénage (l'espacement entre les lettres, si votre logiciel vous le permet) ; et
- la grosseur du texte.

---

[12] Pour voir quelques opinions extrêmes sur le sujet, regardez le film *Helvetica* réalisé Gary Hustwit. (https://www.imdb.com/title/tt0847817/)

Choisissez un jeu de paramètres et révisez quelques heures pour tester votre performance. La police nuit-elle à votre concentration ? Roulez-vous avec des pneus dégonflés ? En cas d'insatisfaction, ajustez la police et recommencez.

De mon côté, je travaille exclusivement en Adobe Devanagari, taille 12, interligne 1.2 avec un crénage normal. Mais ça, c'est moi. N'adoptez pas mes paramètres sans les avoir testés au préalable. Nous sommes tous différents.

Le logiciel Scrivener, lui, propose de travailler avec la police Palatino, taille 13, avec interligne 1.2. Il s'agit là des réglages par défaut. Un hasard ? Sûrement pas.

J'en suis convaincu : avec un peu de recherche, vous trouverez votre environnement idéal et vous cesserez de brûler votre essence pour rien.

(Évidemment, une fois que votre livre sera terminé, remettez tout en Times New Roman, taille 12, interligne double…)

À retenir

- Avant de commencer votre réécriture, assurez-vous d'utiliser une police de caractère très lisible à l'écran, à défaut de quoi votre travail pourrait être ralenti.
- Times New Roman, taille 12, interligne double est le format standard pour les manuscrits imprimés que l'on soumet aux éditeurs. Rien n'indique que c'est le format idéal pour réviser à l'écran.
- Pour trouver l'environnement qui vous convient, expérimentez avec la typographie, l'interligne, le crénage et la taille de la police.

TRUC 40
RELIRE SON TEXTE À VOIX HAUTE

Nous, les écrivains, on aime quand notre texte coule de source, comme si chaque mot se tenait main dans la main. Le rythme et la « musicalité » des phrases, c'est hyper important dans notre métier ; on va souvent passer des heures à essayer de remodeler un paragraphe juste pour qu'il sonne bien, parfois avec des méthodes chirurgicales précises, d'autres fois sans trop savoir ce qu'on fait. C'est ça, être auteur.

Même après 15 ans d'expérience dans le corps, je comprends difficilement pourquoi tel texte coule bien, et tel autre sonne comme une guitare désaccordée. La plupart du temps, je me fie à mon instinct. Je rédige mon paragraphe, je le relis à l'écran, et si je ressens une dissonance, je change des mots, je fais des contractions, j'ajoute ou je supprime des virgules, j'allonge un segment et je réévalue l'ensemble. Parfois, ça fonctionne. D'autres fois, c'est pire et je recommence.

Pour déterminer la qualité du rythme, je n'ai pas trente-six solutions. Je relis dans ma tête. C'est la méthode rapide. Mais il arrive que mes efforts mentaux n'apportent pas les résultats espérés. Quand je réécris le même texte *ad vitam aeternam* sans parvenir à trouver une solution satisfaisante, j'appelle mes cordes vocales en renfort et je relis mon passage à voix haute.

Ça change tout.

Lorsque j'emploie les moyens extrêmes — c'est-à-dire les ondes sonores —, les faiblesses de mon texte sortent des buissons comme des perdrix qui s'envolent après un coup de fusil. C'est concret : je les entends. Les corrections m'apparaissent alors évidentes, me reste à les appliquer. J'économise un temps fou.

C'est si efficace que je devrais littéralement passer la majeure partie de mon temps à parler tout seul dans mon bureau. (Allô la chemise de contention.)

Une relecture particulièrement efficace pour les dialogues

Si une relecture à voix haute donne assurément un coup de pouce pour améliorer le rythme d'un texte narratif, les effets sont décuplés lorsqu'on travaille sur des dialogues.

Les dialogues sont, par définition, des paroles de personnages rapportées directement. C'est de l'oralité sur papier. Une réplique peut nous apparaître naturelle à l'écrit, mais quand on se la met en bouche, on se surprend parfois à la trouver dégueulasse.

Si j'utilise le truc de « lire à voix haute » très sporadiquement pour ma narration, je l'emploie souvent pour les dialogues. Ça me rapproche de la langue parlée quand c'est l'effet désiré.

Prenons cette réplique, dite par un enfant de 8 ans :

— *Viens me rejoindre au supermarché avant midi, on s'achètera une barre de chocolat et on partira en vélo.*

Si je décidais de la réciter, je remarquerais qu'elle pourrait difficilement avoir été dite par un gamin surexcité, alors je la réécrirais ainsi :

— *On se rejoint au supermarché avant midi ? J'ai faim, je veux du chocolat. On part en vélo juste après, d'accord ?*

Vous pourriez être d'accord avec cette réécriture ou pas ; comme je l'ai répété dans l'intro, ce livre n'est pas un atelier de création, mais un guide pour mieux gérer son temps. Ce qu'il faut retenir, c'est le processus. Quand j'ai lu la première version à voix haute, les défauts ont généré des dissonances à mes oreilles. Le futur simple à l'oral, ça fonctionne moyen chez un enfant. Pour rectifier l'anomalie, j'ai prononcé des variantes au futur proche (« on **va s'acheter** une barre de chocolat »), mais finalement, c'est l'option plus ancrée dans le réel qui m'a semblé idéale : l'enfant vit dans l'instant présent, il exprime donc son besoin immédiat plutôt que son plan d'action (« je **veux** du chocolat »). Avec la deuxième version, on comprend quand même que le môme va dépenser ses écus pour s'acheter une Kit-Kat avant de partir en bécane, même s'il ne le dit pas directement.

Aurais-je trouvé cette variante si je n'avais pas récité mon texte à l'oral ? Peut-être que oui, peut-être que non. Ce dont je suis sûr, c'est que la technique a accéléré le processus.

À retenir

- Pour repérer facilement certaines maladresses dans son texte, on peut se relire à voix haute.
- Ce truc est particulièrement efficace pour les dialogues. Avec une lecture parlée, les répliques qui manquent de naturel se révèlent.
- Parler seul dans son bureau peut être embarrassant, même envers soi-même. Cette habitude doit être apprivoisée.

TRUC 41
SUPPRIMER

Parfois en révisant, je le sens : quelque chose cloche et j'ignore pourquoi. Je lis, je relis encore. La page est aussi savoureuse qu'une poignée de cendre blanche.

J'ajoute un peu de style, des descriptions, j'enrichis les dialogues, je m'arrête quelques minutes pour réfléchir, je prends une marche dehors pour m'aérer le cerveau, je reviens devant mon ordinateur, je plisse les yeux, me gratte le crâne, j'ajoute une pelletée de mots.

Rien à faire. C'est nul. NUL.

Je me rabats contre le dossier de ma chaise. Une page atteinte d'un cancer incurable, condamnée à la médiocrité.

Je pourrais l'effacer, que je me dis. Au même instant, je repense au temps que j'ai investi là-dedans. À rédiger, à remanier.

L'écriture, c'est cruel.

Je sélectionne le texte avec ma souris. Un peu plus de 500 mots. Des heures de travail. Mon doigt frôle la touche *Supprimer*.

Je fige.

Les avantages des suppressions

Les débutants comme aguerris vous le diront : supprimer du texte est probablement l'acte le plus difficile dans tout le processus d'écriture, même si accomplir cette action demande seulement un clic de souris et l'enfoncement d'un bouton de clavier.

On préférerait s'entrer des aiguilles sous les ongles.

Certains passages de notre livre n'ont aucun avenir. C'est un fait. Impossible de toujours écrire des scènes impeccables qui s'enchaînent à la perfection, surtout dans un premier jet.

Un premier jet, c'est justement un « gros tas de roche » dans lequel se cache peut-être un diamant. Il faut le voir ainsi.

Supprimer est normal et fait partie intégrante de notre travail. J'ai l'impression de m'infliger des blessures chaque fois que je condamne un passage à la guillotine. Qu'importe. Je presse le levier quand même. Pour moi, effacer du mauvais texte est l'une des façons les plus rentables — côté temps — d'améliorer une œuvre.

Certains diraient qu'élaguer une page ou deux, ça représente beaucoup d'heures perdues, n'est-ce pas ?

Pourtant, rien n'est plus faux.

Prenez un jeu de cartes. Retirez les 2, 3, 4 et 5, brassez-le et pigez cinq cartes. Gageons que vous aurez plus de chances d'avoir une bonne main de poker.

C'est pareil pour votre livre. Enlevez les 20 pages les moins intéressantes, les plus boiteuses, et vous vous retrouverez avec un roman plus intense et plus riche. Au lieu de réécrire ces pages pendant des semaines jusqu'à ce que vos doigts saignent, vous aurez simplement : 1) cherché les mauvais passages, 2) bougé votre souris pour sélectionner du texte, 3) fait une vingtaine de clics avec votre index et 4) appuyé autant de fois sur la touche *Supprimer*.

Quelques minutes pour un énorme gain en qualité.

Vous ne trouvez pas que c'est une façon judicieuse d'utiliser votre temps, vous ?

Chaque fois que vous tomberez sur une page atteinte d'une médiocrité incurable, demandez-vous si vous devez impérativement la sauver de la noyade en y investissant des semaines de travail ou s'il vaudrait mieux achever ses souffrances en lui administrant trois coups de rame sur le crâne.

Souvent, la seconde option est la meilleure.

En choisissant de resserrer votre texte, vous ne faites pas seulement du bien à votre livre, mais vous respectez également le temps de vos futurs lecteurs ; ceux-ci finiront votre œuvre en 20 heures plutôt qu'en 20 heures et 30 minutes. Cette demi-heure gagnée, ils pourront l'investir ailleurs. Vos pages ordinaires, votre public n'en a pas besoin. En supposant qu'un livre papier sera lu 7 fois durant son existence et que votre premier tirage comportera 1 000 copies, c'est environ 3 500 heures que vous feriez économiser à votre *fandom* en élaguant vos passages moches. Et bien davantage avec un tirage de 5 000 copies.

Faire les sutures appropriées

Je disais tantôt que supprimer un paragraphe, un dialogue ou plusieurs pages ne demandait que quelques clics de souris. Vous comprenez, c'était pour souligner la différence de travail requis entre *supprimer* et *réécrire*.

Évidemment, si vous enleviez une scène dans votre livre, il ne s'agit pas simplement d'appuyer sur *Suppression* et d'abandonner votre récit là, avec une plaie ouverte. Ça exige un minimum de réparations.

En élaguant un passage, assurez-vous de relire le texte plusieurs fois en passant par-dessus le point de suture (l'endroit précis où le passage a été flingué) pour vérifier que le texte coule encore. Le résultat pourrait s'avérer impeccable sans autre intervention, mais ce serait un coup de chance : la plupart du temps, du sablage est requis. Il suffit d'ajouter quelques lignes au point de jonction pour enlever l'impression que votre histoire passe du coq à l'âne. Ça peut être de l'action, de la description, du dialogue, n'importe quoi, tant que ça contribue à garder la fluidité de lecture.

En donnant des coups de machette, faites également gaffe à ne pas éliminer des renseignements essentiels à la compréhension de la suite du récit. Vos lecteurs seront-ils perdus sans les informations élaguées ? Absolument, irrémédiablement perdus ? Si c'est le cas, prélevez les éléments importants et arrangez-vous pour les greffer ailleurs.

Combattre la douleur des suppressions

J'ai l'air de monter sur mes grands chevaux en disant : « Faites ceci, faites cela… » Sauf qu'en réalité, je suis un cordonnier mal chaussé. Supprimer des passages me fait *énormément* chier. Quand je sélectionne du texte avec la ferme intention de l'envoyer aux oubliettes, je ne peux m'empêcher de penser aux heures que j'ai passées là-dessus en entretenant l'espoir de le rendre digestible. Je peine à demeurer lucide. Appuyer sur *Supprimer* m'apparaît comme un aveu d'échec.

Je m'améliore, néanmoins. C'est plus facile depuis que j'adhère à une philosophie de vie disant : « Ne paie pas quelque chose deux fois. »

Je m'explique.

Si, à l'épicerie, j'achetais une bouteille de ketchup de marque obscure (pas celle que tout le monde aime, bref), et qu'à la maison je réalisais que ce condiment goûtait le fond de poubelle, quels choix me resterait-il ? Devrais-je beurrer mes frites avec ce ketchup dégueulasse juste parce que j'ai investi 3,99 $ là-dessus ? Ce faisant, je n'aurais pas seulement gaspillé mon argent, mais aussi une trentaine d'assiettes succulentes. J'aurais payé cette bouteille deux fois. D'abord avec les 3,99 $, et ensuite avec les plats gâchés.

En toute logique, mieux vaudrait me débarrasser du mauvais

ketchup immédiatement. Je n'aurais alors perdu que 3,99 $.

« Ne paie pas quelque chose deux fois. »

En écriture, c'est pareil. Le temps que j'ai investi sur des scènes moches et sans avenir n'est pas récupérable. C'est du passé. Là où j'ai du contrôle, c'est sur mes actions futures.

Vous êtes devant un passage catastrophique. Devez-vous « payer deux fois » en vous acharnant à réécrire ce désastre ? Je rappelle que vous n'avez *aucune* garantie que votre texte sera meilleur au terme de vos efforts. Peut-être vous faudra-t-il payer une troisième fois. Ou une quatrième. Le monde est cruel, la littérature l'est tout autant.

Votre nouvelle option : mettre la bouteille de ketchup aux poubelles dans un grand *slam dunk* au lieu de ruiner le reste de votre journée.

(Et ne laissez jamais un passage médiocre tel quel sous prétexte que « ça fait économiser encore plus de temps que d'effectuer une suppression dans les règles de l'art ». Vous sacrifierez la confiance de vos lecteurs en leur offrant du texte qui n'est pas à la hauteur. Ça aussi, c'est payer deux fois.)

Pour supprimer, il faut s'armer de courage. Lever la machette et l'abattre n'est pas pour les mauviettes : la plupart des auteurs débutants que j'ai connus ne veulent jamais ôter quoi que ce soit de leur histoire. Ils tiennent à chaque passage comme la prunelle de leurs yeux. Et leur texte souffre de cette poltronnerie.

Savoir supprimer, c'est l'une des plus belles marques d'expérience.

Les antidouleurs pour suppressions aiguës

Je me suis trouvé un truc pour diminuer la douleur lorsque vient le temps d'amputer mes textes. Quand je travaillais sur ma première série intitulée *Alégracia*, j'utilisais le logiciel Word. Je me créais deux fichiers pour ce projet. D'abord, le document principal de mon livre (alegracia.doc) et, juste à côté, un fichier destiné à accueillir mes futures scènes supprimées (alegracia-scenes-supprimees.doc). Je savais qu'il y en aurait. Mon petit doigt l'avait prédit.

Ainsi, chaque fois que j'arrachais un paragraphe ou même une page de mon roman, au lieu de l'effacer pour toujours, je la copiais-collais dans mon document de scènes supprimées. Ce geste me donnait l'impression de n'avoir pas gaspillé mon temps : après tout, ces mots n'allaient pas disparaître complètement ; ils existeraient ailleurs.

Comme si je militais secrètement pour la prison au lieu de la peine de mort.

Aujourd'hui, je travaille encore de cette façon. Je ne supprime jamais rien, je déplace. De cette manière, si jamais je devais récupérer une scène supprimée durant ma révision, je saurais qu'elle se trouverait à portée de main dans le document voisin. C'est une manière de me rassurer.

(Dans les faits, quand un bout de texte s'en va dans « scenes-supprimees.doc », elles n'en reviennent jamais. En presque 15 ans de carrière, je ne me souviens pas une seule fois avoir fouillé dans ce bric-à-brac pour réintégrer un extrait dans mon roman. Chez nous, la sentence d'emprisonnement est perpétuelle, sans possibilité de libération.)

Sous Scrivener, le processus de sauvegarde des passages supprimés est intégré au logiciel. Juste avant d'enlever un bout de texte, prenez un « Instantané » du document sur lequel vous travaillez en allant dans **Menu > Documents > Instantanés > Prendre un Instantané**. Scrivener sauvegardera alors la version actuelle de ce document — et vous entendrez un bruit coquet d'appareil-photo pour confirmer que l'opération a été effectuée. De cette façon, si jamais vous regrettiez d'avoir éliminé un passage, vous pourriez aller consulter l'historique des Instantanés de votre document et copier-coller les morceaux convoités.

J'ignore pourquoi entreposer les scènes supprimées me rassure à ce point. C'est mental. Si vous hésitez autant que moi avant d'appuyer sur *Supprimer*, arrangez-vous pour « déplacer » vos blocs de texte au lieu de les projeter dans le néant. Ça réduira votre angoisse, et à l'avenir, vous aurez moins peur de saisir le bistouri pour exercer votre cruauté comme un auteur doit savoir le faire.

À retenir

- Avant de perdre du temps à réécrire un passage particulièrement mauvais, considérez sa suppression.
- Supprimer un passage médiocre vous permet d'économiser du temps considérable. Ce geste a de bonnes chances d'augmenter la qualité générale de votre roman.
- Les suppressions judicieuses sont un gage de respect pour votre lectorat.
- Supprimer du texte est facile sur le plan physique (il suffit d'appuyer sur quelques touches), mais très pénible sur le plan mental. L'acte de supprimer nous donne l'impression d'avoir investi du temps pour rien dans notre livre.
- Souvenez-vous que le temps passé est irrécupérable. Il faut aller de l'avant. Évitez de « payer deux fois » le temps que vous avez investi dans une scène médiocre, seulement pour tenter de la redresser. Parfois, mieux vaut l'effacer et passer à autre chose.
- Atténuez la douleur de la suppression en conservant vos scènes élaguées quelque part, que ce soit dans un document séparé ou dans les Instantanés de Scrivener.

TRUC 42
CHANGER LE TEMPS DE VERBE OU LE NARRATEUR

La première fois que j'ai soumis le manuscrit de *Bienvenue à Spamville* à mon éditeur, j'ai dû patienter des mois avant d'obtenir une réponse. L'attente a été pénible... Je me suis rongé les ongles, me demandant sans cesse si je m'étais planté avec cette histoire. Il n'y a pas eu un moment dans ma carrière où je me suis senti imperméable aux catastrophes.

Presque une année après le départ de mon enveloppe, l'éditeur ciblé est venu me parler durant un salon du livre. Il m'a dit qu'il avait « bien aimé » *Bienvenue à Spamville.* (Ça commençait mal, j'aspire normalement à ce que mes éditeurs se montrent plus enthousiastes que ça.) On a discuté de l'histoire quelques minutes, puis il s'est gratté la tête en m'avouant qu'il trouvait que quelque chose clochait dans le livre. (Bon, mon inquiétude était fondée.) Il n'arrivait pas à mettre le doigt dessus. Moi non plus. Ça l'embêtait. Chose sûre : il ne pouvait pas publier ce roman sans qu'on ait réglé le problème.

La semaine suivante, j'ai scruté le manuscrit à la loupe en voulant déceler ce mystérieux problème.

Mon éditeur avait raison. Ça clochait partout.

Je ne comprenais pas pourquoi. Ce n'était pas un seul chapitre qui gâchait mon intrigue. C'était *tout le roman* qui émettait un bruit strident de courroie abîmée.

Devais-je foutre ce manuscrit à la poubelle et recommencer à zéro, comme je l'avais déjà fait pour un ancien projet ?

J'ai relu encore. *Bienvenue à Spamville* était une histoire écrite au présent, à la troisième personne. Julie, mon personnage principal, vivait ses aventures de façon très intime. L'action et les descriptions étaient toujours teintées de son point de vue. On découvrait le récit à travers son regard.

Je me suis agrippé les cheveux.

Était-ce une histoire au « je » qui s'était retrouvée par erreur à la troisième personne ?

Les angles d'approche

Certains projets demandent une personne et un temps précis.

J'aimerais *vraiment* pouvoir dire « tel type d'histoire exige la première personne et tel autre, la troisième ». Il y a des tendances. Lorsqu'on prévoit qu'un récit sera très intériorisé par le personnage principal, on devrait pencher vers un narrateur au « je », étant donné qu'on se retrouverait dans la tête du protagoniste assez souvent. Ce n'est évidemment pas une vérité absolue : certains romans introspectifs fonctionnent bien à la troisième personne, même si ça peut sonner bizarre d'avancer une telle chose.

C'est similaire pour les temps de verbe. Pour un livre contemporain regorgeant d'action, plusieurs conseilleraient l'indicatif présent pour accentuer l'effet d'instantanéité. Pareillement, on prétendrait qu'écrire au passé simple un roman qui se déroulerait de nos jours serait une erreur, étant donné que le passé simple répandrait un parfum « vieillot » partout.

Ce guide n'est pas un atelier d'écriture. On ne verra pas quel type de narrateur est approprié pour quel type d'histoire. Je vais cependant vous dire que si votre livre semble clocher de long en large, c'est peut-être parce que vous n'avez pas opté pour les bons temps de verbe ou narrateurs.

Ça m'est arrivé deux fois. D'abord, avec *Bienvenue à Spamville*. Quelque chose n'allait pas. Mon éditeur le croyait. Je le croyais. C'était écrit au présent, à la troisième personne. Le roman était bourré d'action (de là mon choix pour le présent), mais le point de vue de Julie agissait comme un filtre photographique partout sur le texte.

Il fallait que je transpose ce livre au « je ». Juste pour voir. Et tant qu'à tout remodeler, j'ai changé les verbes au passé simple. Il y avait de l'action, certes, mais l'histoire était présentée comme une épopée. Même si ça se déroulait dans les temps modernes, cette approche m'a semblé plus appropriée.

J'ai tout réécrit. Ça m'a pris des mois. Durant le processus, j'ai amélioré certains passages du livre, mais j'ai surtout amplifié la force du point de vue de Julie, comme si elle balançait de nouveaux seaux de peinture avec « sa » couleur partout sur le texte.

J'ai renvoyé le manuscrit à ma maison d'édition en expliquant les changements. Cette fois, j'ai eu l'estampe d'approbation.

La même chose m'est arrivée pour le premier tome de la série *Le silence des sept nuits*, qui était écrit à la troisième personne. Problème généralisé impossible à diagnostiquer. J'ai pensé que je pourrais y appliquer le même traitement que dans *Bienvenue à Spamville* : l'histoire était toujours filtrée par le point de vue de Damian Ragellan, mon personnage principal. Il fallait que j'essaye une narration à la première personne.

Et hop ! J'ai guéri mon roman.

Une solution de dernier recours

Réécrire son roman en changeant le type de narrateur ou le temps de verbe peut être une opération longue et risquée : vous pourriez passer des semaines là-dessus et réaliser, à la fin, que ce traitement chronophage n'aura pas sauvé votre livre.

C'est une arme à deux tranchants. Vous pouvez gagner énormément de temps en utilisant cette solution — c'est généralement plus facile de modifier la narration que de tout réécrire —, mais vous pouvez aussi en perdre. Beaucoup.

Si votre roman comportait un problème non identifiable, assoyez-vous et demandez-vous en quoi un changement de narrateur ou de temps de verbe pourrait améliorer votre récit.

Je ne suis pas un expert sur la théorie concernant les différents types de narrateur (je fonctionne la plupart du temps à l'instinct), et ce livre s'intéresse davantage à la gestion du temps qu'à l'écriture en tant que telle. Par contre, je tenais à souligner ce truc. Les auteurs n'y songent pas toujours. Ils font souvent l'erreur de se casser le crâne en remaniant complètement leur histoire pendant des mois, alors qu'une solution cent fois plus simple est à portée de main.

Mettez-la dans votre boîte à outils.

D'ailleurs, quand vous choisissez cette solution, commencez avec un extrait. Prenez 5 ou 6 pages et appliquez-y le traitement désiré. Passez les deux versions (la finale et l'originale) à un groupe de bêta lecteurs, sans nécessairement mentionner qu'une mouture est plus fraîche que l'autre. Vous récolterez alors des opinions non biaisées sur votre travail.

Une transformation plus complexe qu'il n'y paraît

Je me permets d'énoncer une mise en garde.

Modifier le narrateur ou le temps de verbe n'est pas une transformation qui se fait mot à mot. Elle change radicalement la manière dont votre roman est raconté, et conséquemment, cette stratégie demandera de nombreux ajustements collatéraux.

Prenons cet exemple :

Je saisis une pomme et, après avoir bien visé, je la lance de toutes mes forces. Elle explose dans le visage de Lucie. Furieuse, ma nouvelle ennemie sort ses griffes et se précipite vers moi.

Si vous désirez mettre ce passage à la troisième personne — et en admettant que le personnage principal se nomme Daniel —, ça donnerait ceci :

Daniel saisit une pomme et, après avoir bien visé, la lance de toutes ses forces. Le fruit explose dans le visage de Lucie. Furieuse, l'étudiante sort ses griffes et se précipite vers son assaillant.

Bon, c'est pas une réécriture parfaite, mais c'est pour vous illustrer le propos. Dans l'exemple ci-dessus, j'ai préféré remanier la dernière phrase pour éviter que le nom « Daniel » ne soit répété plusieurs fois dans le même paragraphe. Ainsi, j'ai utilisé « assaillant » au lieu de simplement nommer Daniel, et j'ai étiqueté Lucie comme une « étudiante » plutôt que comme la « nouvelle ennemie de Daniel » (qui aurait été une transposition mot à mot).

De plus, le fait d'écrire « l'étudiante » à la place de « ma nouvelle ennemie » a créé une distance entre le narrateur et l'action ; ce choix m'a semblé plus approprié pour une narration à la troisième personne. C'est contestable, évidemment.

Si vous désirez approfondir vos connaissances sur la théorie narrative, je vous invite à courir à votre librairie favorite et à vous acheter le guide *Comment écrire des histoires* d'Élisabeth Vonarburg. L'auteure y aborde les temps de verbe et les différents points de vue narratifs de façon exhaustive. Après cette lecture, vous serez en mesure de mieux diagnostiquer les problèmes dans vos écrits.

À retenir

- Si vous sentez que quelque chose cloche globalement de votre roman et que vous n'arrivez pas à mettre le doigt sur le problème, c'est peut-être parce que votre livre n'est pas écrit avec le bon type de narrateur ou le bon temps de verbe.
- Changer le type de narrateur ou le temps de verbe peut être une solution qui ramènera votre œuvre dans le droit chemin.
- Ce traitement demande beaucoup de temps et d'énergie. Faites d'abord un test sur quelques pages. Faites lire cet extrait à un groupe de bêta lecteurs.
- Lorsque vous changez le type de narrateur ou le temps de verbe, ne vous limitez pas à une réécriture mot à mot. D'autres modifications seront nécessaires.
- Pour en savoir plus sur les temps de verbe et les types de narrateur, lisez *Comment écrire des histoires* d'Élisabeth Vonarburg.

TRUC 43
IMPRIMER UNE COPIE PAPIER

Je réécris toujours mes textes de nombreuses fois à l'ordinateur — dans l'ordre chronologique du récit ou dans le désordre. Parfois, je veux avoir une vue d'ensemble de mon histoire en parcourant tout du début à la fin, et d'autres fois, je préfère m'en tenir aux passages faibles et appliquer des modifications chirurgicales.

Les deux approches se complémentent.

Lorsque je révise de façon linéaire, j'emprunte le même chemin que mon futur lecteur. Je vis une expérience naturelle. Ça me permet de mieux évaluer la construction générale du récit, ainsi que sa fluidité. Je lis, je rencontre des cahots sur la route, je corrige l'anomalie, puis je continue. Cette forme de réécriture est très longue à réaliser, étant donné qu'elle demande une relecture complète d'un roman qui a souvent plus de 400 pages, et que cette relecture est ponctuée d'inspections-arrêts-réparations-redémarrages incessants.

Dans cette l'approche linéaire, quand j'arrive à la conclusion, je suis toujours... comment dire... un peu fatigué ? (Traduction : il m'arrive de passer un tantinet plus rapidement sur les derniers chapitres. Que voulez-vous ? L'écœurement s'installe et je suis un simple mortel.)

C'est pourquoi j'exécute toujours une nouvelle ronde de

correction à la suite d'une relecture chronologique comme celle-là. La suivante est systématiquement non linéaire. Durant cette période, j'accorde plus de temps à la conclusion de mon livre et aux passages les plus moches pour équilibrer l'ensemble.

Ces techniques sont des manières traditionnelles de réviser à l'ordinateur. On fait tout dans l'ordre, où on s'attaque à des points précis. Moi, j'alterne entre elles, selon les besoins.

Malheureusement, aucune de ces deux méthodes n'est 100 % parfaite. Elles partagent une lacune importante. Elles demandent de combiner deux tâches distinctes qui consistent à 1) repérer les erreurs, et 2) trouver des solutions. En réécriture, il faut constamment faire des bonds d'un mode à l'autre, soit « mettre ses lunettes d'inspecteur pour détecter les problèmes » et « ouvrir le coffre à outils pour réparer ». Comme si l'architecte et l'ouvrier se retrouvaient fusionnés dans une même personne, durant une rénovation de bâtiment.

J'ai parlé plusieurs fois du travail multitâches dans ce guide. Chaque fois, j'ai souligné à quel point cette activité surmenait notre cerveau. Sauter d'une tâche à l'autre a un coût cognitif élevé. L'idée est facile à comprendre lorsque je suggère d'éviter la boîte de courriels quand le traitement de texte est ouvert. Cependant, je suis convaincu que le même principe s'applique à la réécriture.

Repérage. Corrections.

Un jour, je me suis imaginé que je déléguais l'une de ces deux tâches à une autre personne pour alléger le fardeau sur mes épaules... Quel beau fantasme ! Un collègue aurait pu se charger de trouver les erreurs dans mon manuscrit, et moi d'appliquer les correctifs. Ou vice-versa : j'aurais pu repérer les anomalies dans mon histoire pour ensuite passer le travail à un subalterne, sans me casser le crâne sur la recherche de solutions. Que ce serait jouissif !

Bon, d'accord... Si déléguer ce genre de responsabilité n'est pas *nécessairement* recommandable en création littéraire (on peut bien rêver), j'ai découvert qu'il m'était possible d'obtenir des bénéfices similaires sur mon moral en séparant mon travail en deux, pour isoler le repérage d'erreurs et les corrections dans des bulles de verre distinctes. Avec une telle scission, je peux me concentrer sur l'une des tâches et m'y investir entièrement, en oubliant l'autre. Comme si je me libérais d'une moitié du fardeau.

Pour que ça fonctionne, j'ai seulement besoin d'imprimer mon manuscrit.

Attention : quand je dis « imprimer mon manuscrit », je ne sous-entends pas que je l'envoie immédiatement aux éditeurs en brûlant les étapes. Il faut interpréter ça au sens littéral. Je formate le document à double interligne, je l'imprime et le boudine. Ensuite, je dépose gentiment ce tas de papier sur mon bureau. Je le laisse dormir là quelques jours, après quoi j'y reviens, armé d'un stylo rouge.

À cette étape, je relis mon histoire — sur des feuilles blanches, cette fois — et j'insère des annotations par rapport aux modifications que je *voudrais* faire. Rien n'est définitif. J'écris en marge que tel paragraphe sonne mal. Je biffe un mot inapproprié. Je note ici qu'un dialogue n'est pas naturel et mériterait une solide réécriture. J'inverse deux phrases. Je change le nom d'un personnage.

Bref, je remanie mon texte en m'adressant à « futur moi », qui sera bientôt de retour à l'ordinateur.

C'est une étape salvatrice : je l'effectue toujours au moment où j'en ai marre. Ça me donne une pause mentale. Pour moi, la recherche d'erreurs est relativement facile : je ne fais rien d'autre que chialer, ça me défoule. Comme un troll d'Internet, version littéraire.

En plus, cette approche me permet de voir mon histoire autrement. Quand je relis mon roman sur papier, je me retrouve devant du texte figé. Impossible de retaper mes phrases ou déplacer des mots avec un *drag and drop*. Je suis davantage un

« lecteur » et je m'abandonne aux seuls pouvoirs octroyés par mon stylo : insertion de commentaires entre les lignes, ratures, suggestions de modification, ajouts ou suppressions. Rien de définitif. Que des pistes. Ça évite les longues interruptions, et la lecture suit son cours.

Ainsi barbouillé, mon manuscrit se transforme en outil de travail.

Plus tard, assis devant mon Mac, je n'aurai qu'à feuilleter ce document pour y relire les annotations en rouge. Ma recherche d'erreurs sera déjà accomplie, je pourrai me concentrer sur les solutions.

Comme si la sale besogne avait été déléguée.

Utiliser un code

Pour gagner du temps lors de la révision sur papier, j'utilise un système de codes.

Quand je juge qu'un paragraphe doit d'être réécrit au complet, je n'inscris pas : « Ça sonne mal, il faut refaire ce passage ». J'encercle plutôt le paragraphe en question et j'insère un gros « R » dans la marge. Pour moi, « R » signifie « Réécrire ».

Appliqués aux problèmes récurrents, mes codes accélèrent mon travail — en plus d'allonger drastiquement la vie de mes stylos.

Voici quelques raccourcis que j'utilise abondamment :

PDV : Une anomalie de point de vue. Par exemple, quand j'ai une narration à la première personne et que j'expose les pensées d'un personnage secondaire par erreur.

Un « S » encadré : Pour moi, ça signifie qu'une scène n'est pas assez détaillée, et que je devrai enrichir les descriptions pour donner de la couleur à mon lieu.

Un mot souligné accompagné de la lettre « V » : Ça veut dire de vérifier le mot en question dans le dictionnaire, parce que je ne suis pas 100 % sûr qu'il est approprié pour la situation.

T : Signifie qu'il manque une transition à cet endroit (le texte coule mal d'un paragraphe à l'autre).

J'en utilise une panoplie. Pas la peine de les énumérer jusqu'au dernier. Ils sont liés aux erreurs que je fais régulièrement. Pour développer votre propre système, trouvez *vos* bêtes noires et donnez-leur des codes faciles à retenir.

Bien sûr, mon document est aussi annoté avec du « vrai texte ». Je biffe des phrases et j'ajoute des clarifications concrètes au-dessus des ratures. J'explique pourquoi mon personnage ne réagit pas de la bonne manière. J'évoque une idée pour mieux terminer mon chapitre. Il m'arrive de remplir le verso d'une feuille pour préciser ma pensée.

Je rappelle qu'à cette étape, j'apporte des suggestions, pas des solutions finales.

Ajouter des recommandations générales

Quand je termine de réviser un chapitre, je reviens toujours à la première page de ce dernier pour y inscrire des recommandations générales. Quels ont été les points forts de ce chapitre ? Les points faibles ? Quel travail me reste-t-il à accomplir pour l'améliorer ? Je m'arrange pour être le plus précis possible.

Quand je serai de retour à mon ordinateur avec le manuscrit annoté ouvert devant moi, je pourrai aiguiller ma réécriture à l'aide de ces notes.

À la fin du processus, j'essaie aussi de relever des recommandations générales qui s'appliquent à *tout le manuscrit*. Ces propositions prennent souvent la forme d'une liste à puces. Je les retranscris sur une feuille de papier que j'accroche au mur, à côté de mon Mac. Je dois les garder à l'œil, car ces suggestions pourraient convenir à n'importe quel segment.

Par exemple, pour le premier tome de la série *Le silence des sept nuits*, j'avais trouvé ces recommandations générales :

> **Prioriser les suppressions** : Mon manuscrit était trop long. Si un passage ne fonctionnait pas, je devais vérifier en premier s'il n'était pas préférable de l'enlever. C'était souvent le cas.
>
> **Tenter des adjectifs** : Je trouvais mon texte aride. Quelques adjectifs bien placés pouvaient arranger les choses.
>
> **Tenter des phrases longues** : J'avais préféré m'en tenir aux phrases courtes, mais ce choix nuisait à la musicalité du texte. Je devais donc essayer d'allonger ou de fusionner quelques phrases.
>
> **Au lieu de décrire un élément, donner l'impression qu'il évoque** : Plusieurs de mes descriptions étaient unilatérales, ne s'intéressant qu'à l'aspect visuel. Or, il valait parfois mieux dire en premier ce que l'environnement évoquait chez mon personnage principal, sur le plan émotif.

Souvent, appliquer l'une de ces suggestions suffisait à régler mes problèmes, sans que ça nécessite un creusage de tête.

Apporter les corrections à l'ordinateur

Une fois que j'ai barbouillé mon document de long en large et que j'ai épinglé mes recommandations générales à côté de mon écran, je change de chapeau.

Je range mon stylo et je dépose mon manuscrit devant mon Mac. Sur la première page, je relis mes annotations. Et je trouve des solutions. Un paragraphe est marqué avec un gros « R » ? Alors je tente de le réécrire du mieux que je le peux. Une phrase est accompagnée d'ajouts et de suppressions ? J'essaie de remettre un peu d'ordre là-dedans. Une transition est défaillante ? J'y injecte un peu d'huile.

Ça roule, et c'est bon pour la motivation. Parce que je n'ai aucun repérage à effectuer. Les erreurs sont là, devant moi. Ne reste qu'à les corriger une à une.

Un exemple de manuscrit raturé

Si vous désirez voir comment j'annote mes manuscrits au stylo, sachez que j'ai publié sur mon blogue un article qui détaille ma méthode de travail. J'y montre les premières pages barbouillées d'un de mes projets, avec images et commentaires à l'appui.

Vous trouverez cet article au www.dominicbellavance.com/reecriture-roman/.

À retenir

- Lorsque votre réécriture deviendra trop laborieuse, imprimez votre histoire et faites-en un manuscrit papier. Utilisez l'interligne double.
- Relisez votre roman et inscrivez, dans le document, toutes les améliorations potentielles à l'aide d'un stylo rouge.
- En plus de vos annotations régulières, relevez des recommandations générales pour chacun des chapitres.
- Trouvez également une demi-douzaine de recommandations qui s'appliqueraient à l'ensemble de votre œuvre. Retranscrivez-les sur une feuille que vous épinglerez près de votre écran. Ce sera votre guide tout au long de votre réécriture.
- Une fois votre annotation terminée, retournez devant votre clavier et consultez votre manuscrit, page par page. Trouvez des solutions aux problèmes que vous avez soulevés.
- Répétez ces étapes au besoin.

TRUC 44
LAISSER REPOSER LE MANUSCRIT

Je relis un chapitre une sixième fois sans trouver ce qui cloche. Il manque un élément. Il y a quelque chose en trop. Mon texte chlingue, j'ai l'impression d'avoir régressé comme si je venais d'apprendre à écrire *papa*, *maman*, *maison*. Ce n'est pas une septième lecture qui va m'aider.

Du moment où j'ai ces pensées automutilatrices, je comprends qu'il est temps de prendre du recul. Je ferme mon manuscrit et le repousse du bout des doigts, lentement, avec la ferme intention de le laisser de côté. Et quand je dis « de côté », c'est dans tous les sens du terme : je m'interdis d'ouvrir ce document jusqu'à nouvel ordre et, si possible, je cesse d'y penser (cette deuxième résolution est souvent plus facile à dire qu'à faire).

J'abandonne le projet pendant deux semaines, un mois ou même trois, en sachant que ce n'est que partie remise. Je me retranche pour mieux répliquer. Quand je reviens à mon texte après mes vacances littéraires, mon mode de lecture change radicalement. J'ai l'impression de découvrir mon histoire pour la première fois, avec un œil extérieur. Comme si je lisais l'œuvre d'une autre personne. Les erreurs qui m'étaient alors invisibles me croquent la cornée sans que j'aie à les chercher. Elles sortent de leur cachette comme si elles voulaient se faire abattre. C'est fantastique.

Laisser refroidir un manuscrit n'est pas du temps perdu. Ça fait partie du processus de création. S'offrir une pause de deux semaines puis réviser pendant deux autres équivaudrait selon moi, en termes de qualité de travail, à s'acharner sur un texte pendant un mois sans jamais s'arrêter. Avec un temps de repos, on prend ses distances, on régénère ses aptitudes mentales. Au retour, la perspective est différente et la réécriture s'en trouve grandement accélérée.

S'entêter à chercher des erreurs qui esquivent notre regard est contre-productif. Mieux vaut faire un pas en arrière et changer ses lunettes. *Work smarter, not harder*, qu'ils disent.

Mon truc sent peut-être le réchauffé ; presque tous mes collègues l'ont adopté. Pour moi, c'est un passage obligé. Chaque fois que je termine une ronde de révision complète sur un manuscrit (et juste après avoir imprimé mes copies papier tel que suggéré dans le chapitre précédent), je délimite une période sur le calendrier où je n'aurai *absolument pas le droit* de toucher à mon histoire. Ça me permet d'y revenir ensuite avec un enthousiasme renouvelé — parce que je finis par avoir hâte de rouvrir mon document ; avant mes vacances, j'en avais ras le bol. Dans le domaine de la productivité, l'attitude compte pour beaucoup.

Ce truc est tellement répandu que j'ai sérieusement considéré l'exclure de ce guide — après tout, vous voulez apprendre des nouvelles choses, pas vrai ? Mais je l'ai conservé. Pas le choix. Il fallait mettre au parfum les rares auteurs qui n'en avaient jamais entendu parler.

Comment profiter d'une pause d'écriture au maximum ?

Vous allez prendre des pauses prolongées, que ce soit au milieu du premier jet ou après une phase de réécriture. C'est écrit dans le ciel. Ce truc est un *incontournable*. Et j'utilise rarement ce mot à la légère.

La question que vous devez vous poser est : « Quoi faire durant les pauses ? »

Vous pouvez bien entendu vous asseoir chaque matin sur votre sofa et commencer des sessions de 6 heures de *Clash Royale*. Mais ce n'est pas la seule option. Il y a plusieurs manières d'utiliser les pauses à son avantage, de façon intelligente et productive, en lien avec la création littéraire :

- **Prendre des vacances** : Je parle de *vraies* vacances. Partez en voyage, visitez un pays lointain. Rafraîchissez-vous l'esprit et faites le plein d'énergie créative en vous immergeant dans une culture étrangère. Lorsque vous reviendrez, vous serez une nouvelle personne. Votre regard sur votre travail sera doublement frais.

- **Faire de la recherche** : On peut prendre le mot *recherche* au sens large. Le premier tome de ma série *Le silence des sept nuits* comportait des créatures qui s'apparentaient à des zombies, l'environnement était truffé de cadavres en décomposition. J'ai profité de mes pauses pour me taper la série *The Walking Dead*. Ça m'a inspiré pour la suite (et ça m'a reposé... car c'est de la télé, hein). Bien sûr, vos recherches peuvent aussi se passer dans les bouquins. Ça fait plus sérieux.

- **Faire votre comptabilité** : En retard sur votre tenue de livres ? Profitez de ces jours d'arrêt pour entrer vos reçus de dépense dans votre document Excel. Vos impôts seront plus faciles à produire au début de l'année suivante.

Commencer un nouveau projet : Ça, ou en continuer un autre que vous avez déjà entamé. J'ai parlé de cette stratégie dans le **Truc 38 : Travailler sur deux projets en même temps**. Comme je mène souvent deux romans en parallèle, je choisis cette option la plupart du temps.

Envoyer votre manuscrit chez des bêta lecteurs : À considérer si vous vous approchez de la fin. Vos bêta lecteurs auront besoin de quelques semaines pour lire et annoter votre manuscrit — aussi bien en profiter. Quand vous reprendrez le travail, vous aurez plein de commentaires utiles à votre disposition.

Bref, si vous avez une démarche sérieuse, de la créativité et de l'énergie à revendre, vous n'avez aucune raison de vous asseoir sur vos lauriers. Il y a moyen de faire avancer votre carrière tout en laissant votre manuscrit sous scellé.

À retenir

- Lorsque vous arrivez dans un cul-de-sac durant votre révision, il est temps de prendre une pause.
- Laisser reposer votre manuscrit quelques semaines vous permettra de l'examiner avec un regard neuf à votre retour. Les erreurs, autrefois invisibles, se manifesteront par elles-mêmes.
- Durant votre pause, adonnez-vous à des activités connexes qui feront avancer votre carrière littéraire. Résistez à la tentation d'ouvrir votre manuscrit principal. Vous y reviendrez plus tard.

CONSEILS UTILES À L'ÉTAPE DE
L'ÉVALUATION PAR LES BÊTA LECTEURS

TRUC 45
TROUVER DES LECTEURS APPROPRIÉS

La révision est finie. Vous avez travaillé des mois pour produire votre premier jet, passé des nuits à remanier vos phrases, à déficeler et reficeler votre intrigue, à enrichir vos descriptions et à donner de la couleur à vos personnages. Colère, écœurement, espoir, joie, terreur et courage vous ont tenues par la main à tour de rôle.

C'est tout un voyage que vous avez fait !

Vous avez maintenant un roman achevé devant vous. Vous en êtes là. Après tout ce temps.

Avouez-le : vous débarrasser de cette « chose » est tentant. Elle mérite un exil rapide. Ce démon de papier a été responsable de vos tourments durant une partie de votre vie. Vous pourriez acheter des timbres et une enveloppe, et catapulter ce document maudit aux maisons d'édition sans attendre. Plein d'auteurs le font. Pourquoi pas vous ?

Hmm...

En sachant que vous n'aurez probablement pas deux chances avec le même éditeur, vous avez raison d'hésiter. Les premières impressions sont cruciales. Vous ne devez pas rater votre coup. Séduire une maison d'édition professionnelle demeure une jolie prouesse même quand on a plusieurs années d'expérience dans le corps — je sais de quoi je parle. Personne n'est à l'abri des refus. Pas même vous.

Pour cette raison, je vous conseille de saisir chaque occasion pour donner un coup de brosse sur votre histoire, même si vous êtes à deux pas de la ligne d'arrivée.

Vous pourriez, par exemple, choisir de récolter des avis extérieurs en soumettant votre manuscrit à un groupe de « bêta lecteurs ». (Il s'agit de gens de votre entourage qui liraient votre document et accepteraient de vous fournir des commentaires exhaustifs par la suite. Ce serait un ultime contrôle de qualité, aiguillé par des « testeurs de romans », qui vous permettrait d'améliorer votre œuvre une dernière fois avant de l'expédier aux éditeurs.)

Voilà qui semble être une étape des plus judicieuses.

Pourtant, bien des écrivains de calibre refusent de travailler avec des bêta lecteurs. Chacun a ses raisons. Certains se fient uniquement aux opinions d'un professionnel, en l'occurrence le directeur littéraire de la future maison d'édition qui s'occupera de leur histoire (il n'y a rien de mal là-dedans), tandis que d'autres n'arrivent simplement pas à s'entourer des bonnes personnes.

C'est une réalité. Trouver de collaborateurs appropriés n'est pas évident. Des lecteurs, il y en a de tous les calibres, et on ne veut pas laisser n'importe qui intervenir dans son projet.

Quelques types de lecteur

Admettons que vous venez d'écrire une histoire qui se déroule dans l'espace en l'an 2255. Pour votre groupe de bêta lecteurs, allez-vous préférer travailler avec des gens qui sont des maniaques de science-fiction ? Ou offrirez-vous plutôt votre roman à Monsieur et Madame Tout-le-Monde pour vous assurer que le lecteur moyen comprenne votre intrigue et les technologies que vous décrivez ?

Vous serez confronté à ce genre de dilemme, peu importe la nature de votre projet. Allez-vous admettre n'importe qui dans votre cercle de bêta lecteurs ? Ou prendrez-vous le temps d'interroger les candidats potentiels pour connaître leurs intérêts, de même que leur niveau de littératie, pour aller chercher des résultats très spécifiques ?

N'oubliez jamais que chaque lecteur transporte son propre bagage de connaissances et d'expériences. Chacun aura une opinion différente sur votre œuvre, et ça ira dans tous les sens. Vos collaborateurs se contrediront l'un l'autre, au point où vous ne saurez plus qui croire.

Pour mettre un peu d'ordre dans ce chaos, retenez que votre groupe sera composé de lecteurs avec des profils facilement reconnaissables, que l'on pourra classer dans différentes catégories. Un commentaire donné par un certain type de lecteur n'aura pas la même signification que s'il était émis par un autre. (En effet, un chat et un chien n'auraient manifestement pas la même opinion sur une histoire de « baignade dans un lac ».) Identifier les profils de vos collaborateurs sera essentiel durant tout le processus d'évaluation ; l'effort vous permettra de mieux décoder les commentaires que vous recevrez et, surtout, d'en extraire la substantifique moelle.

Voyons ensemble quelles sont les catégories de lecteurs les plus courantes, ainsi que les avantages et inconvénients qui y sont associés.

Les membres de votre famille

Un membre de votre famille peut être votre mère, votre cousine, votre neveu, votre beau-père ou votre fille. Il peut également s'agir d'une personne proche que vous considérez comme une sœur ou un frère, et avec qui vous avez un attachement émotionnel très puissant.

Vous ignorez si ces personnes lisent dans la vie en général. Ce qui est important, c'est qu'elles s'intéressent à votre travail et souhaitent vous donner un coup de pouce.

Avantages

Les membres de votre famille vont être excités : n'ayez crainte, ils vont se rendre jusqu'au bout de votre manuscrit et en sortiront émerveillés. Ils ont une loyauté infinie envers vous : leurs commentaires seront invariablement positifs, et il n'y a aucune chance — absolument aucune — que ces interventions froissent votre ego. Au moment de lire les rétroactions de votre famille, vous vous sentirez comme J. K. Rowling ou Stephen King ; vous aurez l'impression d'avoir produit le best-seller planétaire que vous attendiez depuis si longtemps.

Inconvénients

Vous les avez devinés, pas vrai ?

En effet, les membres de votre famille sont biaisés : ils vous adorent, et la dernière chose qu'ils désirent, c'est vous faire de la peine. Même si le manuscrit que vous leur avez confié est une pourriture sans nom, eh bien, ils ne vous le diront jamais et s'efforceront de rester positifs : « Euh… J'ai vraiment aimé que ton personnage mange du foie gras dans le chapitre deux. Le foie gras, c'est délicieux ! On change de sujet, maintenant ? »

Les rétroactions positives font du bien, mais elles ne vous donneront aucun indice sur les endroits où vous devrez investir vos heures pour améliorer votre roman.

À moins que vos proches aient un esprit critique particulièrement aiguisé et soient sans pitié — ce dont je doute —, leurs commentaires ne vaudront pas grand-chose. Évitez donc de travailler avec ces personnes, à moins que les seuls commentaires que vous ne soyez capable d'encaisser soient ceux qui cajolent votre ego ; mais alors, pourquoi avoir choisi le métier d'écrivain ?

Les lecteurs qui ne lisent jamais

Ces personnes n'ont jamais ouvert un livre de leur vie par eux-mêmes : ils ont été obligés d'en lire au secondaire ou au cégep, sous les menaces de leurs professeurs. Il arrive qu'un bestseller de 300 pages se retrouve sous leurs yeux, mais ça n'arrive que les jours d'éclipse solaire complète et ça leur prend six mois pour le terminer. Outre ces rares occasions, ils n'ont jamais de temps à consacrer à la lecture et ont une culture littéraire quasi inexistante.

À votre demande, ils acceptent de vous donner un coup de pouce et de vous offrir leur belle naïveté.

Avantages

Même si j'ai l'air d'avoir exagéré dans l'introduction, il en demeure que les lecteurs qui ne lisent jamais représentent une bonne partie de la population : votre roman sera le seul achat annuel de bien des gens. Vous pouvez donc vous fier aux commentaires de ces collaborateurs dans une certaine mesure, si vous gardez un esprit critique. Les lecteurs naïfs vont à coup sûr repérer les endroits où votre écriture est trop « élitiste », mais encore devrez-vous déterminer si de tels passages sont véritablement défaillants. Ils risquent de paniquer ou de se retrouver dans la confusion la plus totale quand votre intrigue se complexifiera. Vous devrez alors trancher : est-ce vraiment trop compliqué, ou la faute incombe-t-elle à vos collaborateurs qui n'ont pas atteint un niveau de littératie suffisant ? Leurs commentaires seront nombreux — très nombreux —, mais ils seront toujours à prendre avec un grain de sel. Attendez-vous à retrouver beaucoup de « Je ne comprends pas » inscrits dans les marges de votre manuscrit.

Inconvénients

Pour faire l'avocat du diable, même si les lecteurs qui ne lisent jamais représentent une bonne partie de la population, ils ne représentent pas la majorité de votre lectorat. Statistiquement, vos bouquins ont beaucoup plus de chance d'atteindre les gens qui consomment des romans régulièrement. Les commentaires du type « c'est trop compliqué » seront exagérés la plupart du temps : là où vous plongerez des lecteurs naïfs dans la confusion, votre public habituel s'y retrouvera sans problème. Cette réserve s'applique aussi pour la plupart des « erreurs » que ce type de bêta lecteur va soulever : s'agit-il vraiment d'une bourde de votre part, ou le commentaire est-il directement associé à l'inculture de la personne qui tient le manuscrit ?

Dans tous les cas, vous aurez un important travail de débroussaillage à effectuer.

En outre, enrôler ces bêta lecteurs peut s'avérer fâcheux. Les gens qui ne s'adonnent jamais à la lecture évitent cette activité pour une raison. Un roman, c'est un produit culturel « difficile » à consommer (par rapport à la télé, disons). Ces gens-ci vont-ils vraiment se réserver une heure par soir pour lire et annoter votre manuscrit ? Il y a de bonnes chances qu'ils le fassent pour les 25 premières pages, et qu'ensuite ils oublient commodément le document sur la table du salon…

Les lecteurs boulimiques

À l'inverse des personnes qui ne lisent jamais, les lecteurs boulimiques semblent toujours avoir un roman entre les mains. Ils peuvent se taper 50, 75, 100 ou même 200 livres dans une année. Leur gourmandise littéraire ne connaît aucune limite. Ils ont lu dans tous les genres et dans tous les styles, et ils brûlent d'envie de vous parler du dernier auteur qu'ils ont découvert (et dont ils ont dévoré l'ensemble de l'œuvre en moins de trois semaines).

Avantages

Les lecteurs boulimiques, les romans, ils connaissent ça. Leurs commentaires valent de l'or. Avec eux, on est loin des « je ne comprends pas » répétés *ad vitam æternam* par les gens qui ont peur des bouquins ; si jamais un boulimique vous mentionnait qu'un passage portait à confusion, surlignez son commentaire en jaune fluorescent, parce que quelque chose cloche, et pas qu'un peu.

Leur culture livresque est immense. Ainsi, ils pourront mettre votre histoire en relation avec les autres œuvres qui existent dans le paysage littéraire. Ils auront l'œil pour repérer les clichés et les lieux communs, de même que les intrigues lacunaires. Votre roman ne les chavirera probablement pas — ils en ont vu d'autres —, et ils seront en bonne position pour vous indiquer quelle épice vous devriez ajouter dans votre récit pour l'améliorer.

Ces bêta lecteurs sont fiables la plupart du temps : ils n'auront aucun problème à terminer votre manuscrit — à moins que votre histoire ne soit particulièrement soporifique (si c'est le cas, ils ne manqueront pas de souligner ce défaut).

Inconvénients

Comme je l'ai dit, les lecteurs boulimiques en ont vu d'autres. Ils sont des « pros » de la lecture, et donc d'un autre niveau que le public moyen. Si vous avez écrit un livre du type *whodunnit*, ils auront trouvé le coupable à la fin du deuxième chapitre et vous diront que c'est trop facile, alors qu'en réalité, votre enquête pourrait être difficile et stimulante pour 95 % de votre lectorat.

Comme les lecteurs boulimiques sont de grands tourneurs de pages, certains pourraient dévorer votre manuscrit à la vitesse de l'éclair… en omettant d'inscrire leurs précieux commentaires dans les marges. Dans un sens, tant mieux si votre histoire les aura absorbés au point de leur faire oublier leur mandat ! Vous devrez néanmoins interroger ces sprinteurs verbalement pour apprendre comment améliorer vos chapitres.

Les collègues auteurs

Vos collègues écrivent des livres, et vous aimeriez leur confier votre manuscrit pour obtenir leurs commentaires. Après tout, ces personnes connaissent les rouages du métier, elles sont donc bien placées pour soulever les erreurs dans votre roman, pas vrai ?

Avantages

En fait, et je le crois vraiment : les collègues sont parmi les bêta lecteurs les plus performants. Ils ont de l'expérience, et ils révisent leurs propres romans depuis des années. Leurs stylos sont hyperactifs. Pas une erreur grossière ne va leur passer sous les yeux sans qu'elle soit relevée. Les collègues ont aussi de bonnes chances de travailler rapidement — ce qui évitera de ralentir votre processus.

Lorsqu'ils auront terminé votre manuscrit, prenez un bon café en leur compagnie et demandez-leur de vous parler librement de votre histoire. Vous aurez droit à tout un discours, autant sur l'œuvre que sur votre écriture en général. Discuter avec les pairs, c'est une des meilleures façons de grandir en tant qu'artiste.

Inconvénients

Si on peut prévoir que les collègues laisseront beaucoup de commentaires, on peut aussi s'attendre à ce qu'ils souffrent du syndrome du *lead guitar player* : « Ton solo est bon, mais je l'aurais pas fait de même. » Vos collègues sont des artistes à part entière, ils ont leur propre idée de ce qu'est un « livre bien écrit ». Il est possible qu'ils suggèrent des modifications non pas pour améliorer le roman, mais pour le mettre à leur image. Assurez-vous qu'ils respectent votre voix et vos visées artistiques, et qu'ils s'abstiennent de vous imposer leur vision de la littérature au détriment de la vôtre.

Les lecteurs spécialisés dans votre genre littéraire

Vous écrivez des romans d'horreur, et vous enrôlez des maniaques d'horreur pour lire votre manuscrit. Est-ce une bonne idée ?

Avantages

Tout comme les lecteurs boulimiques, les lecteurs spécialisés ont une culture livresque impressionnante. En prime, ils sont familiarisés avec les codes du genre que vous abordez et sauront si vous les respectez. Tout ce qu'ils diront sera sans doute calibré par rapport au voisinage littéraire, alors ne vous attendez pas à avoir beaucoup de commentaires sur votre « écriture en général », ce n'est pas leur adage. Les fans de fantasy vont plutôt commenter votre système de magie et déceler les anachronismes, tandis que les amateurs de polars vont se concentrer sur le réalisme des techniques employées par vos personnages policiers. C'est normal.

Les spécialistes reconnaîtront de nombreux clichés dans votre roman (à votre grand dam). Écoutez attentivement leurs conseils. Ils seront probablement les lecteurs les plus représentatifs de votre public cible. Après tout, c'est « pour eux » que vous écrivez.

Inconvénients

Par définition, quand un lecteur préfère un type de littérature, c'est habituellement au détriment des autres. Il est donc possible que les commentaires de ces lecteurs tendent à vous « remettre sur le droit chemin » si vous osez diverger des grandes lignes directrices du genre abordé. Dans un sens, c'est correct : il peut être sage de respecter les codes et de répondre aux attentes du public. Mais on doit se rappeler qu'on fait de l'art : dévier des codes est souvent une belle façon d'apporter un vent de fraîcheur dans une œuvre, et dans son domaine d'activité. On ne veut pas toujours écrire le même livre. (Et à l'inverse, il semble que certains maniaques d'un genre voudraient toujours lire la même chose. Connaissez-vous quelqu'un qui a lu plus de 300 romans Harlequin ? Moi, oui. Ça prend beaucoup de place dans une remise.)

Gardez l'œil ouvert. Certains spécialistes tenteront de réaiguiller votre œuvre seulement pour qu'elle s'insère mieux dans le moule. Leurs commentaires ne seront peut-être pas les plus frais en ville. Écoutez-les, bien sûr, en évitant de vous laisser convaincre que votre originalité est suspecte.

Les lecteurs spécialisés dans un autre genre littéraire

Ça vous tente d'accueillir un brin d'imprévu dans votre livre ?
Votre roman d'horreur science-fictionesque, vous pourriez le faire lire par une passionnée de romans à l'eau de rose.

Avantages

Les lecteurs spécialisés dans un autre genre que le vôtre s'offriront un bon tour de manège en embarquant dans votre manuscrit : ils sortiront de leur zone de confort et se retrouveront en territoire inconnu. Et avec leur œil naïf sur le genre que vous abordez, leurs commentaires risquent d'être... très intéressants. Un fan de policier qui lit votre comédie romantique pourrait vous donner d'excellents conseils pour rehausser la tension dans l'intrigue. Une maniaque de science-fiction lisant une œuvre de fantasy développerait peut-être une théorie « scientifique » qui expliquerait pourquoi les personnages se transforment en loups-garous à minuit.

Ces collaborateurs apportent de la fraîcheur, c'est certain. Et comme ils ont une culture littéraire supérieure à la moyenne (dans un autre genre que le vôtre, certes), leurs commentaires ont de bonnes chances d'être inspirés.

Inconvénients

Bon. Maintenant. Que dire...

C'est certain que les lecteurs spécialisés dans un autre genre vont vouloir tirer la couverture de leur côté. Dans un roman d'horreur, le commentaire : « Il faudrait que le monde s'embrasse bien plus ! » n'est peut-être pas la recommandation la plus pertinente. L'amateur de romance recherche la passion, alors que le vrai lecteur d'horreur désire être angoissé ; l'amateur de romance pourrait donc suggérer de désamorcer les scènes tendues qui vont l'empêcher de dormir. Est-ce réellement ce que l'on veut ? Bien sûr que non ! Avec de l'horreur, il faut beurrer épais pour satisfaire les maniaques, pas l'inverse.

Accueillez la fraîcheur à bras ouverts — c'est pourquoi vous avez enrôlé ces collaborateurs-ci —, mais évitez de trahir votre œuvre (et votre futur lectorat) en écoutant des conseils qui contredisent carrément votre genre littéraire et ses codes.

À retenir

- Pour composer votre cercle de bêta lecteurs, choisissez des collaborateurs adaptés à vos besoins.
- Interprétez les commentaires que vous recevrez en tenant compte du profil de chaque lecteur. Un lecteur spécialisé dans votre genre n'aura pas la même chose à dire qu'une personne qui ne lit jamais, par exemple.

TRUC 46
IMPRIMER SES MANUSCRITS AUX BONS ENDROITS

Note : Le chapitre suivant a été repiqué à partir de mon guide Présentez votre manuscrit littéraire comme un pro en 5 étapes, *comme j'y parle aussi de l'impression des manuscrits. J'y ai apporté quelques modifications pour l'adapter à la situation des bêta lecteurs.*

—

Si vous désirez recevoir des commentaires de la part de vos bêta lecteurs, il vous faudra imprimer des manuscrits. Rares sont les gens qui vous demanderont une version électronique de votre livre ; ça peut arriver, tant mieux si c'est le cas, mais la plupart exigeront que vos mots soient composés d'encre étendue sur des cadavres d'arbres. Une question d'habitude et de culture.

Attendez-vous à imprimer autant de manuscrits que vous avez de collaborateurs. N'ayez pas la mauvaise idée de ne produire qu'un seul document et de le passer de personne en personne. Ce serait une erreur. À ce point-ci dans mon guide, il est impératif que vous compreniez pourquoi je suis strict là-dessus : si un lecteur prenait du retard, ça bloquerait la chaîne de travail au complet et vous pourriez perdre des semaines parce que vous avez été radin sur l'encre et le papier. Votre temps est précieux, vous voulez que ça avance.

Un manuscrit par lecteur. C'est non négociable.

Ainsi, avec huit bêta lecteurs, prévoyez huit manuscrits, et par le fait même, n'espérez en récupérer que six. Des collaborateurs vont vous lâcher en cours de route. Ne leur en voulez pas. La vraie vie intervient partout, et vos lecteurs ont d'autres priorités que d'annoter votre roman. Ça ne doit pas vous empêcher d'avancer.

Ces manuscrits, il vous faudra les imprimer et les relier. Ça va bouffer une partie de votre budget d'écrivain, autant dans les colonnes « argent » que « temps ».

J'ai quelques trucs qui vous permettront d'économiser ces deux précieuses ressources.

L'endroit idéal pour imprimer

Où les imprimerez-vous, ces manuscrits ? Chez vous, avec votre imprimante-hyper-lente-qui-fait-un-bruit-d'enfer, ou dans un centre d'impression ? Votre premier réflexe serait peut-être d'entreprendre cette étape dans le confort de votre foyer, avec un bon café à la main.

Mais est-ce la solution idéale ?

Imprimer le manuscrit chez soi

En imprimant ses manuscrits à domicile, on pourrait croire qu'on économiserait à la fois temps et argent par rapport à une visite au centre d'impression.

Voyons si c'est le cas.

Commençons par établir le coût total d'un seul manuscrit[13], en supposant qu'il comporte 500 feuilles et qu'on le fait relier à la papeterie :

---

[13] Les prix sont basés sur l'état du marché en 2018.

- 1 paquet de 500 feuilles : 8 $ (6 €)
- 1 cartouche d'encre noire : environ 25 $ (16 €)
- reliure : 4 $ (3 €)

Au total, ce document vous coûtera 37 $ (25 €).

Produire ce manuscrit demandera environ 2 heures de votre temps, puisque votre imprimante travaillera pendant 1 heure et que vous devrez vous rendre au centre d'impression pour faire relier le document de toute façon.

Et ça, c'est si tout se passe comme prévu. Il est bien possible qu'à partir de la page 250, votre imprimante manque d'encre et se mette à recracher des feuilles blanches (ou pire encore : des pages à moitié imprimées, illisibles, et qui gaspilleront votre précieux papier). Vous devrez donc rester alerte, près de votre appareil, pour vérifier s'il fonctionne correctement.

Pour un seul manuscrit, ça passe. Mais si vous en faites une demi-douzaine — ce qui sera probablement le cas avec votre comité de bêta lecteurs —, vous allez vous tourner les pouces pendant longtemps. Et Dieu sait qu'il est difficile de se concentrer pendant que l'imprimante vomit des feuilles à côté de nous ! N'imaginez pas que ces heures seront productives même si vous les passez devant l'ordinateur.

Donc, pour le temps, c'est pas l'idéal.

Pour l'argent, maintenant ? Est-ce avantageux d'imprimer à la maison ?

Oui, si vous utilisez des cartouches réusinées au lieu de celles qui portent les marques officielles de votre imprimante.

Les cartouches réusinées sont de petits bijoux salvateurs : elles se vendent entre 2 et 5 $ (1,50 € à 3 €) et produisent généralement des résultats acceptables, compte tenu de vos besoins — après tout, vous offrez des manuscrits à des bêta lecteurs, pas des illustrations vendues sur Etsy. De nombreuses boutiques sur le Web offrent ce genre de cartouches, comme Amazon,

123inkcartridges.ca et Exceltoner.ca (sur ces sites, inscrivez le modèle de votre imprimante dans le champ de recherche et le tour sera joué). Votre papeterie de quartier en a sans doute sur ses tablettes. À votre prochaine visite, vérifiez.

Seul bémol : utiliser des cartouches réusinées invalidera peut-être la garantie de votre imprimante.

Est-ce un drame ?

Souvenez-vous que les grosses compagnies veulent votre argent : elles n'hésiteront pas une seconde à exploiter votre insécurité pour emmagasiner des profits. Les cartouches réusinées privent ces entreprises d'un important revenu, et « Imprimante inc. » voudrait bien que vous cessiez d'en acheter immédiatement.

Réfléchissez à ce dilemme. La garantie de votre appareil est-elle si précieuse ? Vous avez payé votre machine autour de 100 $ (66 €), alors même si votre imprimante perdait une année de vie (et ce ne sera sans doute pas le cas), vous allez économiser gros au bout de la ligne avec des cartouches réusinées. L'encre, c'est cher. Extrêmement cher. Les compagnies comptent sur ce ruineux liquide pour remplir leurs coffres-forts, pas sur les appareils électroniques. Soyez plus malins qu'eux.

Pour gagner encore plus d'autonomie, procurez-vous une machine à relier. Le prix de ces outils varie entre 50 et 250 $ (35 et 170 €), selon leur qualité. Récupérer cet investissement pourrait être long, mais considérez les économies si vous n'avez plus besoin de sortir de chez vous pour aller au centre d'impression (en considérant l'essence, l'usure de la voiture, votre temps et tout le reste.)

Imprimer le manuscrit dans un centre d'impression

Au lieu de tout faire vous-même, vous pourriez déléguer ce sale travail aux employés du centre d'impression de votre quartier.

Est-ce plus cher que de tout entreprendre soi-même à la maison ?

Calculons le coût d'un manuscrit en nous fiant au dépliant de Bureau en gros (*Staples*) le plus récent :

- impression à 7 ¢/feuille pour 500 pages : 35 $ (23 €)
- reliure : 4 $ (3 €)

Au total, il vous coûtera 39 $ (26 €). C'est 2 $ de plus qu'une impression à la maison, faite avec de l'encre « véritable ». La facture est plus grosse, certes, mais il ne faut pas seulement considérer l'argent dans l'équation. Pensez au temps économisé. Pour 2 $, vous n'aurez pas besoin de rester à côté de votre appareil pour vérifier s'il manque d'encre. Vous n'aurez pas à débloquer le papier dans la machine si jamais un pépin survenait. De plus, comme vous seriez de toute manière allé au centre d'impression pour faire relier votre travail, cela ne changera rien à vos déplacements.

Et ne dit-on pas que le temps, c'est de l'argent ?

Alors, combien de manuscrits voulez-vous produire ? Un seul ? Cinq ? Dix ? Imaginez les heures économisées si vous déléguez la tâche pour *dix* manuscrits… Tout ce que vous aurez à faire, c'est transmettre votre commande par Internet et aller chercher vos documents le lendemain.

Donc, si vous avez besoin d'un grand nombre de manuscrits et que vous souhaitez rentabiliser votre temps, passez une commande chez votre imprimeur local et profitez du délai pour entreprendre un nouveau projet. Si vous ne voulez qu'un seul manuscrit, alors là, c'est à votre choix.

À retenir

- Assurez-vous de toujours produire un manuscrit distinct pour chaque bêta lecteur. Évitez d'utiliser un seul document que vos collaborateurs se passeront.
- Si vous avez besoin de plusieurs manuscrits, faites-les imprimer dans un centre d'impression. Ce sera un tantinet plus cher, mais vous gagnerez du temps.
- Pour un seul manuscrit, faites-le imprimer à la maison ou dans un centre d'impression. La différence n'est pas notable.
- Utiliser des cartouches d'encre réusinées (au lieu de celles portant les marques officielles de votre imprimante) vous permettra de réaliser des économies substantielles.

TRUC 47
UTILISER UN SYSTÈME D'ÉTOILES

Certains bêta lecteurs laissent une avalanche de commentaires sur papier, d'autres sont plus discrets. Ceux-là vous redonneront votre manuscrit avec le même stylo rouge qui accompagnait le document, et le stylo sera encore plein. Pour que ces personnes vous passent quelconque avis sur votre histoire, vous devez leur tirer les vers du nez dans une discussion en tête-à-tête. Avec eux, le rapport de lecture est plutôt verbal.

Ne vous méprenez pas : les commentaires de ces gens valent de l'or. Ils ont seulement une approche différente.

Par le passé, pour mon roman *Alégracia et le Dernier Assaut*, j'ai perdu quelques bêta lecteurs par manque de disponibilités. Je n'ai réussi qu'à conserver les « discrets » qui inscrivaient peu (ou pas) d'annotations sur les pages, et qui préféraient m'offrir une opinion générale à la fin de leur lecture. Ces avis m'ont été fort utiles pour orienter ma réécriture, mais ça m'a laissé dans un flou artistique quand je désirais savoir *où exactement* je devais investir mon temps. Normalement, avec des « barbouilleurs », c'est plus concret : je n'ai eu qu'à feuilleter le manuscrit pour voir les endroits ou ça dégouline d'encre. Cet indicateur ne ment jamais. Lorsque je travaille avec des discrets, je dois souvent déduire sur quelles pages je dois concentrer mes efforts. Dans un sens, c'est correct : trouver les bobos restera toujours la responsabilité de l'auteur. C'est ma *job*. Mais pour *Alégracia et le Dernier Assaut*, je n'avais pas accès à la merveilleuse combinaison discrets/barbouilleurs pour m'éviter une relecture exhaustive de tout mon manuscrit (je ne me sentais plus à cette étape). C'était problématique. J'avais besoin d'un niveau de précision supplémentaire.

Heureusement, j'ai trouvé un truc pour combler cette lacune. Il est très facile à appliquer.

Un système d'étoiles

Pour « forcer » mes lecteurs discrets à évaluer la qualité de mes écrits au fur et à mesure qu'ils lisent, j'ajoute un petit quelque chose à la fin des chapitres, juste avant d'imprimer mes manuscrits.

J'insère cinq étoiles vides[14], comme ceci :

☆☆☆☆☆

Je demande aux lecteurs de barbouiller les étoiles pour mesurer leur appréciation du texte.

Je garde ça ultra simple.

Au début du manuscrit, j'inscris ces consignes en italique :

Après avoir lu un chapitre, veuillez l'évaluer.
Lui donner la note ★★★☆☆ *par défaut.*
Si le chapitre est particulièrement bon, ajouter des étoiles.
Si le chapitre est particulièrement mauvais, en enlever (minimum de 1).

---

[14] Si vous avez de la difficulté à produire ces étoiles avec votre clavier, copiez-collez celles que l'on retrouve au www.alt-codes.net/star_alt_code.php

Avec ce système, je m'attends à retrouver des cotations de **1 étoile** à **5 étoiles** à intervalles réguliers dans mon manuscrit. Quand mes bêta lecteurs finissent leur travail, je compile les résultats dans un tableau Excel et je fais ressortir des cotations moyennes. Je peux alors vérifier s'il y a eu consensus ou si les opinions sont divergentes. Mes collaborateurs s'entendent-ils sur ce qui est bon et mauvais ? Si le lecteur A mettait **1 étoile** au premier chapitre et que le lecteur B lui donnait la prestigieuse cote de **5 étoiles**, ça demanderait réflexion. C'est plus facile quand tout le monde est d'accord. Les moyennes situées entre 1 et 3 sont celles qui m'intéressent le plus. Ces chapitres-là sont faibles, ils méritent de sérieux ajustements, peut-être une suppression. Dans ma prochaine phase de réécriture, ils auront toute mon attention.

Dans tous les cas, ce système étoilé m'indique où je dois concentrer mes efforts. Un chapitre a été évalué **5 étoiles** par tout le monde ? Je ne perds pas mon temps avec lui. Je me penche plutôt sur les défaillants, ceux dont les moyennes sont inférieures à 3 et qui sont jugés lacunaires par la majorité. C'est une façon de mieux investir mon temps.

À retenir

- Avant d'imprimer vos manuscrits pour les bêta lecteurs, ajoutez cinq contours d'étoiles à la fin de vos chapitres.
- Demandez à vos bêta lecteurs de barbouiller ces étoiles pour mesurer leur appréciation du texte.
- Compilez les résultats dans un tableau Excel et calculez les moyennes.
- À votre prochaine réécriture, concentrez vos efforts sur les chapitres avec une faible moyenne.

TRUC 48
INSÉRER DES FEUILLES LIGNÉES DANS SES MANUSCRITS

Si le système d'étoiles est pratique pour estimer la qualité des chapitres et pour « faire parler » les discrets, les commentaires phrasés, par leur précision, sont susceptibles de nous aider beaucoup plus.

Normalement, je demande à mes bêta lecteurs de me donner un avis général sur mon histoire, une fois leur lecture terminée. La plupart du temps, ils me partagent cet avis de vive voix. On se rencontre dans un café et on jase du récit, des personnages, des punchs et tout le reste, sans manquer d'insérer un peu de commérages là-dedans. Je ressors de là avec une idée sur les grands points à améliorer.

Quand je veux avoir des commentaires précis sur mes chapitres, là, ça se corse. Lorsque je demande : « Au chapitre 5, au moment où Maude arrive à l'école et voit Éric pour la première fois, comment as-tu trouvé ça ? », la réponse ressemble souvent à : « Euh… Ben… Euh… C'était correct, me semble. »

La triste réalité, c'est que les lecteurs oublient facilement leur première impression d'un texte — à moins qu'un passage ne soit particulièrement raté ou du type « j'ai-le-cul-à-terre-tellement-c'est-*hot* ». Oui, certaines scènes vont les marquer au fer rouge, mais la plupart des déboires de vos personnages vont être oubliés dès que les pages seront tournées. (Du moins, ceux qui vous intéressent vraiment.)

Si vous voulez obtenir des commentaires sur des points-clés de votre histoire, il vous faudra récolter des opinions au moment où elles seront les plus fraîches. Et ça, c'est durant l'expérience de lecture.

Les formidables feuilles lignées

Auparavant, pour récolter des commentaires, j'ajoutais quelques lignes à la fin de mes chapitres, comme ceci :

Commentaires sur ce chapitre :
_____
_____
_____

C'était un peu irritant. Ça m'obligeait à modifier mon fichier Word pour insérer lesdites lignes, et il fallait que je les réefface à la fin du processus.

Qu'est-ce qui arrivait ?

Personne n'écrivait dans cet espace. Comme si les gens étaient conditionnés à éviter les « commentaires généraux » qu'on retrouve à la fin des sondages, et qu'ils escamotaient ces champs de la même manière.

C'est bien possible que mes lecteurs, ne pouvant s'empêcher de lire la suite, aient sauté par-dessus cette partie pour se gâter (on peut toujours rêver).

Bref, ça marchait moyen. Jusqu'à ce que je trouve une meilleure façon de capter leur attention.

Désormais, au lieu de placer une section « Commentaires » en bas de mes pages, j'insère deux bonnes vieilles feuilles lignées entre chacun des chapitres. Je n'y ajoute aucune consigne écrite. Je dis simplement à mes lecteurs, en leur tendant le manuscrit : « J'ai mis des feuilles lignées à la fin des chapitres pour que tu puisses me donner tes commentaires. Si tu as aimé ou détesté, écris pourquoi. D'acc ? »

Bizarrement, cette méthode fonctionne beaucoup plus. J'aimerais comprendre pourquoi.

Je pourrais démarrer une étude comportementale pour percer ce mystère. Mon hypothèse est la suivante : une feuille lignée, ça crie : « Remplis-moi !!! » Durant nos années scolaires, les enseignants nous ont entraînés à gribouiller là-dessus dans nos cahiers à anneaux. On a passé maintes années de notre vie en contact avec ces lignes bleues délavées. Quand mes lecteurs tombent sur ces feuilles, leur cerveau fait peut-être ressurgir quelques nostalgies du temps où les salles de classe sentaient le taille-crayons. Le message passe. *Noircis-moi. Je suis une feuille lignée, merde !*

L'étude en arriverait sûrement à une autre conclusion. L'important, c'est que ça marche.

Vous pouvez donc utiliser cette technique sans grand investissement de votre part. Juste avant de boudiner vos manuscrits, insérez une ou deux feuilles à la fin des chapitres, et ajoutez-en cinq ou six supplémentaires à la fin pour récolter les commentaires généraux.

Attention, toutefois : les feuilles lignées ressemblent beaucoup à du papier format lettre, mais elles n'ont pas tout à fait les mêmes dimensions. Elles sont un tantinet plus minces (de quelques millimètres, mais sans blague, c'est suffisant pour faire chier durant le boudinage). Perforez-les séparément du reste de votre manuscrit, sinon vous risquez de *puncher* des trous directement sur le bord de vos feuilles. Ça créera un beau motif en forme d'archères, mais ça ne tiendra pas longtemps dans les ancrages de plastique.

À retenir

- Pour augmenter vos chances de récolter des commentaires dans les manuscrits destinés aux bêta lecteurs, insérez des feuilles lignées à la fin de vos chapitres.
- Au moment de boudiner votre document, perforez vos feuilles lignées à part, car elles n'ont pas les mêmes dimensions que le papier format lettre.

TRUC 49
BIEN INTERPRÉTER LES COMMENTAIRES

Après avoir ramassé les manuscrits de vos bêta lecteurs — et surtout si vos collaborateurs sont du genre « barbouilleurs » —, vous allez vous retrouver avec une pléthore d'annotations à décoder, rédigées par plusieurs mains différentes.

Quand j'écrivais *Alégracia et le Serpent d'Argent*, mon tout premier roman, je voulais m'assurer de viser dans le mille, alors je n'ai pris aucune chance : j'ai imprimé huit copies de mon manuscrit et les ai distribuées à des personnes avec des profils variés. Certains lisaient régulièrement de la fantasy, d'autres non. Un collaborateur n'avait presque jamais ouvert un livre de sa vie, mais je désirais avoir son opinion de non-initié. Ma mère faisait aussi partie du groupe, de même que son amie orthopédagogue.

Ça faisait pas mal de monde.

Je leur ai passé mon manuscrit et j'ai attendu quelques mois, le temps qu'ils terminent de lire et d'annoter mon roman. J'ai ensuite collecté le résultat.

Je vous le jure, chaque document dégoulinait d'encre.

Mes lecteurs avaient soulevé bon nombre de problèmes dans mon récit (et je leur en suis éternellement reconnaissant pour ce travail). La plupart avaient écrit, dans les marges et aux versos des feuilles, des paragraphes de suggestions pour m'indiquer comment arranger l'histoire.

Heureux d'avoir cette petite mine d'or de commentaires à ma disposition, je me suis installé à mon ordinateur avec, derrière moi, les huit manuscrits alignés sur une table.

J'ai ouvert le chapitre 1 de mon roman dans Word et, en même temps, j'ai tourné les pages de chaque manuscrit pour y voir apparaître le même texte.

J'ai appliqué toutes les suggestions qu'on m'avait données.

Toutes.

Les.

Suggestions.

Après plusieurs semaines, j'achevais le travail. Un de mes personnages ne faisait pas l'unanimité. Il s'agissait de l'Arcaporal Smithen, un vétéran mal engueulé avec des agissements très... colorés. La moitié de mes lecteurs le détestaient : ils trouvaient qu'un tel personnage n'avait pas sa place dans un univers « féérique » comme celui d'*Alégracia*. (Jamais je n'aurais osé utiliser ce mot pour décrire ma série, mais bon...) Ils haïssaient son côté vulgaire et voulaient que j'envoie ce protagoniste aux oubliettes.

Pourtant, l'autre moitié de mes collaborateurs adorait Smithen et aurait défendu bec et ongles sa présence dans le roman. Selon eux, Smithen amenait la dose d'humour dont le livre avait besoin. Ils aimaient son imprévisibilité et le vent de fraîcheur apporté par le personnage.

J'étais confus. Qui devais-je écouter ?

Je manquais d'expérience.

Je n'avais pas réalisé que les commentaires des bêta lecteurs étaient fondamentalement très subjectif.

Personnellement, je l'adorais, ce Smithen. Il avait une sale gueule, mais chaque fois qu'il ouvrait la bouche pour s'exprimer, je souriais. J'ai choisi de le garder, et même de lui donner davantage d'importance dans mon intrigue. Son cas était réglé. Sauf que la divergence d'opinion à propos du personnage m'a rendu anxieux. Elle m'a obligé à remettre en question toutes les modifications antérieures que j'avais appliquées à mon roman.

Mes bêta lecteurs, je les avais écoutés comme s'ils portaient la parole de Dieu. Et ça a failli détruire mon projet.

Trouver une corrélation

J'avais huit bêta lecteurs pour *Alégracia et le Serpent d'Argent*. J'avais donc autant de manuscrits à ma disposition.

Avec un tel échantillon de commentaires, je me croyais équipé pour faire une révision d'enfer. Mon erreur ? J'ai écouté tout le monde et appliqué 100 % des recommandations sans m'interposer entre mes bêta lecteurs et mon œuvre.

À l'époque, je n'avais pas confiance en moi. Je n'ai pas joué mon rôle de portier littéraire, qui consistait à admettre les bons commentaires et à renvoyer les mauvais.

Je vais vous dire une chose à la fois dure et honnête.

Avec les bêta lecteurs, chaque suggestion d'amélioration doit être accueillie avec suspicion.

Si vous vous tâtez le corps, peu importe où, et que vous ressentez de la douleur chaque fois, la plupart des gens diront que vous avez soit un cancer généralisé, soit une maladie grave qui nécessite un voyage immédiat avec les ambulanciers.

Seulement une minorité découvrira qu'en réalité, vous avez le doigt cassé.

Avec *Alégracia et le Serpent d'Argent*, j'ai mal joué mon jeu. J'aurais dû réfléchir aux véritables problèmes qui se cachaient derrière les suggestions fournies au lieu d'intégrer ces idées à 100 %.

La moitié de mon lectorat n'aimait pas Smithen. Devais-je pour autant assassiner ce personnage et le faire disparaître au fond du fleuve? Apparemment non, puisque l'autre moitié l'adorait. C'était cependant un protagoniste qui ne convenait pas à tous les goûts. *Fair enough*. À mon avis, les personnages intéressants ont tendance à diviser, et je ne voulais pas écrire une œuvre qui s'adressait à tout le monde.

Si, par contre, mes huit lecteurs avaient détesté Smithen, là, j'aurais eu un véritable problème sur le dos. Il y aurait eu corrélation. C'est essentiellement ce que j'essaie de trouver en analysant les manuscrits de mes bêta lecteurs : de grandes convergences. Pour moi, l'important n'est pas la solution proposée, mais le simple fait qu'un problème soit soulevé par plusieurs.

En ce sens, ma façon de travailler s'accorde avec ce que Neil Gaiman dit à propos des commentaires de lecteurs :

« *Remember: when people tell you something's wrong or doesn't work for them, they are almost always right. When they tell you exactly what they think is wrong and how to fix it, they are almost always wrong.* »

Traduction libre : « Souvenez-vous de ça : quand les gens vous disent qu'une chose ne tourne pas rond ou ne fonctionne pas pour eux, ils ont presque toujours raison. Lorsqu'ils prétendent savoir exactement ce qui cloche et vous disent comment le corriger, ils ont presque toujours tort. »

C'est un mantra que j'essaie de respecter.

Vos bêta lecteurs seront tentés de fournir une solution pour chaque problème soulevé. Quand la balle sera dans votre camp, vous aurez le mandat de trouver la véritable « bibitte » cachée derrière leur insatisfaction. Réviser avec des bêta lecteurs s'apparente à un travail d'enquêteur. Le coupable n'est pas toujours celui qu'on croit. Un commentaire peut devoir être pris à la lettre, tandis qu'un autre pourrait surgir de goûts personnels qui n'ont rien à voir avec la qualité de votre récit. Pas évident. Quand un collaborateur juge un chapitre « inintéressant » parce qu'une scène d'amour s'y trouve, demandez-lui s'il vient de vivre une rupture (avec tact, bien sûr). Sa réponse pourrait vous en dire long.

Occasionnellement, un lecteur pourrait rapporter une insatisfaction envers un élément X, alors qu'après discussion, on découvrirait que c'est l'élément Z qui l'énervait. C'est facile de passer des innocents à la guillotine quand ce n'est pas *notre* œuvre qui est en jeu.

Une part de vos lecteurs vous proposeront des correctifs très complexes pour chaque problème soulevé, alors qu'en réalité, il existe des solutions faciles à appliquer (pensez à l'analogie du doigt cassé). Considérez tout avec un œil critique, et surtout, lisez entre les lignes. Vos collaborateurs ne sont pas des fous furieux qui jettent de l'encre sans raison à travers vos écrits. S'ils laissent un commentaire négatif, un élément mérite votre attention, c'est certain. Cherchez toujours la cause réelle des contrariétés. Inspirez-vous des solutions énoncées sans nécessairement les appliquer à la lettre. Si vous avez plusieurs manuscrits à votre disposition, trouvez des corrélations parmi les défauts relevés et accordez une grande importance aux problèmes chantés en chorale.

Et le directeur littéraire, dans tout ça ?

Ce livre s'intéresse aux étapes que l'on doit entreprendre *avant* de soumettre un manuscrit à une maison d'édition. Une fois que votre histoire sera entre les mains d'un éditeur, vous travaillerez avec une personne impitoyable qu'on appelle un *directeur littéraire*.

Le directeur littéraire, c'est comme un bêta lecteur en version extrémiste armé de cocktails Molotov et de quatre mitraillettes. Il va souligner nombre de problèmes dans votre livre et émettre cent-trente-millions de commentaires, au point où ça pourrait vous faire pleurer.

Lui, vous devrez l'écouter avec une oreille très attentive. C'est un expert absolu dans le genre que vous abordez. Il en a vu d'autres. Insinuez qu'il a raison avant de sortir le bazooka pour le contester.

N'oubliez pas qu'une fois le contrat signé, le paradigme change. Le directeur littéraire devient lui aussi un gardien de votre histoire. Il aura la responsabilité de protéger votre œuvre... contre vous-même.

À retenir

- Évitez de succomber à la tentation d'appliquer à la lettre toutes les recommandations de vos bêta lecteurs.
- Les commentaires de vos collaborateurs doivent d'abord être déchiffrés. Pour chaque suggestion, il convient de se demander : « Quelle pourrait être la cause *réelle* du problème souligné ? »
- Si vous avez plusieurs bêta lecteurs, surveillez les corrélations. Accordez beaucoup d'importance à un problème s'il est relevé par plusieurs personnes.
- Il existe parfois des solutions simples aux problèmes qui semblent complexes.
- Ne travaillez pas avec un directeur littéraire de la même manière qu'avec un bêta lecteur.

LE CONSEIL
LE PLUS IMPORTANT

TRUC 50
ÉCRIRE
★★★★★

Vous venez de lire de bien beaux conseils.

Des conseils qui pourraient vous apporter des bénéfices concrets. Qui vous permettront peut-être d'insérer 90 minutes de travail à l'intérieur d'une heure, de sorte que vous puissiez produire un meilleur livre, plus rapidement.

Cependant, mes trucs peuvent également représenter un danger mortel. Parce qu'ils ont de la valeur *uniquement* si vous avez la discipline requise pour vous asseoir et écrire.

Toute tâche périphérique à la création littéraire peut, de manière pernicieuse, devenir une forme de procrastination sous de beaux déguisements. « Aujourd'hui, je vais apprendre Scrivener parce que j'ai pas envie d'écrire. » Ou : « Aujourd'hui, je vais faire un montage photo de mes personnages parce que j'ai pas envie d'écrire. »

Sans discipline, rien ne va plus.

Le menuisier ne passe pas ses journées à magasiner ses nouveaux outils et à entretenir son atelier. Le menuisier, il « gosse » du bois. Il va s'actualiser une fois de temps en temps, mais s'il veut produire des meubles, il va toujours rester en contact avec le bois.

C'est pareil pour l'écrivain et ses mots.

Mon conseil le plus important était déjà inclus dans l'introduction de ce guide, mais je vais le répéter ici, en caractères gras.

Votre roman n'avancera que durant les moments où votre cul sera posé sur votre chaise, et qu'un logiciel de traitement de texte sera ouvert devant vous.

Cul.

Sur chaise.

Je n'ai rien de plus à dire là-dessus. Mettez-vous au travail.

This is how you do it : you sit down at the keyboard and you put one word after another until it's done. It's that easy, and that hard.

— Neil Gaiman

APPENDICES

Comme ce livre n'était pas déjà assez long, j'ajoute ici quelques bonus :

Résumé des 50 trucs : La liste de tous les conseils énumérés dans ce bouquin, assortis à de petits résumés. Utile pour faire une révision finale et dresser un plan d'action.

Lectures recommandées : Un arsenal de livres dont je vous recommande chaudement la lecture. Ces ouvrages m'ont grandement inspiré dans mon métier, ainsi que pour concevoir ce guide.

RÉSUMÉ DES 50 TRUCS

Voici tous les conseils qu'on a vus ensemble, résumés en quelques lignes. Utilisez cette liste pour monter un plan d'action que vous appliquerez dès demain.

Conseils utiles à toutes les étapes d'écriture

1) **Trouver un bon ordinateur :** Un ordinateur lent vous fera perdre du temps précieux à toutes les étapes de votre travail. Investissez dans une machine performante.

2) **Acheter un bon logiciel d'écriture :** La plupart des écrivains utilisent Word, alors que ce logiciel est plutôt instable et n'est pas spécialement conçu pour écrire des romans. Essayez Scrivener.

3) **Se créer un système de copies de sûreté :** Votre disque dur va briser un jour. Arrangez-vous pour sauvegarder vos documents importants à des endroits différents, dont sur le *cloud*. Scrivener peut être configuré pour créer des copies de sauvegarde automatiquement.

4) **Acheter Antidote :** Consulter des dictionnaires numériques est plus rapide que d'utiliser les équivalents au format papier. Antidote contient beaucoup de dictionnaires numériques, en plus d'un correcteur très performant.

5) **Trouver un logiciel pour gérer vos tâches :** Libérez votre cerveau en inscrivant vos tâches et responsabilités dans une

application spécialisée. Service recommandé : Toodledo.
6) **Créer des canaux pour ses idées :** Notez toutes vos idées. Créez-vous un système qui permettra à ces idées de se retrouver à coup sûr à l'intérieur de votre manuscrit.
7) **Acheter un sac à main :** Si vous êtes un homme, obtenez un sac à main et transportez vos manuscrits, vos cahiers, vos calepins et votre liseuse partout où vous allez. Vous pourrez rester productif durant les déplacements. (Si vous êtes une femme, je n'ai probablement pas besoin de vous convaincre.)

Idéation

8) **Trouver une motivation fondamentale :** Faites un exercice d'introspection et apprenez pourquoi vous désirez *vraiment* écrire. En découvrant les motivations cachées derrière votre passion, vous serez plus assidu au travail.
9) **Trouver des idées qui font vibrer :** Arrangez-vous pour que les thèmes de votre livre vous interpellent profondément et déclenchent une tornade d'émotions en vous. Un projet qui vous fait vibrer aura un effet magnétique. Attention aux commandes d'éditeurs.
10) **Cibler une maison d'édition :** Écrire en sachant qu'un éditeur serait susceptible d'accepter votre œuvre augmentera vos chances de réussite. Adaptez votre œuvre pour le destinataire au besoin, mais prenez garde de ne pas dénaturer votre voix personnelle.
11) **Voyager :** L'écriture se nourrit de nos expériences personnelles. Voyager est l'une des meilleures manières de s'exposer à la nouveauté. Pour renouveler votre créativité, sortez de votre zone de confort et prenez le large.
12) **Noter ses rêves :** Les rêves sont de précieuses sources d'idées éclatées. Notez vos rêves dès votre réveil, sinon vous les oublierez.

13) Remplir un cahier Canada : Avant de commencer votre plan, achetez-vous un cahier ligné de 32 pages et remplissez-le d'idées. Assurez-vous de le noircir jusqu'à la fin, même si c'est difficile. Les idées vraiment intéressantes surgiront dans les dernières pages.

14) Créer une trame de fond d'enfer : Travailler à outrance sur la trame de fond d'un roman peut se révéler être une forme de procrastination déguisée. Mieux vaut s'en tenir à l'essentiel. (Premier truc potentiellement très mauvais.)

Plan

15) Décortiquer les tâches à réaliser : Tout de suite après l'étape d'idéation, dressez une liste de toutes les tâches que vous devrez compléter pour bien préparer votre roman. Divisez les grandes tâches en morceaux plus digestibles, facilement réalisables. Avec cette préparation, vous saurez toujours dans quelle direction aller.

16) Faire un plan : Demandez-vous si un plan est pertinent pour votre projet (ce n'est pas toujours le cas). Un plan détaillé vous permettra d'éviter l'errance et d'économiser du temps. Il est possible d'utiliser l'arborescence des documents dans Scrivener pour préparer votre écriture.

17) Remplir des fiches de personnages : Définissez vos personnages à l'aide de ces fiches, mais attention à ne pas utiliser ces documents pour procrastiner. Limitez-vous aux protagonistes importants. Dans ces fiches, assurez-vous de répondre à la question : « Que désire ce personnage plus que tout ? »

18) Faire des montages photo : Réalisez des montages photo dans lequel figurent les champs d'intérêt de vos personnages, ainsi que leurs possessions et leurs relations. Gardez ces montages bien en vue et tirez-en de l'inspiration tout au long de votre écriture.

19) Passer ses personnages en entrevue : Imaginez que vous vous assoyez devant vos protagonistes et que vous les passez en entrevue comme s'ils répondaient à une offre d'emploi pour intégrer votre histoire. Posez des questions gênantes. Allez en profondeur. Prenez des notes. Au final, gardez les bons candidats et remplacez les autres.

20) Créer une distribution pour les personnages : Associez vos personnages à des gens que vous connaissez ou à des acteurs célèbres. Inspirez-vous de la personnalité associée pour faire agir un protagoniste et lui donner de la couleur. Au bout d'un temps, ce personnage acquerra son autonomie.

Premier jet

21) Se réserver du temps d'écriture : Prévoyez-vous du temps d'écriture hebdomadairement, surtout si vous avez un horaire chargé. Inscrivez ces moments au calendrier. Dites à votre famille que ces moments sont sacrés et que personne ne devrait venir vous déranger.

22) Écrire chaque jour : Travailler assidument chaque jour vous évitera de perdre de précieuses minutes — ou même des heures — pour vous remettre en contexte au début de vos séances d'écriture. Quelques phrases quotidiennes peuvent suffire.

23) Se définir un objectif quotidien : Essayez de produire un nombre minimum de mots chaque jour. Arrangez-vous pour que cet objectif demande un effort.

24) Écrire très rapidement, sans réfléchir : On dit qu'écrire rapidement peut nous rapprocher de notre véritable voix, mais cette technique peut aussi détruire notre style. À essayer ? (Deuxième truc potentiellement très mauvais.)

25) Laisser des trous : Lors du premier jet, évitez d'ouvrir votre navigateur Web pour rechercher des informations sans importance. Laissez des trous dans votre texte. Continuez à écrire et gardez votre *momentum*.

26) Regarder ses mains : Si votre écriture ralentissait, essayez de regarder vos mains plutôt que votre écran. Le geste vous aidera à replonger dans votre imaginaire.

27) Prendre des pauses régulières : Les pauses contribuent au maintien d'un bon niveau d'énergie tout au long de la journée et aident à prévenir des problèmes de santé. Utilisez une minuterie ou des logiciels spécialisés pour encadrer vos pauses.

28) Utiliser une banque de synonymes pour le verbe *dire* : Vous aurez souvent besoin de trouver des verbes pour remplacer le verbe *dire*. Aussi bien avoir une banque de synonymes à portée de main.

29) Terminer sa séance au milieu d'une phrase : Les premiers mots de la journée sont souvent les plus difficiles à écrire. En terminant vos séances au milieu d'une phrase, vous aurez plus de facilité à reprendre le travail le lendemain.

30) Travailler ailleurs : Pour briser une panne créative, rien de mieux que de sortir de la maison et d'aller travailler dans un café.

31) Faire de l'exercice : Bouger donne de l'énergie. Vous avez besoin d'énergie pour écrire. Tentez de faire au moins 30 minutes d'exercices chaque jour.

32) Bloquer Internet : Internet est une importante source de distraction pour les auteurs. Si vous êtes du genre à aller sur le Web aux 15 minutes, bloquez votre connexion Internet avec une application comme Freedom.

33) Porter un chapeau d'écriture : Vous avez des problèmes de distraction ou de procrastination ? Trouvez-vous une casquette qui vous servira de « chapeau d'écriture ». Lorsqu'elle sera sur votre tête, vous ne pourrez faire autre chose qu'écrire. Pour changer d'activité, il vous faudra consciemment enlever cette casquette.

34) **Couper les sources de distraction :** Arrangez-vous pour préserver votre bulle d'écriture. Coupez les notifications sur votre téléphone intelligent, demandez à vos proches de ne pas vous déranger durant les heures de bureau, utilisez du bruit blanc pour augmenter votre concentration.

35) **Cesser ses activités promotionnelles :** Pendant votre premier jet, mettez de côté votre agenda promotionnel. Publier une nouveauté aura un grand impact sur votre carrière, alors concentrez-vous sur l'écriture.

36) **Réduire l'entretien ménager :** Maniaque de ménage ? *Chill out.* Un peu de saleté ne tuera personne. Confiez l'entretien de votre résidence à un professionnel et réinvestissez tout ce temps gagné en écriture.

37) **Acheter de gros chaudrons :** Équipez-vous d'une mijoteuse et de grosses marmites pour concocter de nombreuses portions avec une seule recette. Avec des repas préparés à l'avance, vous passerez moins de temps en cuisine et plus de temps avec votre roman.

38) **Travailler sur deux projets en même temps :** Pour renouveler votre enthousiasme, menez deux projets d'écriture simultanément et alternez entre les deux.

Réécriture

39) **Changer la police de caractère :** Avant de commencer la réécriture, changez la police de caractère de votre document. Choisissez-en une qui offre un maximum de lisibilité, étant donné que vous passerez les trois quarts de votre temps à vous relire.

40) Relire son texte à voix haute : Lorsqu'on relit un texte à voix haute, les maladresses et cassures rythmiques nous sautent aux yeux. On peut aussi « dire » les répliques d'un dialogue pour s'assurer qu'elles sont naturelles.

41) Supprimer : Effacer un passage mauvais est parfois une solution plus rapide — et souvent plus efficace — que de soumettre ce même texte à une fastidieuse réécriture.

42) Changer le temps de verbe ou le narrateur : Si quelque chose semble clocher partout dans votre roman, considérez une modification du temps de verbe ou du type de narrateur. Faites un test sur quelques pages avant d'appliquer ces changements à l'ensemble de l'œuvre.

43) Imprimer une copie papier : Après avoir réécrit votre texte de nombreuses fois à l'ordinateur, imprimez-en une copie. Lisez ce manuscrit et annotez-le au stylo rouge. Sur papier, vous ne soulèverez pas les mêmes problèmes qu'à l'écran. Appliquez les corrections, et recommencez le processus si nécessaire.

44) Laisser reposer le manuscrit : Si votre réécriture semble être arrivée dans un cul-de-sac, laissez reposer votre projet quelques jours ou quelques semaines. Cette pause vous permettra d'avoir un regard neuf sur votre roman.

Évaluation par les bêta lecteurs

45) Trouver des lecteurs appropriés : Vos bêta lecteurs auront des profils très différents, déterminés selon leurs goûts littéraires et leurs habitudes de lecture. La manière d'interpréter les commentaires récoltés variera en fonction de ces profils.

46) Imprimer ses manuscrits aux bons endroits : Imprimez un manuscrit distinct pour chacun de vos bêta lecteurs au lieu d'en partager un seul. Faites produire ces manuscrits dans un centre d'impression. Cette option ne coûtera pas nécessairement plus cher qu'une impression à domicile, et elle vous permettra d'économiser du temps.

47) Utiliser un système d'étoiles : Insérez cinq contours d'étoiles vides à la fin de vos chapitres. Demandez à vos lecteurs de colorier ces étoiles en se basant sur leur impression générale : plus ils ont aimé le texte, plus ils colorient d'étoiles. Compilez les résultats dans un fichier Excel et calculez les moyennes. Vous serez en mesure de repérer les chapitres les plus faibles. Investissez vos efforts à ces endroits.

48) Insérer des feuilles lignées dans ses manuscrits : Pour inciter vos lecteurs à laisser des commentaires dans vos manuscrits, insérez des feuilles lignées entre les chapitres.

49) Bien interpréter les commentaires : N'appliquez pas les suggestions de vos lecteurs aveuglément. Déchiffrez les annotations, trouvez leur « réelle » signification. Cherchez les corrélations.

Le conseil le plus important

50) Écrire : S'ils sont mal utilisés, plusieurs des trucs mentionnés dans ce guide peuvent se transformer en sources de procrastination. N'oubliez jamais de poser votre derrière sur une chaise et d'écrire. Et de le faire souvent. Et longtemps.

LECTURES RECOMMANDÉES

Voici quelques livres qui m'ont grandement aidé à améliorer mes méthodes de travail et qui m'ont servi d'inspiration pour l'écriture de ce guide. Il s'agit de pistes pour aller plus loin, si vous désirez affûter vos techniques.

Note : plusieurs de ces livres ne sont malheureusement disponibles qu'en anglais (lorsque c'est le cas, j'en fais mention). Ça offusquerait très certainement Pierre-Karl Péladeau et autres souverainistes endurcis, mais je préfère vous présenter la totalité des ouvrages que je recommanderais plutôt qu'un échantillon. Si vous n'avez aucun problème à lire dans la langue de Shakespeare, ça vous en fera plus à vous mettre sous la dent. Voilà.

Sur l'écriture

Écriture, mémoires d'un métier, **de Stephen King** (v.f. de *On writing: A Memoir of the Craft*) : Si vous n'aviez qu'un seul livre à lire, ce serait celui-là. Moitié biographie, moitié essai sur l'écriture, le King de l'horreur vous partage les secrets de son métier avec une grande sagesse. C'est presque toujours le premier livre que les professionnels recommandent aux aspirants écrivains.

Stein on Writing, de Sol Stein : Essai sur l'écriture avec des trucs et des stratégies très concrètes. Sol Stein est un directeur littéraire avec une solide expérience derrière lui. Il sait comment améliorer un roman et vous montrera comment.

C'est sans contredit l'un des livres qui m'ont le plus influencé dans mon travail. (Disponible en anglais seulement.)

***The War of Art*, de Steven Pressfield :** Autre petit essai coup de poing sur l'écriture. Parle d'un phénomène que Pressfield appelle la *Résistance*, une petite voix en nous qui nous répète qu'on n'est bon à rien, que notre art, c'est de la merde, qu'on serait mieux de faire autre chose de plus utile à la société. Et il nous montre comment vaincre ce petit démon. (Disponible en anglais seulement.)

***Nobody Wants to Read Your S**t*, de Steven Pressfield :** Suite logique du livre *The War of Art*, où Pressfield partage d'autres secrets du métier, autant sur l'écriture romanesque que sur l'écriture scénaristique. (Disponible en anglais seulement.)

***2 000 to 10 000 : Writing Faster, Writing Better, and Writing More of What You Love*, de Rachel Aaron :** Livre très court où Aaron nous montre les stratégies et tactiques qui lui ont permis d'écrire 10 000 mots par jour. Même si je n'arriverai jamais à atteindre son niveau de productivité — mes poignets seraient en feu —, j'ai adopté sa méthode pour faire des fiches de personnages courtes et efficaces. (Disponible en anglais seulement, et uniquement aux formats audio et numérique.)

***Comment écrire des histoires*, d'Élisabeth Vonarburg :** Si j'ai répété maintes fois dans l'introduction que *Comment écrire plus* n'est pas un atelier d'écriture, le livre de Vonarburg, lui, en est un à puissance mille. La Grande Dame de la science-fiction au Québec vous montrera comment ça fonctionne, une histoire, et vous donnera de la théorie sur les types de narrateurs, les temps de verbe, les personnages et le reste de la mécanique.

***Écrire et publier au Québec : les littératures de l'imaginaire*, par Geneviève Blouin, Isabelle Lauzon et Carl Rocheleau :**

Dans ce guide « 360 degrés », vous apprendrez tous les rouages du métier d'écrivain à travers les différentes étapes de travail, de l'idéation jusqu'aux démarches marketing sur les réseaux sociaux, en passant par la signature du contrat d'édition. Ne vous laissez pas berner par le titre : ce livre sera utile à quiconque désirant se faire publier, peu importe sa nationalité ou le genre littéraire qu'il pratique.

***Présentez votre manuscrit littéraire comme un pro en 5 étapes*, par Dominic Bellavance :** Je serais bien idiot de ne pas recommander mon propre livre. Lorsque votre roman sera complété à 100 %, il restera une étape essentielle : la soumission aux éditeurs. Ce guide vous enseignera la démarche à suivre et vous montrera comment éviter les pires gaffes commises par les débutants.

Sur la gestion personnelle

***S'organiser pour réussir*, de David Allen (v.f. de *Getting things done*) :** Un livre essentiel pour apprendre à bien utiliser n'importe quel logiciel de gestion des tâches, et pour organiser autant sa vie personnelle que professionnelle. Allen y suggère, entre autres, de toujours décortiquer les grandes tâches en plusieurs tâches plus petites, facilement réalisables. C'est devenu mon mantra.

***Le principe 80/20*, de Richard Koch (v.f. de *The 80/20 Principle : The Secret to Achieving More with Less*) :** Ce fameux principe du 80/20, comme quoi 20 % des efforts vont donner 80 % des résultats, et vice versa. Ça s'applique dans n'importe quel domaine, dont en écriture (eh oui, 20 % de mes livres génèrent 80 % de mes revenus d'auteur). Le livre essaie de nous apprendre à identifier où se trouve ce précieux 20 %, et nous montre comment on peut investir notre énergie pour obtenir un maximum de bénéfices.

168 Hours: You Have More Time Than You Think, **de Laura Vanderkam** : Un livre qui vous fait réaliser, comme le titre le dit, qu'on a beaucoup plus de temps à notre disposition qu'on le croirait. Contient des exercices qui vous aideront à optimiser votre horaire hebdomadaire pour vous permettre de gagner d'importantes minutes, sinon des heures. (Disponible en anglais seulement.)

Les 7 habitudes de ceux qui réalisent tout ce qu'ils entreprennent, **de Stephen R. Covey** (v.f. de ***The 7 Habits of Highly Effective People: Powerful Lessons in Personal Change***) : Ça, c'était le livre fétiche de mon défunt ex-beau-père, médecin et chercheur très respecté dans son domaine. Je l'ai lu et j'ai eu l'impression d'avoir touché à quelque chose. Ce livre présente des principes de vie que j'essaie encore d'appliquer aujourd'hui, presque 10 ans après avoir refermé l'ouvrage. Il y a ce fameux conseil sur le « quadrant 2 » qui a changé ma façon de travailler (lisez-le pour savoir de quoi je parle).

The Compound Effect, **de Darren Hardy** : Un essai facile à lire qui nous convainc qu'il vaut mieux fournir de petits efforts pendant de longues périodes — sans interruption — pour obtenir les meilleurs résultats. Vous écrivez seulement 100 mots par jour ? Si vous êtes assidu à la tâche, vous aurez un roman de 36 000 mots à la fin de l'année. Les conseils de Hardy s'appliquent à différentes sphères de la vie, dont la partie financière. En plus d'être fort inspirant, ce livre nous aide à renverser notre état de pauvreté. (Disponible en anglais seulement.)

Penser comme un champion, **de Donald Trump** : Ha ! ha ! ha ! C't'une blague. Seigneur…

Sur la psychologie

***Laser-Sharp Focus: A No-Fluff Guide to Improved Concentration, Maximised Productivity and Fast-Track to Success*, de Joanna Jast** : Pour écrire efficacement, la clé, c'est la concentration. On sait ça, et j'en ai parlé des dizaines de fois à l'intérieur de ce guide. Le livre *Laser-Sharp Focus* va vous donner des trucs supplémentaires pour vous aider à garder votre attention là où c'est nécessaire. (Disponible en anglais seulement.)

***Happy Money: The Science of Smarter Spending*, par Elizabeth Dunn** : Que devez-vous faire avec votre argent pour en tirer le maximum de bonheur ? Acheter des objets ou miser sur les expériences, comme les voyages ou les billets de théâtre ? Ce livre vous fournira la réponse, en plus d'une foule de conseils pour mettre votre argent au service de votre sourire. (Disponible en anglais seulement.)

***Internet rend-il bête ?*, de Nicholas Carr (v.f. de *The Shallows: What the Internet Is Doing to Our Brains*)** : Vous savez maintenant qu'Internet peut nuire énormément à votre concentration et miner votre productivité lorsque vous écrivez. Ce livre vous montrera qu'en plus de ça, le Web peut nous enfoncer quelques grosses aiguilles dans le cerveau. À lire tout de même avec un grain de sel.

***Vivre : la psychologie du bonheur*, de Mihaly Csikszentmihalyi (v.f. de *Flow: The Psychology of Optimal Experience*)** : Avez-vous déjà été si aspiré par votre travail que vous en avez perdu la notion du temps ? C'est un sentiment très recherché en écriture : s'immerger dans son univers, taper des mots avec joie et sauter les repas sans le vouloir. Dans ce livre, l'auteure explore ce mystérieux sentiment de « flow » et nous montre comment le reproduire.

PASSEZ LE MOT !

Le bouche-à-oreille joue un rôle crucial dans le succès des auteurs. Si vous avez aimé ce livre, n'hésitez pas à laisser une critique sur la plateforme de votre choix. Même une ou deux lignes feraient une *énorme* différence.

Assurez-vous de ne rien manquer

Abonnez-vous à mon infolettre dès aujourd'hui ! Vous recevrez les billets de mon blogue mensuellement, des messages exclusifs aux membres et des nouvelles concernant mes futures publications.

www.dominicbellavance.com/liste

Maintenant que vous êtes un écrivain en feu, apprenez comment envoyer votre manuscrit aux éditeurs !

Découvrez la bonne méthode avec
Présentez votre manuscrit littéraire comme un pro en 5 étapes

Mettez les chances de votre côté :
dominicbellavance.com/presentez-votre-manuscrit-litteraire

FAITES CONNAISSANCE AVEC
LES AUTEURS EN FEU COMME VOUS !

Joignez-vous au groupe officiel des lecteurs du guide *Comment écrire plus* sur Facebook et partagez vos trucs avec la communauté :

www.facebook.com/groups/auteursenfeu

REMERCIEMENTS

Je tiens à remercier chaleureusement tous les lecteurs qui m'ont accompagné depuis la publication de mon premier roman en 2005, et qui ont contribué à enrichir les discussions sur mon blogue (et ailleurs) au fil des années. Ce livre n'existerait pas sans vous.

Merci à Josée Marcotte pour sa minutieuse relecture et, surtout, pour son support indéfectible.

Dominic Bellavance écrit des romans centrés sur les personnages, où prédominent l'action, l'intrigue et l'humour. Il se spécialise en fantasy, mais touche occasionnellement à la science-fiction et au roman contemporain.

Son premier livre de fantasy, *Alégracia et le Serpent d'Argent*, a remporté en 2006 le Prix Aurora décerné par l'Association canadienne de la science-fiction et du fantastique. *Alégracia et les Xayiris, volume II*, a été finaliste pour le même prix en 2008. Fort populaire auprès des jeunes, *Alégracia* s'est écoulée à plus de 4500 exemplaires à travers le Québec à l'époque de sa première parution. Cette série a été rééditée chez Les Six Brumes en 2015, en une version complètement revue et corrigée.

Après avoir écrit des romans contemporains à saveur humoristique chez Coups de tête, Dominic a contribué à la collection « Les clowns vengeurs » en publiant *Les limbes des immortels* et *La patience des immortels* (finaliste aux Prix littéraires Bibliothèque de Québec – SILQ), deux romans de science-fiction dystopique, aux éditions Porte-Bonheur. Il a fait paraître Les derniers jours, la première partie de la série *Le silence des sept nuits*, aux Éditions ADA en 2018.

Dominic est diplômé en techniques d'intégration multimédia au Cégep de Sainte-Foy et a obtenu un baccalauréat multidisciplinaire en création littéraire, en littérature québécoise et en rédaction professionnelle à l'Université Laval.

Il vit actuellement à Québec.

Restez en contact avec l'auteur !
(f) facebook.com/dominic.bellavance
(t) twitter.com/bellavanced
(g) goodreads.com/bellavance

www.dominicbellavance.com
dominic@dominicbellavance.com

DU MÊME AUTEUR

Dans la série *Le silence des sept nuits*
Partie 1 : *Les derniers jours*
Partie 2 : *L'ultime réveil*

Dans la série *Alégracia*
(Se déroule dans le même univers que la série *Le silence des sept nuits*.)
Partie 1 : *Alégracia et le Serpent d'Argent*
Partie 2 : *Alégracia et les Xayiris*
Partie 3 : *Alégracia et le Dernier Assaut*
Partie 4 : *Sintara et le Scarabée de Mechaeom*

Dans la collection *Menvatts*
Immortels

Romans
Toi et moi, it's complicated
Roman-réalité
Bienvenue à Spamville

Guides pratiques
Présentez votre manuscrit littéraire comme un pro en 5 étapes
Comment écrire plus

Visitez mon site Web pour obtenir plus d'informations :
www.dominicbellavance.com

www.ingramcontent.com/pod-product-compliance
Lightning Source LLC
Chambersburg PA
CBHW070323010526
44107CB00004B/399